요한복음은 문장이 단순해 이해하기 쉬운 것 같지만, 사실은 깊은 진리가 녹아 있는 성경입니다. 의외로 설교하기가 수월치 않습니다. 너무 복잡하게 설명하면 논지를 잃기 쉽고, 너무 단순하게 설명하면 본문의 깊은 뜻을 놓치기 쉽기 때문입니다. 이런 점에서 교의학자 이성호 교수의 요한복음 설교집 출간을 환영합니다. 친절한 본문 해설과 함께 교리적인 교훈을 실어 저자의 교의학적 안목이 빛나는 강해 설교입니다. 교리 중심의 설교가 자칫 놓치기 쉬운 본문의 역사적 배경까지 언급해서 참 좋습니다. 일반 성도들은 물론이고 요한복음 본문을 적절하게 해설해서 효과적으로 전달하기 원하는 설교자들에게 이 책을 추천합니다.

권해생 국제신학대학원대학교 신약학 교수

요한복음은 '사랑받은 제자'(the Beloved Disciple)가 기록한 '사랑받는 복음서'(the Beloved Gospel)입니다. 이 복음서에는 하나님의 사랑과 자비가 너무나도 아름답고 풍요롭게 담겨 있습니다. 그래서 역사상 많은 이들이 이 복음서를 해설하고 설교했습니다. 저는 이성호 교수가 쓴 이 책을 읽으면서 요한복음에 드러난 하나님의 크신 사랑을 느낄 수 있었습니다. 저자는 정확하고 충실한 해석에 깊은 숙고와 성찰을 더했습니다. 본문의 의미를 우리 시대의 형편에 적절히 대입하여 이해하기 쉽게 풀이했습니다. 특히 저자가 가진 교의학적 지식과 통찰을 잘 반영했습니다. 이 책을 읽는 이들마다 '사랑받은 제자'가 우리에게 전해 주려 한 하나님의 사랑을 풍성히 경험하게 될 것입니다.

황원하 대구 산성교회 담임목사, 신학박사

요한복음, 복음으로 읽기

요한복음, 복음으로 읽기

이성호

요한이 전하는 복음 속에서 빛으로 오신 예수 그리스도를 만나다

좋은씨앗

서문: 목적이 분명한 말씀 읽기, 설교하기 **9**
요한복음 개요 **16**

탄생

1. 그리스도의 탄생(1:5-13) **20**

공생애

2. 하나님의 어린 양(1:29-34) **32**
3. 표적과 믿음(2:1-11) **42**
4. 거듭남과 하나님 나라(3:1-15) **55**
5. 수가성 여자를 만나시다(4:1-26) **67**
6. 안식일의 주인(5:1-18) **79**
7. 자기 백성을 먹이신 왕(6:1-15) **90**
8. 하늘에서 내려온 떡(6:22-71) **103**
9. 생수의 강(7:37-44) **115**
10. 죄인이 생명을 얻는 길(8:1-11) **126**
11. 인자가 오신 이유(9:35-41) **137**
12. 예수님의 자기소개서(10:11-21) **150**
13. 나사로를 살리시다(11:32-44) **161**
14. 여자를 올바로 판단하시다(12:1-10) **175**

차례

고별강화와 중보기도

15. 하나님 나라의 질서(13:1-17) **190**
16. 보혜사 성령(14:8-21) **202**
17. 참 포도나무(15:1-12) **213**
18. 진리의 성령(16:12-15) **225**
19. 예수님의 중보기도(17:1-26) **237**

고난과 부활, 파송

20. 결박당하신 우리 왕(18:1-14) **250**
21. 그리스도의 목마름(19:28-30) **261**
22. 장사되신 그리스도(19:31-42) **274**
23. 성령을 주고 파송하시다(20:19-25) **287**
24. 양떼를 맡기시다(21:1-23) **298**

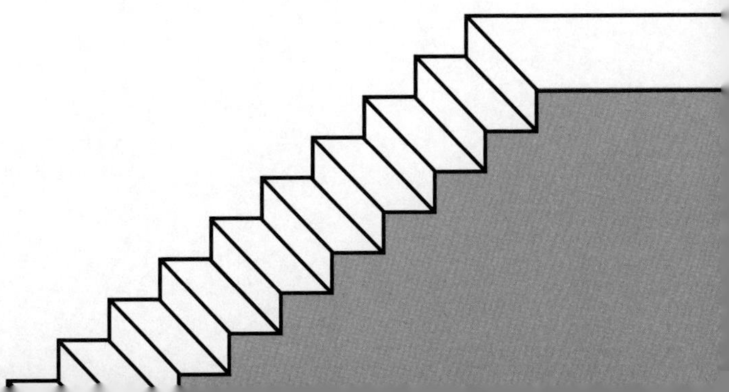

서문

목적이 분명한 말씀 읽기, 설교하기

이 책은 제가 담임목사로 섬기고 있는 광교장로교회에서 요한복음 본문으로 실제로 설교한 내용을 모든 것입니다. 참고로 우리 교회는 어린이부터 어른까지 다 함께 예배를 드리기 때문에 설교 준비를 할 때 늘 어린이를 염두에 둡니다. 어린이도 영적 존재이므로 하나님의 말씀을 잘 전하면 다소 어려운 내용이라도 잘 소화할 수 있다고 생각합니다. 신앙 훈련이 어느 정도 된 학생이라면 제 설교를 이해하는 데 큰 어려움이 없을 것입니다. 우리 교회에서 설교는 오전 예배 시간에 한 번만 하고, 오후에는 주로 신앙고백서를 중심으로 교리 공부를 인도합니다. 신학교에서 교수 사역을 하면서 동시에 매주 설교를 준비하기가 쉽지 않지만, 요한복음을 설교하면서 제가 먼저 큰 은혜와 감동을 받았습니다. 무엇보다 삼위 하나님의 사랑을 깊이 체험했습니다. 또한 제 설교를 들어 주는 성도들이 있다는 사실에 지금도 감사하는 마음이 넘칩니다.

쉬우면서도 어려운 요한복음

제가 판단하기에 요한복음은 쉬우면서도 어렵습니다. 요한복음이 쉬운 이유는 기록된 목적이 아주 명료하게 제시되어 있기 때문입니다. "오직 이것을 기록함은 너희로 예수께서 하나님의 아들 그리스도이심을 믿게 하려 함이요 또 너희로 믿고 그 이름을 힘입어 생명을 얻게 하려 함이니라"(20:31). 요한복음을 제대로 읽고 설교하기 위해서는 무엇보다 이 목적을 분명하게 인식해야 합니다.

요한복음의 목적은 단순 명료하지만 실제로 이 목적이 이루어지도록 읽거나 설교하기는 매우 어렵습니다. 여러 이유가 있겠지만, 다른 복음서에 비해 요한복음은 추상적입니다. 말씀, 빛, 생명과 같은 추상적인 단어와 표현이 계속 등장합니다. 본문을 읽을 때는 크게 감동되고 은혜를 받지만(대표적으로 요한복음 3장 16절이 그렇습니다) 그 의미를 정확히 파악하기가 쉽지 않습니다. 실제로 예수님이 "나는 생명의 떡이다"라고 선포하고 그 의미를 설명하셨을 때, 바리새인들은 물론 그분을 따르던 제자들도 "이 말씀은 어렵도다. 누가 들을 수 있느냐"(6:60)라고 말하며 예수님을 떠났습니다.

그래서 어떤 설교자는 본문의 의미를 최대한 자세하게 설명하려고 합니다. 그런다고 청중이 설교를 더 잘 이해하는 것도 아닙니다. 오히려 많은 설명이 본문 이해에 방해가 되는 경우도 많습니다. 정보가 많을수록 핵심을 놓치기 쉽기 때문입니다. 설교는 일반 강의와 달리 '정확히 이해시키는 것'이 주된 목적이 아니라는 것을 설교자는 잊지 말아야 합니다.

어려운 본문을 잘 설교하기 위한 첫 번째 방법은, 가장 분명한 내용에 집중하는 것입니다. 어려운 구절을 일일이 다 설명할 필요가 없습니다. 본문의 명료한 주제와 깊이 관련된 구절만 잘 설명하고, 어려운 구절은 중심 논지를 벗어나지 않는 선에서 설명하는 것이 좋습니다. 물론 설교를 준비할 때는 난해한 구절들도 충분히 연구해야 합니다. 쉽게 설교하기 위해서는 보다 많은 연구와 시간이 필요하다는 것을 설교자들이 꼭 기억하면 좋겠습니다.

본문의 중심 내용이 확실하게 정해졌다면, 그 다음에는 최대한 간단하게 정리합니다. 저 역시 최대한 설교를 명료하게 하고자 노력했습니다. 그래서 요한복음의 각 장에서 제일 중요하다고 생각하는 본문을 하나만 정해서 설교했습니다. 성도들이 요한복음의 전체 메시지를 쉽게 파악할 수 있도록 하기 위해서입니다. 개인적으로 저는 강해 설교라는 명목으로 성경의 한 책만 몇 달 혹은 1년 내내 설교하는 것을 반대합니다. 요한복음의 구절들 하나하나가 어떤 의미인지 알기 원한다면, 요한복음과 관련된 주석서를 보는 편이 나을 것입니다.

주요 개념을 통한 효과적인 전달

설교를 할 때는 정확하게 전달하는 것 못지않게 효과적으로 전달하는 게 중요합니다. 설교를 효과적으로 전달하는 좋은 방법 중 하나가 본문의 특성을 잘 살리는 것입니다. 이것은 특히 복음서를 설교할 때 중요합니다. 성경에는 네 개의 복음서가 있고, 각 복음서마다 특징이 있고 강조점이 다릅니다. 이러한 특별함이 설교에서 드러나지 않는다면, 청중은 다른 복음서를 설교로 들을 때와 별 차이를 느끼지 못하겠지요.

요한복음의 특징을 여기서 전부 다룰 수는 없지만 몇 가지 두드러진 특징을 보자면, 우선 요한복음은 다른 복음서에 비해 구약의 절기와 밀접한 관계가 있습니다. 이스라엘의 주요 절기를 이해하지 못한다면 요한복음의 메시지를 제대로 이해할 수 없습니다. 예를 들어 수전절이나 초막절에 대한 이해가 없다면 "나는 세상의 빛이다"(8:12)라는 예수님의 말씀을 온전히 이해하기가 어렵습니다. 마찬가지로 유월절 어린 양에 대한 이해가 없다면 요한복음의 예수님을 어떻게 이해할 수 있을까요?

'표적'도 요한복음에서 반복해서 등장하는 중요한 개념입니다. 여기서 우리는 기적과 표적의 차이를 분명하게 이해해야 합니다. 기적이란 단지 자연법칙을 뛰어넘는 특별한 일을 의미하지만, 표적은 기적을 포함할 뿐 아니라 약속된 메시아를 드러내는 역할까지 합니다. 예수님이 물로 포도주를 만들지 않고 소주나 막걸리를 만들었다고 가정해 봅시다. 그것은 그분이 단지 대단히 초인적 인물이라는 것을 보여 줄 뿐입니다. 예수님이 물위를 걷지 않고 날아갔다고 가정해 봅시다. 그렇다면 그분은 슈퍼맨에 지나지 않을 테지요. 표적에 대한 이해가 없다면 예수님은 그저 병자를 고치고, 배고픈 자를 먹이며, 기적을 일으키는 위대한 능력자로만 인식되었을 것입니다.

조금 어렵기는 하지만, "나는 …이다"를 의미하는 헬라어 '에고 에이미' 용법도 요한복음에 등장하는 중요한 특징입니다. 이것은 단순히 문법적 관용구가 아니라 구약에서 하나님의 속성을 계시하는 특별한 표현 중 하나입니다. 따라서 "나는 생명의 떡이다"라는 예수님의 말씀을 단지 비유로만 이해해서는 안 됩니다. 신자들은 예수님의 살과 피를 통해 참된 양식과 음료를 실제로 먹고 마셔야 영생을 얻을 수 있기 때문입니다. 물론 예수님은 문자적으로 떡이 될 수 없습니다. 하지만 어떤 측면에서 예수님은 참되고 실제적인 생명의 떡이 되십니다.

이러한 특성 때문에 요한복음은 초대교회 때부터 신자들에게 많은 사랑을 받았습니다. 무엇보다 요한복음은 예수님의 인성뿐 아니라 신성을 아주 분명하게 가르쳐 줍니다. 요한복음은 탄생 이전의 예수님의 존재에 대해 설명하는 유일한 복음서입니다. 이 점에서 우리는 초대 교부들에게 배울 바가 많습니다. 기본적으로 현대인들은 예수님이 누구신가보다 예수님이 어떤 일을 하셨고 자신들에게 무엇을 해주실 것인가에 관심이 많기 때문입니다.

요한복음 1장 1절은 예수님을 하나님의 말씀으로 소개하고 있습니다. 여러분은 이 소개를 들었을 때 바로 이해되고 감동이 됩니까? 아마 그렇지 않을 것입니다. 그러나 초대 교부들은 이런 구절에 깊은 관심을 가졌습니다. 심지어 3세기의 가장 위대한 교부 신학자로 알려진 오리겐은 요한복음 1장 1절을 주석하는 데만 한 권의 책을 할애했습니다. 그 당시의 한 권이라는 개념이 오늘날과 큰 차이가 있지만, 그가 예수님이 누구신가에 엄청나게 깊은 관심을 가졌다는 점은 주목할 필요가 있습니다.

요한복음 설교를 준비하면서 저도 최대한 초대 교부들의 모범을 따라서 예수님이 누구신가를 묵상하려고 노력했습니다. 무엇보다 제가 먼저 체험한 삼위 하나님의 사랑을 최대한 명료하고 쉽게 전달하려고 주어진 여건에서 최선을 다했습니다. 그 은혜가 독자들에게 조금이나마 전달되기를 소망합니다. 그 결과 예수님이 어떤 의미에서 하나님의 아들인지 분명히 깨닫기를 바랍니다. 성령이 역사하여 여러분에게 참된 믿음을 일으키시고, 여러분이 그 믿음으로 생명에 이르게 되기를 진심으로 소망합니다.

요한복음 개요

저자 본문에 저자의 이름이 명시되어 있지 않으나 전통적으로 사도 요한이 쓴 것으로 추정된다. 그리스도를 목격한 사람(1:14, 19:35, 21:24), 예수님이 사랑하시는 제자(19:26)라는 언급이 이를 뒷받침한다.

요한 세베대의 둘째 아들로 형 야고보와 가버나움에서 어부생활을 하다가 예수님의 부르심을 받고 제자가 된다(마 4:21-42). 과격한 성격 때문에 예수님이 이들에게 "우레의 아들"(막 3:17)이라는 별칭을 주셨다. 베드로, 야고보와 더불어 주요 제자 중 한 명으로 예수님의 중요한 행적에 함께했고, 훗날 예루살렘 교회의 기둥이 된다(갈 2:9). 에베소(오늘날 터키 지역)에 가서 요한복음을 썼다고 전해지며, 이후에 밧모섬으로 유배를 당했다. 요한서신과 계시록의 저자이기도 하다.

기록 연대 주후 80-90년경(공관복음 기록 이후)

기록 목적 예수님이 하나님의 아들 그리스도이심을 믿고, 그 이름을 힘입어 생명을 얻도록 하기 위하여(20:31).

구성

1) 탄생 - 말씀의 성육신(1:1-18)
2) 공생애 (1:19-12:50)
3) 고별강화와 중보기도(13:1-17:26)
4) 고난과 부활, 파송(18:1-21:25)

특징

1) 공관복음이 객관적 성격을 띤 전기체인 데 비해, 요한복음은 예수님의 신성을 언급하며 서두가 전개된다. 예수님의 고난과 죽음을 다루면서는 인성을 드러내기도 한다.
2) 대화와 변론과 상징적인 표현이 풍부하다.
3) 가나 혼인잔치의 기적, 수가성 여자와의 만남, 니고데모의 한밤중 방문, 나사로를 살리심, 제자들의 발을 씻기심, 유월절 다락방의 여러 가르침, 몇몇 제자(도마, 안드레, 빌립, 유다)와 관련된 정보는 요한복음에서만 찾아볼 수 있다.
4) 유월절, 초막절, 수전절 등 이스라엘의 주요 절기를 기점으로 이야기가 전개된다. 절기에 대한 이해가 본문의 이해를 돕는다.

요한복음에 나오는 예수님의 사역지

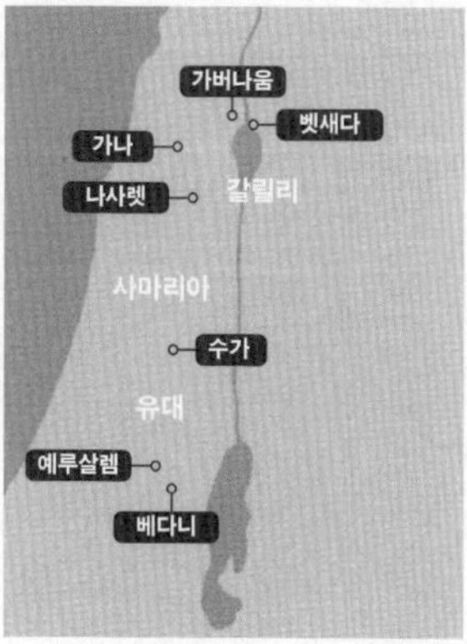

탄생 - 말씀의 성육신

요한복음 1:1-18

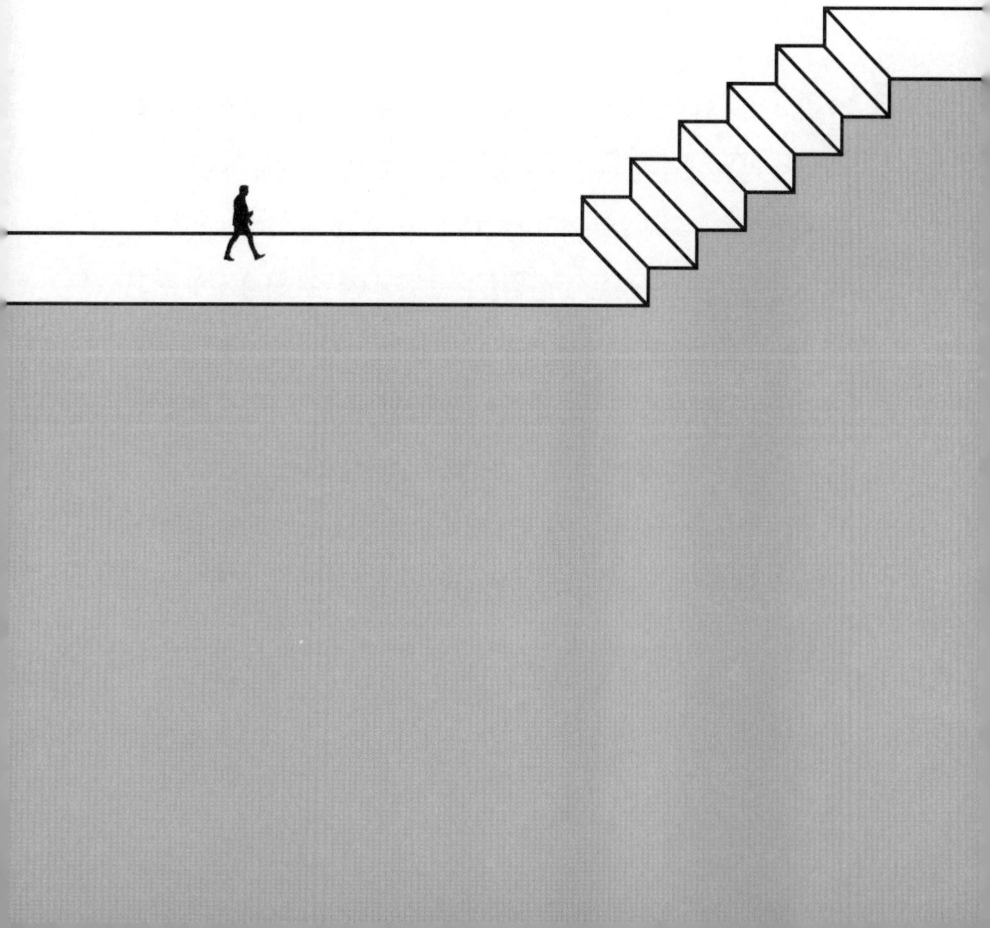

1

그리스도의 탄생 "빛이 어둠에 비치되"

요한복음 1:5-13

우리의 기대와 달리 복음서는 예수님의 탄생을 그렇게 중요하게 생각하지 않는 것 같습니다. 예수님의 탄생 정황을 설명하고 있는 복음서는 마태복음과 누가복음뿐입니다. 마가복음은 세례 요한으로 복음의 시작을 설명하고, 요한복음도 그 점에서는 별 차이가 없습니다. 별, 동방박사, 천사, 목자, 말구유와 관련된 이야기가 전혀 나오지 않습니다. 마태복음과 누가복음에 예수님의 탄생 이야기가 충분히 기록되어 더 이상 쓸 필요를 느끼지 못한 것일까요?

요한이 복음서를 쓴 것은 예수님이 승천하시고 나서 60년 정도 지난 때였습니다. 당시만 해도 예수님의 탄생에 대해 많은 그리스도인들이 알고 있었습니다. 다만 영지주의라는 이단이 교회 내에 깊숙

이 들어와 그리스도 탄생에 관한 이상한 교리를 전하기 시작한 것이 문제였습니다. 그들은 그리스도가 육체로 오심을 부인했습니다(요일 4:2). 그리스도가 육체를 '입으셨지' 실제로 '취한' 것은 아니라고 생각했습니다. 육체 자체를 악한 것으로 보는 그들에게, 하나님의 아들이 육체를 취했다는 교리는 하나님이 악한 존재로 바뀌었다는 주장과 같았습니다.

요한복음보다 먼저 기록된 마태복음과 누가복음은 예수님이 탄생 전에 어떤 존재로 계셨는지 아무 언급도 하지 않습니다. 이 중요한 신학적 질문에 제대로 답하지 않는다면 초대 교회는 큰 혼란에 빠졌을 것입니다. 예수님이 탄생하면서 비로소 성자가 존재하게 되었다고 말하면 기독교 신앙이 뿌리째 흔들릴 테지요. 사도 요한이 복음서를 쓸 때는, 예수님 탄생의 구체적인 정황보다 그 의미를 정확히 서술하는 것이 더 중요했습니다. 그래서 요한은 복음서 서두에서 예수님 탄생의 의미를 신학적인 관점에서 이야기합니다.

이러한 본문에 근거하여 우리는 2천 년 전 이 땅에 오신 예수님이 어떤 분인지 바로 알아야겠습니다. 우리가 믿고 있는 예수님이 과연 성경에서 말하는 예수님인지 확인하고, 성경에서 말하는 '빛 되신 예수님'을 영접하여 빛의 자녀로 이 세상을 살아가는 성도가 되기를 바랍니다.

빛으로 오신 예수님

요한복음 1장의 서두에는 말씀, 빛, 생명, 아들과 같은 핵심 단어들이 나옵니다. 예수님은 생명이시기에 사마리아 여자에게 생수에 대해 말씀하셨고, 광야에서 5천 명을 먹이셨습니다. 또한 빛이시기에 눈먼 자를 고쳐서 앞을 보게 하셨습니다. 예수님이 일으키신 기적들은 그분이 진정 어떤 존재인지 보여 주는 표적입니다. 그것은 단지 그분이 위대한 능력자였음을 보여 주는 쇼가 아닙니다.

본문을 주의 깊게 살펴보면 '빛'이라는 단어가 가장 많이 등장합니다. 빛이야말로 예수님이 누구신지 가장 쉽고 분명하게 설명할 수 있는 단어입니다. 실제로 예수님이 태어나셨을 때 큰 별이 나타나 아기 예수가 있는 곳을 비쳤습니다. 어둠을 밝히는 별은 예수님이 나면서부터 어떤 분이셨는지를 단적으로 보여 줍니다. 요한복음은 예수님의 탄생을 한마디로 요약합니다. "빛이 어둠에 비치되"(5절).

요한복음은 "태초에"라는 말로 시작됩니다. "태초에 말씀이 계시니라. 이 말씀이 하나님과 함께 계셨으니 이 말씀은 곧 하나님이시니라." 이 대목에서 창세기 1장 1절 "태초에 하나님이 천지를 창조하시니라"는 말씀이 생각나지 않나요? 그렇습니다. 요한복음은 지금 그리스도의 탄생을 천지 창조의 관점에서 서술하고 있습니다. 태초에 천지를 창조하신 하나님께서 그리스도를 이땅에 보내심으로 새로운 창조를 시작하고 계심을 보여 줍니다. 태초에 천지는 비어 있고 흑암만 가득했습니다. "땅이 혼돈하고 공허하며 흑암이 깊음 위에 있고"(창 1:2). 그때 하나님께서 처음 말씀하십니다. "빛이 있으라"(창 1:3). 아직 태양과 달과 별이 없을 때이므로 이것은 하나님께서 직접 창조하신 빛이라고 할 수 있습니다. 그 말씀에 따라 빛이 생겼고 어둠이 물러갔습니다. 하나님은 어둠을 완전히 없애지 않고 빛과 어둠을 나누어 낮과 밤이라고 부르셨습니다.

창세기의 천지창조 사역은 그리스도를 보내심으로 시작되는 재
창조 사역으로 그대로 이어집니다. 하나님에 대한 지식이 없는 것 ①
을 흑암이라고 할 수 있습니다. 죄로 인해 무지의 흑암이 세상에 들
어왔습니다. 하나님은 예수님을 세상에 빛으로 보내어 어두운 세상
이 하나님을 알 수 있게 하셨습니다. 사도 바울도 이를 동일하게 증
거합니다. "어두운 데에 빛이 비치라 말씀하셨던 그 하나님께서 예
수 그리스도의 얼굴에 있는 하나님의 영광을 아는 빛을 우리 마음
에 비추셨느니라"(고후 4:6). 하나님께서 예수님을 세상에 빛으로 보
내신 것은 정말 대단한 일이 아닐 수 없습니다. 예수님의 탄생은 단
지 위대한 왕이나 선지자의 탄생이 아니라, 하나님이자 말씀이요 생
명이신 성자의 탄생이기 때문입니다. 어찌 보면 빛의 창조보다 더 위
대한 일이 성육신이고, 성육신이야말로 복음의 핵심입니다. 그 복음
은 바로 이것입니다. "빛이 어두움에 비쳤다."

빛이 왔으나

빛이 세상에 왔을 때 세상은 어떻게 반응했을까요? 5절 말씀은 세상의 반응을 단적으로 보여 줍니다. "어둠이 깨닫지 못하더라." 세상은 죄 때문에 어두워져 빛을 깨닫지 못했습니다. 빛을 증언하는 자가 있었는데도 말입니다. 그가 바로 세례 요한입니다. 요한복음은 세례 요한을 가리켜 그는 "이 빛이 아니요 이 빛에 대하여 증언하러 온 자"(8절)라고 분명하게 밝힙니다.

사복음서 모두 세례 요한의 사역을 매우 중요하게 다루고 있습니다. 특히 마가복음은 세례 요한을 복음 전파의 시작으로 보고, 누가복음은 세례 요한의 탄생으로 문을 엽니다. 적어도 복음서에서 세례 요한이 차지하는 비중은 매우 높습니다. 예수님은 세례 요한을 가리켜 여자가 낳은 자 중에서 가장 크다고 선언하셨고, 말라기서에서 약속하신 엘리야가 바로 세례 요한이라고 말씀하셨습니다(마 11:0-11, 눅 7:28). 구약의 마지막 선지자라고 할 수 있는 세례 요한은 자기 역할을 충실하게 수행했습니다. 그의 역할은 빛을 증언하는 것이었습니다. 본문에도 "증언"이라는 말이 세 번이나 나옵니다. 세상은 여전히 어둠 속에 있으므로 증언이 필요했습니다. 그러나 세례 요한의 증언을 듣고도 빛을 영접하지 않았습니다. 그들은 빛을 몰랐다고 핑계댈 수 없습니다.

사도 요한은 빛을 영접하지 않은 자들에게 책임을 묻습니다. 세상은 빛이신 예수 그리스도에 의해 창조되었습니다. 그 빛이 세상에 왔지만, 세상은 창조주이신 그분을 알지 못했습니다. 요한은 세상을 향해 자기들을 만드신 이도 몰라보는 무지한 자들이라고 신랄하게 비판합니다. 그는 이스라엘 백성도 비판합니다. 더욱이 이스라엘은 다른 세상과 달리 하나님의 특별한 소유였습니다. 그래서 예수님이 이스라엘로 오신 것인데, 그들조차 그분을 영접하지 않았습니다. 그러니 세상보다 더 큰 책임을 지지 않을 수 없습니다.

마태복음에 따르면, 예수님은 베들레헴에서 태어나셨습니다. 그 마을은 다윗의 동리(洞里)로 불렸습니다. 로마제국의 황제 아구스도의 칙령에 따라 호적을 등록하러 베들레헴에 다윗의 후손들이 다 모였습니다. 그들은 왕의 후손임에도 나라를 잃은 채 세계 곳곳에 흩어져 힘들게 살아가고 있었을 것입니다. 황제의 명에 따라 그들이 베들레헴이라는 지역에 모이게 되었습니다. 흩어졌던 그들이 한자리에 모인 것 자체가 하나님의 큰 축복이 아닐 수 없습니다.

그러나 그들은 더 이상 자신이 다윗의 후손임을 자랑스럽게 생각하지 않은 것 같습니다. 왕손을 잉태했음에도 마리아는 분만할 곳도 찾을 수 없었습니다. 사실 마리아는 전혀 모르는 사람이 아닌 자기 친족에게 배척당한 것입니다. 그들은 아기 예수가 메시아인 줄은 몰랐어도 왕의 핏줄인 것은 알았을 텐데 말입니다. 결국 짐승들이 사는 곳에서 생명의 빛이요 말씀인 성자가 태어나십니다. 요한은 이런 상황을 한마디로 서술합니다. "[그가] 자기 땅에 오매 자기 백성이 영접하지 아니하였"(11절)다. 그 백성들은 하나님의 아들을 영접하지 않았을 뿐 아니라 거절하고 십자가에 못 박기까지 하며 반역의 무리가 되었습니다. 이는 우리가 빛으로 오신 예수님을 알지 못하면 얼마나 끔찍한 일이 벌어질 수 있는지 확실하게 경고합니다.

영접하는 자들에게

② 빛이 어둠에 비쳤으나 대부분이 그분을 몰랐고 영접하지 않았습니다. 그러나 그분을 믿는 자들이 있었습니다. 영접한다는 것은 예수님이 하나님께서 보내신 분임을 믿는 것입니다. 한 나라에서 파견한 대사를 영접한다는 것은, 그를 보낸 왕을 영접하는 것과 같습니다. 예수님을 영접한다는 것은, 그분이 말씀이고 하나님이시며 그 안에 생명이 있음을 믿는 것입니다. 그 생명이 바로 온 세상의 빛이시고, 그로 말미암아 온 세상이 창조되었음을 믿는 것입니다.

대부분이 믿지 않는데 왜 어떤 이들은 이와 같이 받아들이기 힘든 일을 믿을 수 있을까요? 그것은 그들이 하나님에게서 난 자들이기 때문입니다(13절). 하나님에게서 난 자들만이 성부의 독생자를 알아볼 수 있습니다. 그들은 혈통이나 육정, 사람의 뜻으로 난 사람들이 아닙니다. 유대인들은 자기 혈통을 매우 자랑스러워했습니다. 혈통상 아브라함의 후손인 그들은 스스로를 하나님의 자녀로 생각했습니다. 그러나 정작 하나님의 아들 예수님은 거부했습니다.

이제 새 시대가 되었습니다. 혈통은 더 이상 의미가 없습니다. 누구든지 빛으로 오신 예수 그리스도를 믿으면 하나님의 자녀가 되는 권세를 받습니다. 누가 믿을 수 있을까요? 하나님에게서 난 자들입니다. 여기서 우리는 믿음과 중생(거듭남)이 밀접하게 연관되어 있음을 봅니다. 거듭남은 매우 신비로운 사역이어서 정확하게 기술하기가 쉽지 않습니다. 이것이 성령 하나님의 사역인 것은 분명합니다. 예수님은 자신이 누구인지 알기 위해 밤에 찾아온 니고데모에게 이렇게 말씀하셨습니다. "사람이 물과 성령으로 나지 아니하면 하나님의 나라에 들어갈 수 없느니라"(요 3:5). '거듭난다'는 말은 '위로부터 난다'고 번역할 수 있고, 이는 곧 '하나님에게서 난다'는 말로 풀이할 수 있습니다.

예수님은 누구십니까? 이 질문에 요한복음은 '빛'이라고 답합니다. '말씀'이나 '생명'으로 답할 수도 있지만, 가장 이해하기 쉬운 단어는 '빛'입니다. 이 빛은 생명의 빛입니다. 이 빛을 가진 사람만이 영생을 누릴 수 있습니다. 이 빛은 아무나 알 수 없습니다. 오직 하나님에게서 난 자만이 이 빛을 믿고 영접할 수 있습니다. 그 사람만이 하나님의 자녀가 되고 하나님 나라를 상속받아 영생을 누릴 수 있습니다. 이것이 요한복음의 전체 메시지입니다.

③ 빛으로 오신 예수님은 하나님의 유일한 아들이시고, 이 빛을 믿고 영접한 자들은 더 이상 어둠의 자녀가 아니라 빛의 자녀입니다. 이에 대해 사도 바울도 분명하게 증언합니다. "너희가 전에는 어둠이더니 이제는 주 안에서 빛이라. 빛의 자녀들처럼 행하라"(엡 5:8). 예수님도 우리가 어떤 존재인지 선언하셨습니다. "너희는 세상의 빛이라"(마 5:14). 그 의미도 정확하게 가르쳐 주셨습니다. "너희 빛이 사람 앞에 비치게 하여 그들로 너희 착한 행실을 보고 하늘에 계신 너희 아버지께 영광을 돌리게 하라"(마 5:16).

빛으로 오신 그리스도는 빛의 자녀가 이 세상에서 따라야 할 모범입니다. 그리스도를 믿고 영접하면 하나님의 자녀가 되는 권세를 갖습니다. 이 권세를 가진 자는 세상에서 빛의 자녀로 살아야 합니다. 우리의 빛을 세상에 비추어 어둠에 속한 자들을 빛 되신 예수 그리스도께로 인도하는 것이 우리의 사명입니다. 빛으로 오신 주님을 찬양하며, 그 빛을 온 세상에 전하여 삼위 하나님께 영광 돌리는 삶이 되기를 축원합니다.

#빛과 어둠(1-5절): 일반적으로 성경에서 빛은 성경적 진리를 가리키고, 어둠은 오류 또는 거짓, 하나님을 모르는 상태를 말한다. 신약에는 '어둠'이라는 단어가 30회 이상 나오는데, 그중 14회가 요한복음에서 사용된다.

#요한복음 1장에서 예수님을 가리키는 표현들

말씀	1, 14절
빛	9절
독생자	14, 18절
하나님의 어린 양	29, 36절
랍비/선생	38, 49절
메시아	20, 25, 41절
하나님의 아들	34, 49절
이스라엘의 임금	49절
인자	51절

1. 요한복음 1장의 서두에는 말씀, 빛, 어린 양, 아들과 같은 핵심 단어들이 나오지만 '빛'이야말로 예수님이 누구신지 가장 쉽고 분명하게 설명해 줍니다. 예수님은 어떤 점에서 우리의 빛이 되십니까?(23쪽)
2. 빛이신 예수님을 영접한다는 것은 구체적으로 무슨 뜻입니까?(26쪽)
3. 이 세상을 살아갈 때, 빛의 자녀로서 우리가 받은 사명은 무엇입니까?(28쪽)

공생애

요한복음 1:19-12:50

2

하나님의 어린 양
"보라, 세상 죄를 지고 가는"

요한복음 1:29-34

복음서 중에서 가장 나중에 기록된 요한복음은 다른 복음서와 달리 예수님을 신학적으로 소개합니다. 요한복음 1장의 서론(1-18절)에서는 예수님을 말씀, 생명, 빛과 같은 추상적인 용어로 소개합니다. 말씀이 육신이 되신 예수님은 하나님의 말씀을 자기 백성들에게 선포하셨고, 어둠 속에서 고통당하는 이들에게 빛을 보게 하셨으며, 광야에서 굶주린 자들에게 생명의 떡을 주셨습니다.

말씀이요 빛이요 생명이신 하나님의 독생자를 세상에 가장 먼저 소개한 사람은 세례 요한입니다. 그는 이 빛에 대해 증언했습니다. 이스라엘 백성들이 장차 오실 이를 준비할 수 있도록 그들에게 죄 사함을 받게 하는 회개의 세례를 베풀었습니다. 제사장과 레위인과 바리새인들은 그에게 사람을 보내어 무슨 권세로 세례를 베푸는지 물었습니다. 요한은 자신은 그리스도도, 엘리야도, 그 선지자도 아니며 이사야가 말한 것과 같이 광야에서 외치는 자의 소리라고 대답했습니다(23절).

그들이 물러간 다음 날 예수님이 세례 요한에게 오셨습니다. 그는 예수님을 보고 "하나님의 어린 양"이라고 처음으로 사람들에게 소개합니다. 예수님은 우리의 목자인 동시에 하나님의 어린 양이심을 기억해야 합니다. 예수님은 하나님께서 우리에게 주신 어린 양입니다. 이를 라틴어로 아뉴스 데이(*Agnus Dei*)라고 하는데, 오랫동안 예배 중에 찬송으로 불리고 있습니다. 교회 역사 속에서 어린 양은 예수님을 이해하는 매우 중요한 개념이었습니다. 아쉽게도 개신교회에서는 예전이 쇠퇴하면서 이 찬송을 잘 부르지 않게 되었고, 어린 양 예수에 대한 개념도 상당히 희석되었습니다.

본문을 통해 하나님의 어린 양 예수님이 주시는 복음의 의미를 생각해 보겠습니다.

세례 요한

예수님을 하나님의 어린 양으로 소개한 세례 요한은 어떤 사람입니까? 그는 하나님의 특별한 사명을 받고 제사장 가문에서 태어나 유대 광야에서 활동했습니다. '광야에서 외치는 선지자'라고 하니 좀 이상하지 않나요? 이왕 메시지를 전하려면 사람들이 많이 모인 곳에서 외쳐야 할 텐데, 요한은 사람이 전혀 없는 광야로 가서 하나님의 말씀을 외쳤습니다.

이것은 당시 하나님의 백성들이 그 정도로 타락했다는 뜻입니다. 말라기 선지자 이후로 하나님은 이스라엘에 선지자를 보내지 않으셨습니다. 공백 기간이 400년에 이릅니다. 구약시대 이스라엘 백성이 400년간 애굽에서 종살이 하던 시절이 연상됩니다. 400년간 선지자 없이 살았으니 영적으로 얼마나 어두워져 있을까요? 하나님의 말씀을 전해 봤자 듣지도 않았을 테지요. 차라리 사막의 돌들에게 말씀을 전하는 편이 나았을 것입니다(이스라엘 광야는 모래보다 바위가 많은 사막입니다). 백성들은 마음이 돌보다 더 단단하게 굳어 말씀을 받아들일 준비가 전혀 되어 있지 않았습니다. 그래서 세례 요한은 광야에서 돌들을 향해 하나님의 말씀을 외쳤습니다.

"광야에서 외치는 자의 소리"는 구원의 역사가 시작되었음을 알립니다. 이 말은 이사야 40장 3절에도 나옵니다. 이사야서는 성경 책 수와 똑같은 66장인데, 공교롭게도 40장부터 전혀 새로운 구원의 메시지가 선포됩니다. 구약이 39권으로 끝나고 40권째부터 신약이 시작되지요. "너희는 위로하라. 내 백성을 위로하라"는 말씀으로 이사야 40장이 시작됩니다. 위로는 광야에서 외치는 자에게서 시작됩니다. 그의 사명은 주의 길을 예비하고 하나님의 대로를 평탄하게 하는 것이었습니다.

세례 요한이 아무도 없는 광야에서 하나님의 말씀을 외치자 놀랍게도 강팍한 이스라엘 백성들이 그 소문을 듣고 와서 회개의 메시지에 귀를 기울이기 시작했습니다. 그의 메시지는 간단했습니다. "회개하라. 천국이 가까이 왔느니라." 사막에서 선지자가 외치면 아무도 귀 기울이지 않을 것 같지요? 그렇지 않습니다. 실제로 초대 교회 때 사막의 수도사들은 세례 요한처럼 사막에서 기도와 말씀 묵상에 전념했습니다. 그런데 놀랍게도 많은 사람들이 진리의 가르침을 들으려고 수도사가 있는 사막으로 몰려들었습니다.

유월절 어린 양

세례 요한은 무슨 의미로 예수님을 "하나님의 어린 양"이라고 불렀 ①
을까요? 사람들은 그 말을 듣고 무슨 생각을 했을까요? 이튿날 세례 요한은 제자 두 사람과 함께 있다가 예수님을 보고 또 "보라, 하나님의 어린 양이로다"(36절)라고 선포했습니다. 그 말을 듣고 세례 요한의 두 제자가 예수님을 좇았습니다. 그들은 무슨 생각으로 예수님을 따르기 시작했을까요? 세례 요한이 "저분이 바로 이스라엘의 구원자시다. 메시아시다. 이스라엘의 왕이시다. 이스라엘의 목자시다"라고 말했다면 모르겠습니다. 그러나 "하나님의 어린 양"이라는 말만 듣고 자기 삶을 몽땅 내던진 것이 잘 이해되지 않습니다.

요한복음만 봐서는 세례 요한의 증언, 즉 "하나님의 어린 양"이라는 말이 무슨 뜻인지 전혀 감을 잡을 수 없지만, 당시 사람들과 예수님을 따른 두 제자는 그 뜻을 잘 알았을 것입니다. 구약에 능통했을 테니까요. 어린 양의 의미를 알기 위해서는 성경 전체를 비교하며 살펴봐야 합니다.

구약에서 어린 양은 무엇보다 아브라함이 이삭을 제물로 바치려고 했을 때 등장한 숫양을 연상케 합니다. 어린 이삭이 아버지에게 번제로 드릴 어린 양이 어디 있느냐고 묻자, 아브라함은 하나님께서 손수 마련해 주실 것이라고 답변합니다. 실제로 하나님은 숫양을 준비하여 아브라함의 독자 이삭을 대속하게 하셨습니다(창 22:12). 따라서 이 양은 아브라함의 유일한 아들과 같으며, 앞으로 오게 될 아브라함 씨를 표상한다고 할 수 있습니다.

② 숫양이 이삭을 대속했듯이 예수님은 하나님의 어린 양으로서 세상(자기 백성)의 죄를 지고 가십니다. 요한은 본문의 마지막 절에서 하나님의 어린 양이 그분의 아들이심을 선포합니다(34절). 여기서 세상은 하나님께서 택하신 모든 백성을 가리키는데, 세례 요한은 아마 이 세상이 이스라엘 백성들을 가리킨다고 생각했을 것입니다. '지고 간다'는 표현은 이중 해석이 가능합니다. '죄를 담당한다', '죄

를 제거한다'는 의미가 있습니다. 즉 어린 양은 이스라엘의 죄를 대속할 뿐 아니라 제거하는 역할도 합니다. 이삭을 대속한 양은 이후에 유월절 어린 양에서 보다 분명하게 드러납니다.

유월절은 이스라엘이 출애굽하며 생긴 절기입니다. 하나님은 이스라엘 백성을 구원하면서 그들을 괴롭힌 애굽과 바로 왕을 열 가지 재앙으로 치셨습니다. 마지막 재앙이 장자의 죽음입니다. 하나님은 애굽 땅에 살아있는 모든 장자를 죽이려 하셨습니다. 이스라엘 백성도 예외가 아니었습니다. 하나님은 이스라엘 백성이 이 재앙을 면할 수 있도록 유월절 양을 준비하셨습니다. 출애굽기 12장에 유월절 준비에 대한 자세한 사항이 나옵니다.

유월절 양은 흠없고 점없는 숫양이어야 했습니다(예수님도 남성이고 죄가 전혀 없는 분이십니다). 유월절은 이스라엘의 첫 절기입니다. 이스라엘 달력으로 1월 10일에 어린 양을 선정하고, 14일에 어린 양을 잡습니다. 나흘 동안 이스라엘 사람들은 어린 양을 집에 들여서 극진히 보호합니다. 음식과 물을 먹이고 행여 다칠세라 조심스레 돌봅니다. 유월절 당일이 되면 아침, 즉 9시에 제사장에게 양을 데려가 기둥에 묶습니다. 그리고 해질녘, 즉 3시에 그 양을 잡습니다.

예수님도 정확하게 유월절 양의 행적을 따라가십니다. 예수님이 예루살렘에 입성하신 날이 종려주일, 바로 니산월 10일(1월 10일)입니다. 그런데 예수님은 니산월 14일에 돌아가셨습니다(유대인의 날은 저녁부터 시작되기 때문에 복음서의 행적을 요일별로 파악하기가 쉽지 않습니다). 그 사이 나흘 동안 이스라엘 백성은 "호산나 호산나" 하면서 예수님을 극진히 모셨습니다. 한편 바리새인들은 예수님의 흠을 찾으려고 노력했으나 찾지 못했습니다. 흠없는 유월절 어린양이신 예수님은 오전 9시에 십자가에 못 박히셨고, 오후 3시에 "다 이루었다"는 말씀을 남기고 운명하셨습니다. 이스라엘의 죄를 대신하고 그 죄를 사하기 위해 유월절 양으로서 모든 사명을 감당하신 것입니다.

어린 양의 적용

유월절 양을 잡으면 그것으로 끝이 아닙니다. 죽음의 사자에게서 벗
어나려면 그 양의 피를 문설주에 바르고, 그 양의 고기를 다음 날
③ 까지 남김없이 먹어야 했습니다. 이것은 오늘날 우리가 예수님의 피
를 자신에게 적용시키고, 그분의 살을 양식으로 받아들여야 한다
는 뜻입니다. 유월절 양의 피는 세례를 표상하고, 양의 살은 성찬을
예표합니다. 많은 그리스도인들이 예수님을 믿는다고 하면서도 그
분의 희생을 자기 것으로 받아들이지 않습니다. 그냥 "예수님이 내
죄를 위해 죽으셨다"는 말만 하고 끝날 때가 많습니다. 그 피를 자기
집 문에 바를 생각을 하지 않습니다. 예수님의 살을 남김없이 먹어
야 한다고 생각하지 않습니다. 알더라도 서두르지 않습니다. 나중으

로 미룹니다. 그러나 유월절 규례에 따르면, 양의 고기는 급히 먹어야 합니다. 이스라엘 백성들은 철저하게 규례를 따라야 생명을 얻을 수 있었습니다. 예수님은 하나님의 어린 양이십니다. 그분이 우리 죄를 사하기 위해 십자가에서 유월절 양으로 돌아가셨습니다. 우리는 그분의 피와 살을 우리 것으로 만들어야 합니다. 즉 예수님과 피와 살을 나눈 한몸이 되어야 합니다. 이것이 구원이고 생명이며 우리가 사는 길입니다.

세례 요한이 예수님을 가리켜 하나님의 어린 양이라고 했을 때, 이렇게 자세히 알고 있지는 않았겠지요. 하지만 그 하나님의 어린 양이 하나님의 아들이심을 알았고, 성령이 그 위에 머무는 것을 목도했습니다. 그렇기 때문에 예수님이 성령으로 세례를 주시는 분임을 확신했습니다. 자신은 단지 물로 세례를 베풀지만, 예수님은 성령으로 세례를 주어 백성들의 죄를 대속하고 완전히 제거하실 것을 확실히 믿었습니다.

우리는 그리스도인입니다. 우리도 세례 요한처럼 그리스도를 증언해야 합니다. 그리스도는 하나님의 아들이고, 그 아들은 다름 아닌 하나님의 양, 특히 유월절 어린 양입니다. 그분으로 말미암아 새로운 출애굽 시대가 시작되었습니다. 이사야 53장 5절은 이렇게 노래하고 있습니다. "그가 찔림은 우리의 허물 때문이요 그가 상함은 우리의 죄악 때문이라. 그가 징계를 받으므로 우리는 평화를 누리고 그가 채찍에 맞으므로 우리는 나음을 받았도다."

어린 양 되신 하나님의 아들은 성령으로 세례를 주시는 분입니다. 성령이 비둘기처럼 어린 양이신 예수님께 임했습니다. 노아의 홍수에서 보았듯이 비둘기는 새로운 시대를 예고하는 상징입니다. 비둘기는 홍수가 휩쓸고 간 죽음의 땅에서 생명의 메시지를 가져왔습니다. 승천하신 그리스도는 오순절 날 그분의 백성에게 임하셨습니다. 주님이 그분의 백성에게 성령으로 세례를 주신 것입니다. 이 성령은 우리 안에 거하며 우리를 새롭게 하고, 새로운 생명의 공동체를 이루어 죄와 싸워서 승리하게 하십니다.

③ 구약의 백성들이 양의 피를 문에 바르고 그 고기를 먹음으로 유월절을 지켰듯이, 우리는 그리스도의 성령으로 세례를 받고 주님의 식탁에 앉아 그분의 살과 피를 먹고 마심으로 영생의 복을 누립니다. 바울 사도는 "이 떡을 먹으며 이 잔을 마실 때마다 주의 죽으심을 그가 오실 때까지 전[해야]"(고전 11:26) 한다고 말했습니다. 굶주린 우리 영혼이 예배 가운데 주님의 살과 피를 먹고 마시고 힘을 얻어, 세상 속에서 우리의 삶을 통해 보좌에 계신 이와 어린 양에게 찬양과 영광과 존귀를 드릴 수 있게 됩니다. 이와 같은 복이 이 말씀을 읽는 모든 이들에게 함께하기를 바랍니다.

IIIIIIIIIIIIIIIIIIIII

#하나님의 어린 양: 신약성경에 인용된 '하나님의 어린 양'을 다음 구절에서 찾아볼 수 있다.

요 1:29	이튿날 요한이 예수께서 자기에게 나아오심을 보고 이르되 보라 세상 죄를 지고 가는 하나님의 어린 양이로다.
요 1:36	예수께서 거니심을 보고 말하되 보라 하나님의 어린 양이로다.
행 8:32	읽는 성경 구절은 이것이니 일렀으되 그가 도살자에게로 가는 양과 같이 끌려갔고 털 깎는 자 앞에 있는 어린 양이 조용함과 같이 그의 입을 열지 아니하였도다.
벧전 1:18-19	너희가 알거니와 너희 조상이 물려 준 헛된 행실에서 대속함을 받은 것은 은이나 금같이 없어질 것으로 된 것이 아니요 오직 흠 없고 점 없는 어린 양 같은 그리스도의 보배로운 피로 된 것이니라.
계 5:6	내가 또 보니 보좌와 네 생물과 장로들 사이에 한 어린 양이 서 있는데 일찍이 죽임을 당한 것 같더라 그에게 일곱 뿔과 일곱 눈이 있으니 이 눈들은 온 땅에 보내심을 받은 하나님의 일곱 영이더라.
계 5:12	큰 음성으로 이르되 죽임을 당하신 어린 양은 능력과 부와 지혜와 힘과 존귀와 영광과 찬송을 받으시기에 합당하도다 하더라.
계 12:11	또 우리 형제들이 어린 양의 피와 자기들이 증언하는 말씀으로써 그를 이겼으니 그들은 죽기까지 자기들의 생명을 아끼지 아니하였도다.

IIIIIIIIIIIIIIIIIIIII

1. 세례 요한은 예수님을 처음 보고 사람들에게 뭐라고 소개합니까?(35쪽)
2. 예수님은 어떻게 우리의 죄를 대속하는 어린 양이 되셨습니까?(36-37쪽)
3. 오늘날 우리가 예수님의 살과 피를 먹는다는 것은 무슨 뜻입니까?(38-39, 40쪽)

3

표적과 믿음
"그의 영광을 나타내시매"

요한복음 2:1-11

본문의 사건을 요약하면 아주 간단합니다. "예수님이 물로 포도주를 만드셨다." 예수님은 떡만 잘 만드시는 줄 알았는데(오병이어의 기적) 포도주도 잘 만드시는 분임을 깨닫고 감명받는 사람은 없을 테지요. 예수님을 잘 믿으면 평생 포도주를 마음껏 마실 수 있다고 생각하는 사람도 없을 것입니다. 그렇다면 예수님이 물로 포도주를 만드신 사건은 우리에게 어떤 의미일까요?

어떤 이들은 예수님의 변화 능력에 관심을 가집니다. 하인들처럼 예수님이 "무슨 말씀을 하시든지 그대로 하[면]"(5절) 큰 복을 받는다고 설교하는 목회자도 보았습니다. 예수님이 물로 포도주를 변화시켰듯이 죄인을 변화시켜 하나님의 자녀로 만든다고 설교하는 목회자도 많습니다. 로마 가톨릭교회는 이 사건에 근거해 화체설 교리를 옹호하기도 합니다. 예수님이 물을 포도주로 변화시켰듯이 성찬에 사용되는 포도주가 예수님의 피로 얼마든지 변화될 수 있다고 가르칩니다.

본문의 사건에서 변화는 매우 중요한 요소지만 그보다 더 중요한 것은 이 기적이 전하는 메시지입니다. 요한복음을 읽을 때 20장 31절 말씀을 항상 유념하기 바랍니다. "오직 이것을 기록함은 너희로 예수께서 하나님의 아들 그리스도이심을 믿게 하려 함이요 또 너희로 믿고 그 이름을 힘입어 생명을 얻게 하려 함이니라."

어떤 사람이 실제로 물로 포도주를 만들었다고 가정합시다. 그러면 그 사람이 하나님의 아들이라는 생각이 듭니까? 그를 믿으면 영생을 얻을 수 있다는 믿음이 생깁니까? 그가 대단한 능력자라는 것은 인정해도 하나님의 아들이라는 것은 확신하지 못할 것입니다. 그런데 사도 요한은 이 사건이 사실임을 믿는다면, 예수님이 하나님의 아들이심을 믿게 되고, 그 믿음을 통해 생명을 얻을 것이라고 확신했습니다. 본문의 마지막 구절이 이를 분명하게 보여 줍니다. "제자들이 믿으니라"(11절). 우리도 본문을 통해 예수님이 어떤 일을 하셨는지 보면 제자들처럼 예수님을 믿고, 그 믿음을 통해 생명을 얻게 될 것입니다. 성령 하나님께서 우리 마음에 역사하여 예수님에 대한 믿음을 일으키시기를 소망합니다.

① 물이 포도주로 변한 사건에서 가장 중요한 단어 중 하나가 '표적'(*semeion*)입니다. 요한은 이 사건을 표적이라고 부르는데, 표적은 기적과 다릅니다. 표적은 영적 실체를 가리키지만, 기적은 그것을 행한 사람의 능력을 보여 줄 뿐입니다. 예를 들어 어떤 사람이 큰 병을 고쳤다고 합시다. 그러면 많은 사람들이 그에게 병 고침을 받으려고 몰려들 테지요. 병이 나으면 떠날 테고요. 아니면 자기가 아는 다른 병자를 데려올 것입니다. 그런데 그뿐입니다. 이와 달리 표적은 보이지 않는 영적 실체, 구체적으로 말해 새로운 시대가 왔음을 알립니다.

요한복음에는 총 일곱 개의 표적이 나옵니다. 물로 포도주를 만든 사건은 예수님이 행하신 첫 번째 표적이고, 나머지 표적은 다음과 같습니다.

- 왕의 신하의 아들을 고치심
- 38년 된 병자를 고치심
- 오병이어 기적
- 물위를 걸으심
- 눈먼 자를 보게 하심
- 죽은 나사로를 살리심

이 표적들은 단순한 기적이 아니라 예수님이 어떤 분이신지를 계시합니다. 제가 아무리 병을 잘 고치더라도 이는 단순히 기적일 뿐 표적이 될 수 없는 이유가 여기에 있습니다. 표적은 그 목적이 기적 ①
과 다릅니다. 본문에서 기록하고 있듯이 예수님은 표적을 통해 자신의 영광을 나타내십니다. 이 영광을 보고 제자들은 예수님을 믿게 되었습니다. 여기서 우리는 표적과 영광과 믿음의 관계를 정확히 보게 됩니다. 표적은 예수님의 영광을 나타내는 수단이고, 표적이 나타낸 영광은 그것을 본 사람들에게 믿음을 일으킵니다. 이 믿음은 믿는 자에게 생명을 주고 하나님의 자녀가 되는 권세를 부여합니다. 요한복음에 일곱 가지 표적이 기록된 목적은, 사람들이 그 표적을 보고 예수님을 믿어 영생을 얻게 하기 위함입니다.

그렇다면 표적은 예수님의 영광을 어떻게 나타내고 있을까요? 요 ②
한복음에 나타난 예수님의 영광은 단순히 그분이 대단함을 의미하지 않습니다. 요한복음은 시종일관 예수님의 영광이 바로 하나님의 영광이라고 말합니다. 요한복음에서 '영광'이라는 단어가 1장 14절에 가장 먼저 나옵니다. "말씀이 육신이 되어 우리 가운데 거하시매 우리가 그의 영광을 보니 아버지의 독생자의 영광이요 은혜와 진리가 충만하더라." 예수님은 하나님의 영광이고, 이 영광을 나타내는 것이 예수님의 사명이었습니다. "내가 내게 영광을 돌리면 내 영광이 아무것도 아니거니와 내게 영광을 돌리시는 이는 내 아버지시니"(요 8:54). 이와 같이 영광은 요한복음에서 매우 중요한 신학적 의미를 지닙니다.*

영광: 하나님의 가시적 현현

요한복음에 나타난 하나님의 영광을 이해하려면 구약을 잘 기억하고 있어야 합니다. 구약에서 하나님의 영광은 그분의 임재를 의미하고 주로 구름으로 나타났습니다. 대표적인 예가 시내 산 언약 사건입니다. 이스라엘 백성들이 애굽 땅에서 나오고, 제 삼월 삼일**에 시내 산에서 여호와 하나님께서 그들과 언약을 맺으셨습니다. 출애굽기 19장에 보면 여호와 하나님께서 빽빽한 구름 가운데서 그들에게 임하셨습니다. 그 이유는 "내가 너(모세)와 말하는 것을 백성들이 듣게 하며 또한 너를 영영히 믿게 하려 함"(9절)이었습니다.

구약에서 하나님의 영광은 특별히 성소와 밀접한 연관이 있습니다. 하나님의 영광은 쉐키나라는 구름으로 드러났고, 쉐키나가 하나님의 성소를 가득 채웠습니다. 대표적인 예를 출애굽기 40장에서 볼

---

* 요한복음에 나타난 영광의 신학적 의미에 대해서는 다음 연구서를 참조하라. Richard Bauckham, *Gospel of Glory: Major Themes in Johannine Theology* (Grand Rapids: Baker Academics, 2015).

** 흥미롭게도 출애굽기 19장에서 제3일이라는 단어가 반복적으로 강조되고 있다. 요한복음 2장도 "삼일 되는 날"로 사건을 서술하고 있다. 이날에 대해서는 여러 견해가 있지만 확정적이진 않다.

수 있습니다. 성막이 완공되자 "구름이 회막에 덮이고 여호와의 영광이 성막에 충만"(34절)했습니다. 솔로몬의 성전이 완공되었을 때도 마찬가지입니다. 성전 봉헌식에서 제사장이 제사를 마치고 나올 때 구름이 여호와의 전에 가득했고, 그 구름 때문에 능히 서서 섬기지 못했는데 "여호와의 영광이 여호와의 성전에 가득"했기 때문입니다(왕상 8:10-11).

구약에서 하나님의 성소는 시간이 지나면서 바뀌었습니다. 천으로 만든 성소는 솔로몬 시대에 들어와 돌로 만든 성전으로 대체되었습니다. 신약 시대에 성전은 하나님의 백성들로 구성된 교회로 바뀌었습니다. 하나님의 영광이신 말씀은 이제 성전이 아니라 '우리 안에' 거하십니다. 예수님이 가나 혼인잔치에서 자신의 영광을 드러내셨다는 말은, 그곳을 하나님의 성전으로 만드셨음을 의미합니다.

결혼식: 영광이 나타난 장소

예수님이 자신의 영광을 나타내신 장소는 혼인잔치가 열린 가나라는 마을입니다. 오늘날 정확한 위치는 알 수 없습니다. 예수님의 어머니 마리아는 이미 그곳에 가 있었습니다. 마리아와 혼주가 매우 가까운 사이였음이 분명합니다. 예수님뿐 아니라 제자들도 초청을 받았다는 것은 혼주가 적어도 예수님을 랍비나 선지자로 생각했음을 의미합니다. 어쨌든 많은 사람들이 결혼식에 초청을 받았고, 잔치로 인해 다들 마음이 들떠 있었을 것입니다.

그런데 포도주가 다 떨어졌습니다. 이것은 결혼식을 책임진 신랑이 큰 곤경에 처했다는 뜻입니다. 잔치 준비를 제대로 못했다고 혼주를 비난해야 할까요, 아니면 하객들이 과소비를 했다고 봐야 할까요? 포도주가 떨어졌다는 것은 그 당시 이스라엘의 영적, 경제적 상황을 반영합니다. 로마제국의 지배 아래서 이스라엘 백성들은 억압과 경제적 착취를 당했습니다. 잔치에 쓸 포도주조차 제대로 준비할 수 없을 정도로 그들의 삶은 피폐했습니다. 기쁘고 즐거워야 할 결혼식에 큰 위기가 닥쳤습니다.

구약에서 포도주는 기쁨의 상징입니다. 시편 104편 15절은 "사람의 마음을 기쁘게 하는 포도주"를 주시는 하나님을 찬양하고 있습니다. 보통 "술 취하지 말라"(엡 5:18)는 구절 때문에 기독교인들이 술에 지나치게 부정적인 경우가 많습니다. 그러나 성경은 술 자체를 정죄하지 않습니다. 기독교는 절대 금욕주의가 아님을 요한복음 2장이 증거하고 있습니다. 주님이 물로 포도주를 만드신 것은 혼인을 보호하고 교회 안에서 기쁨을 회복시키셨음을 의미합니다.

요한은 이 사건이 "사흘째 되던 날"(1절)에 일어났음을 강조합니다. 이것이 정확히 어느 날을 가리키는지는 알 수 없지만, 요한복음이 첫 장에서부터 날짜를 강조하고 있다는 점은 분명합니다. 1장 29

절, 35절, 43절에서 요한은 "이튿날"이라는 단어를 반복 사용하면서 현재 진행되는 사건들이 긴밀하게 연결되어 있음을 암시합니다. 그렇다면 본문의 사건은 엿새째 되는 날에 일어났다고 볼 수 있습니다.* 요한복음 1장이 분명 창세기 1장을 염두에 두고 쓰였다면, 요한복음 2장은 창조 엿새째 되는 날에 있었던 남자와 여자의 창조를 암시한다고 생각합니다. 최초의 부부인 아담과 하와가 죄로 인해 타락했다면, 이제 창조주이자 구속주이신 예수님이 물로 포도주를 만드심으로 혼인을 회복시키고 계십니다.

포도주의 의미

예수님이 물로 포도주를 만드신 사건에서 요한은 적어도 두 가지 사실에 주목합니다. 첫 번째는 포도주의 양입니다. 예수님이 만드신 포도주의 양은 상당했습니다. 그곳에 유대인의 결례를 따라 항아리가 여섯 개가 있었는데, 그 용량을 모두 합치면 500리터 정도가 됩니다. 혼인잔치에서 다 마시고도 남을 만큼의 양을 예수님이 제조하신 것입니다. 두 번째는 포도주의 질입니다. 포도주가 얼마나 맛이

---

* "이튿날"과 "사흘째 되던 날"에 대해서는 다음 주석을 참고하라. 권해생, 『요한복음』(대한예수교장로회 총회 출판국, 2016), 10-102.

좋은지 연회장이 신랑을 불러서 “사람마다 먼저 좋은 포도주를 내고 취한 후에는 낮은 것을 내거늘 그대는 지금까지 좋은 포도주를 두었도다”(10절)라고 칭찬했습니다.

제자들이 예수님의 기적을 보면서 어떤 생각을 했을까요? 단순히 ‘대단하다. 이제부터 포도주 걱정은 안 해도 되겠네’ 하며 감탄했을까요? 마지막 구절에서 명시하듯이 그들은 첫 표적을 보고 예수님을 (하나님께서 보내신 자로) 믿었습니다. 기적 속에서 메시아의 오심을 보았기 때문입니다. 구약 선지자들은 메시아 시대가 임하면 이스라엘 백성들이 마음껏 포도주를 즐기게 될 것이라고 종종 예언했습니다. “그날에 산들이 단 포도주를 떨어뜨릴 것이며”(욜 3:18), “보라 날이 이를지라 그때에…산들은 단 포도주를 흘리며”(암 9:13). 보다 구체적으로 이사야 25장에서도 동일한 메시지를 읽을 수 있습니다. “만군의 여호와께서 이 산에서 만민을 위하여 기름진 것과 오래 저장하였던 포도주로 연회를 베푸시리니”(6절).

예수님 당시의 신자들은 로마제국의 압제를 당하며 이와 같은 메시아 시대를 소망했습니다. 그날이 오면 여호와 하나님께서 그들을 떡으로 배부르게 하시고 포도주로 기쁘게 하실 것이라고 믿었습니다. 지금까지 제자들은 주로 세례 요한의 증거에 의지하여 예수님을 구약에서 약속하신 메시아로 믿었습니다(나다나엘은 약간 예외라고 할 수 있습니다–요 1:50). 그러나 이제 그들은 표적을 보고 예수님이 정말 메시아라는 확신을 갖게 되었습니다.

믿음의 중요성

첫 번째 표적에서 우리는 믿음의 중요성을 보게 됩니다. 여기서 어머니 마리아가 아주 중요한 역할을 합니다. 마리아는 예수님께 단지 포도주가 떨어졌다고 상황 보고를 한 것이 아닙니다. 포도주를 공급할 책임은 혼주에게 있습니다. 포도주가 떨어졌으면 혼주가 사오든지 빌리든지 하면 됩니다. 하지만 그런 시도가 불가능한 상황이었을 테지요. 그래서 마리아는 예수님께 호소했습니다.

마리아는 그 당시 예수님을 누구보다도 잘 알고 있었습니다. 예수님을 낳았고 예수님에게 성경을 가르친 어머니였으니까요. 특별히 마리아는 예수님이 열두 살 되던 해, 유월절 여행 중에 예수님을 잃어버린 사건을 마음에 담아 두었습니다(눅 2:51). 예수님이 성년이 되어 공생애를 시작했을 때, 마리아는 자기 아들이 이스라엘의 구원 사역을 시작했음을 확신했을 것입니다. 마리아는 아들이 아니라 메시아에게 교회의 곤경을 호소한 것입니다. 비록 "내 때가 아직 이르지 아니하였나이다"(4절)라는 부정적인 답변을 들었지만, 마리아는 하인들에게 예수님이 시키는 대로 하라고 일렀습니다. 예수님의 표적은 마리아의 믿음을 통해 일어났습니다.

③ 마리아나 예수님의 제자들과 달리 우리에게는 표적(물이 포도주로 변한 사건)이 없습니다. 포도주를 좋아하는 사람이라면 몰라도 사실 포도주는 우리 문화에서 그리 친숙한 술도 아닙니다. 그렇다면 포도주를 만드신 예수님이 왜 우리에게 필요할까요? 포도주보다 더 중요한 그분의 피가 필요하기 때문입니다. 예수 그리스도의 피를 통해 우리가 죄사함을 받고, 그분의 피가 영원한 음료가 되어 슬픔과 고통에 빠진 우리에게 기쁨과 즐거움을 주기 때문입니다. 이제 우리는 표적이 아니라 성경에 기록된 말씀을 통해 예수 그리스도가 우리 모두에게 참된 기쁨을 회복시켜 주시는 분임을 확신하게 됩니다.

다시 이사야 25장으로 돌아가 봅시다. 여호와 하나님은 포도주로 연회를 베푸신 다음, 사망을 영원히 멸하시고 모든 얼굴에서 눈물을 씻기시며, 그 백성의 수치를 제하신다고 말씀하셨습니다(6-8절). 이 내용을 요한계시록에서 더 분명히 볼 수 있습니다. "모든 눈물을 그 눈에서 닦아 주시니 다시는 사망이 없고 애통하는 것이나 곡하는 것이나 아픈 것이 다시 있지 아니하리니"(계 21:4). 그렇게 된 이유가 중요한데, 바로 앞 3절에서 설명하고 있습니다. "하나님의 장막이 사람들과 함께 있으매 하나님이 그들과 함께 계시리니 그들은 하나님의 백성이 되고 하나님은 친히 그들과 함께 계셔서."

이것은 요한복음 1장 14절의 말씀을 그대로 반영하고 있습니다. "말씀이 육신이 되어 우리 가운데 거하시매 우리가 그의 영광을 보니 아버지의 독생자의 영광이요 은혜와 진리가 충만하더라." 말씀이신 예수님이 육신이 되어 우리 가운데 장막을 치셨습니다. 그 결과 하나님과 그분의 백성 사이에 언약 관계가 회복되었고, 백성들은 하나님께서 베푸신 잔치에 참여하여 기쁨을 누리게 되었습니다. 우리는 이 모든 것을 은혜의 수단인 말씀과 성찬을 통해 보다 분명히 확신하게 됩니다. 기록된 말씀을 통해 예수님을 믿어 영생의 기쁨을 마음껏 누리는 성도가 되기를 진심으로 축원합니다.

#사흘째 되던 날(1절): 예수님이 빌립을 만난 때로부터 계산한 날짜다(1:29, 35, 43 참조).

#표적: 예수님이 공생애 중에 대표적으로 행하신 일곱 개의 표적은 다음과 같다. 이 외에 예수님의 부활하심(2:18-22, 20:1-29)과, 부활 후 갈릴리 바다에서 제자들에게 물고기를 잡게 하신 일(21:5-11)도 요한복음에서 기록하고 있는 표적이다.

물을 포도주로 바꾸심	2:1-11
왕의 신하의 아들을 고치심	4:46-52
38년 된 병자를 고치심	5:1-13
오병이어 기적	6:1-14
물위를 걸으심	6:16-21
눈먼 자를 보게 하심	9:1-12
죽은 나사로를 살리심	11:38-44

1. 예수님은 가나 혼인잔치에서 물로 포도주를 만드는 기적을 일으키십니다. 요한은 이 사건을 표적이라고 부르는데, 기적과 표적의 차이는 무엇입니까?(44, 45쪽)
2. 표적은 예수님의 영광을 어떻게 나타내고 있습니까? 그것은 하나님의 영광과 어떤 관련이 있습니까?(45쪽)
3. 오늘날 우리는 예수님의 표적을 직접 볼 수 없습니다. 그렇다면 어떻게 그분의 영광을 보고 믿을 수 있습니까?(52쪽)

4

거듭남과 하나님 나라
"사람이 거듭나지 아니하면"

요한복음 3:1-15

본문은 거듭남과 하나님 나라의 관계를 잘 보여 주고 있습니다. 우리는 대한민국 국민입니다. 왜 대한민국 국민입니까? 우리 부모님이 대한민국 사람이기 때문입니다. 국적은 자기가 정하는 것이 아니라 출생을 통해 정해집니다. 출생을 통하지 않고서도 국민이 될 수 있지만 절차가 까다롭습니다. 일반적으로 국적을 정하는 가장 중요한 요소는 출생입니다. 예수님 당시에는 더욱 그러했습니다. 돈을 많이 주고 로마 시민권을 샀던 천부장은 바울을 심문하다가 그가 나면서부터 로마 시민임을 알고 몹시 두려워했습니다(행 22:27-29).

세상 나라의 국적은 출생이 결정하는데 하나님 나라에 들어가는 자격은 어떻게 결정될까요? 예수님 당시의 유대인들은 이스라엘을 하나님 나라라고 생각했습니다. 이 나라는 아브라함의 혈통만 들어갈 수 있었습니다. 지금은 비록 로마제국의 지배를 받지만 약속된 메시아가 오시면 이스라엘이 회복되고 자신들이 그 나라에 들어갈 것이라고 믿었습니다. 유대인이 아닌 사람들이 하나님 나라에 들어간다는 건 있을 수 없는 일이었습니다.

오늘날 한국 개신교인들은 어떻습니까? 대부분이 "예수님을 믿으면 당장 죽어도 천국에 간다"고 확신합니다. 문제는 그와 같은 믿음이 하나님에게서 나온 것이라기보다 자기 신념이나 결단과 유사하다는 것입니다. 그 결과 믿음이 천국행 티켓과 유사하게 변질되었습니다. 하나님의 자비에 겸손하게 의존하기보다 자기가 가지고 있는 믿음을 숭상합니다.

본문은 이와 같은 신앙 양태에 큰 경종을 울리고 있습니다. 예수님은 "진실로 진실로"라는 말을 두 번(11절에서 한 번 더)이나 사용하면서 강조하십니다. "진실로 진실로 네게 이르노니 사람이 거듭나지 아니하면 하나님의 나라를 볼 수 없느니라"(3절). "진실로 진실로 네게 이르노니 사람이 물과 성령으로 나지 아니하면 하나님의 나라에 들어갈 수 없느니라"(5절). 여기서 다시 한번 출생과 국적이 긴밀한 관계에 있음을 보게 됩니다. 거듭나지 않으면 하나님 나라를 볼 수 없고 그 나라에 들어갈 수 없습니다. 거듭남은 하나님 나라에 들어가기 위한 필수 조건입니다. 본문을 살펴보며 거듭남과 하나님 나라에 대한 성경적 가르침을 상고해 보겠습니다.

니고데모: 시험받는 이스라엘의 선생

본문에서 예수님과 대화하는 사람은 니고데모입니다. 1절은 니고데모를 자세히 소개하고 있습니다. 그는 유대인 혈통에 바리새인이고 관원입니다. 바리새인 니고데모는 율법에 아주 능했습니다. 예수님은 10절에서 그를 "이스라엘의 선생"이라고 부르고 있습니다. 그는 바리새인과 유대인의 일부를 대표하여 공적으로 예수님을 찾아왔습니다. 그는 예수님께 "우리는 …라고 알고 있습니다"라고 일인칭 복수형 주어를 써서 말합니다.

니고데모는 예수님을 랍비라고 부릅니다. 예수님은 공식적으로 랍비 교육을 받으신 적이 없습니다. 오늘날로 말하자면 정규 신학교 졸업자가 아닙니다. 예수님은 개인적으로 하나님의 말씀을 배우셨고, 제사장 가문 출신인 요한의 세례를 받은 후 공적으로 말씀 사역을 시작하셨을 뿐입니다. 그런 이를 랍비라고 호칭한 것은, 예수님의 가르침이 대단히 뛰어났을 뿐 아니라 그분이 여러 표적을 보이셨기 때문입니다. 2장 23절이 그것을 잘 설명하고 있습니다. "유월절에 예수께서 예루살렘에 계시니 많은 사람이 그의 행하시는 표적을 보고 그의 이름을 믿었"습니다. 4장 45절도 유사하게 증언합니다. 예수님이 다시 갈릴리로 돌아가셨을 때, "갈릴리인들이 그를 영접하니 이는 자기들도 명절에 갔다가 예수께서 명절 중 예루살렘에서 하신 모든 일들을 보았음이더라."

① 종합해 보면, 예수님은 유월절을 지키기 위해 예루살렘에 가셨고, 그곳에서 많은 표적을 행하셨습니다. 바리새인들도 그것을 보았고, 표적의 의미에 대해 깊이 토론했습니다. 그리고 마침내 결론을 내렸습니다. "이 예수는 하나님에게서 오신 선생이 분명하다. 하나님이 함께하지 아니하시면 그와 같은 표적을 아무도 행할 수 없기 때문이다." 그들은 니고데모를 보내어 예수님이 과연 구약에서 약속한 메시아인지 확인하려 했습니다.*

니고데모에게 "하나님께로부터 오신 선생"이라는 말을 들어도 예수님은 별로 기뻐하지 않으셨습니다. 지극히 당연한 말이었기 때문입니다. 2장 24절이 서술한 대로 예수님은 모든 사람과 그 속에 들어 있는 것을 아시기에 그들에게 의지하지 않으셨습니다. 예수님은 바리새인의 검증을 받을 생각이 전혀 없었습니다. 예수님은 검증의 대상이 아니라 신앙의 대상이신 하나님입니다.

예수님은 니고데모의 검증을 거부하고 오히려 그가 정말 이스라

---

* 1장에서 바리새인, 제사장 및 레위인들이 세례 요한에게 사람을 보내어 그가 메시아인지 여부를 검증하려고 했다는 사실을 참고하라.

엘의 선생인지 시험하십니다.* 예수님은 가장 쉬운 문제, 선생이라면 당연히 알아야 하는 문제를 내셨습니다. 니고데모는 시험에 불합격했고, "너는 이스라엘의 선생으로서 이러한 것들을 알지 못하느냐"(10절)라는 책망을 들었습니다. 예수님은 땅의 일을 말해도 그들이 믿지 않는데 하늘의 일을 말하면 어떻게 믿겠느냐고 반문하며 자신이 "하나님께로부터 오신 선생"임을 스스로 증명하셨습니다.

거듭남의 필수성

"당신은 하나님께로부터 오신 선생인 줄 아나이다"라고 니고데모가 이야기했을 때, 예수님은 뜬금없이 거듭남에 대해 이야기하십니다. "진실로 진실로 네게 이르노니 사람이 거듭나지 아니하면 하나님의 나라를 볼 수 없느니라"(3절). 니고데모는 예수님이 행하시는 표적을 보며 하나님 나라가 이제 도래했다고 생각했습니다. 자신들이 당연히 들어갈 수 있는 나라 말입니다.

"하나님의 나라"라는 표현은 요한복음에서 이곳에만 등장합니다. 요한복음은 하나님 나라 혹은 하늘나라(천국)가 자주 등장하는 다

* Daniel H. Fletcher, *Signs in the Wilderness: Intertextuality and the Testing of Nicodemus* (Eugene: Wipf & Stock, 2014), 29.

른 복음서와 대조를 이룹니다. 요한복음에는 하나님 나라 사상이 없다고 주장하는 사람이 있을 정도입니다. 하지만 요한복음에도 하나님 나라의 개념은 분명히 있습니다. '영생'과 같은 용어로 달리 표현되어 있을 뿐입니다.

거듭남을 통해서만 하나님 나라에 들어갈 수 있다고 예수님이 선포하자 니고데모는 "사람이 늙으면 어떻게 날 수 있사옵나이까. 두 번째 모태에 들어갔다가 날 수 있사옵나이까"(4절)라고 물었습니다.
② 거듭나는 방법을 물은 것입니다. 이 질문에 예수님은 분명히 대답하셨습니다. 그 방법은 "물과 성령으로"(5절) 거듭나는 것입니다. 이에 바리새인들은 큰 충격을 받았을 것입니다. 하나님 나라에 들어가는데 유대인의 혈통이 더 이상 중요하지 않다는 뜻이기 때문입니다. 예수님은 더 나아가 "육으로 난 것은 육이요 영으로 난 것은 영이니 내가 네게 거듭나야 하겠다 하는 말을 놀랍게 여기지 말라"(6-7절)고 확언하셨습니다.

예수님이 선포하신 하나님 나라는 철저하게 영적인 나라입니다. 여기서 혈통이나 신분은 전혀 중요하지 않습니다. 이 나라에는 어떤 차별도 없습니다. 물과 성령으로 거듭나면 누구나 이 나라에 들어갈 수 있습니다. 물과 성령은 분명 구분되지만 분리되지 않습니다. 물은 성령을 표상합니다. 1장에서 세례 요한은 자신은 물로 세례를 주지만, 앞으로 오실 이는 성령으로 세례를 줄 것이라고 예언했습니다.

메시아 시대에 있을 물과 성령의 사역에 대해 에스겔 선지자보다 분명하게 예언한 사람도 없을 것입니다. "맑은 물을 너희에게 뿌려서 너희로 정결하게 하되 곧 너희 모든 더러운 것에서와 모든 우상 숭배에서 너희를 정결하게 할 것이며 또 새 영을 너희 속에 두고 새 마음을 너희에게 주되 너희 육신에서 굳은 마음을 제거하고 부드러운 마음을 줄 것이며 또 내 영을 너희 속에 두어 너희로 내 율례를 행하게 하리니 너희가 내 규례를 지켜 행할지라"(겔 36:25-27). 바로 다음 장에서 우리는 골짜기에서 마른 뼈들이 살아나는 이상을 보게 됩니다.

놋뱀: 거듭남의 명백한 증거

많지는 않지만 구약은 여러 예언을 통해 물과 성령에 의한 거듭남을 분명히 증거하고 있습니다. 니고데모는 이것을 잘 이해하지 못했습니다. 그래서 예수님께 반문합니다. "어찌 그러한 일이 있을 수 있나이까?" 예수님은 이 질문에 답변하지 않으십니다. 이미 거듭남에 대해 이해할 수 있을 만큼 다 설명하셨기 때문입니다. 첫째는 거듭나야 한다는 것을 기이히 여기지 말라는 것입니다. 둘째는 바람이 소리는 들을 수 있어도 어디서 와서 어디로 가는지 알지 못하듯이 성령으로 난 사람은 다 이러하다는 것입니다.

거듭남은 성령의 역사이므로 그것이 정확히 어떻게 일어나는지는 알 수 없습니다. 그것은 하늘에 속한 지식입니다. 성령으로 거듭나야 한다는 것은 성경에 계시된 바로서 땅의 일이라고 할 수 있지만, 그것이 어떻게 가능한지는 하늘에 속한 진리입니다. 이 진리는 인간의 이성으로 이해할 수 없습니다. 성경에 나타난 진리를 가르쳐 줘도 믿지 않는다면 하늘에 속한 진리를 어떻게 믿을 수 있겠습니까?

예수님은 구약의 유명한 사건을 언급하면서 거듭남의 필수성을 다시 한번 확증하십니다. 그것은 이스라엘 사람이라면 어린아이도 알고 있는 불뱀 사건입니다. 민수기 21장에 기록된 이 사건의 내용은 아주 간단합니다. 이스라엘 백성들이 출애굽 후 에돔 땅을 둘러가는 중에 불평이 생겼습니다. "우리가 광야에서 굶어죽게 생겼다. 물도 없고 음식도 맛이 없다." 그들은 하나님과 모세에게 불평했습니다. "왜 우리를 애굽에서 인도하여 이 광야에서 죽게 합니까?"

여기서 눈여겨볼 것이 있습니다. 그들은 하나님께서 자신들을 애굽에서 구원하셨음을 믿었고, 어떻게 구원하셨는지 다 알고 있었습니다. 하나님께서 열 가지 재앙으로 애굽을 치셨고, 마침내 홍해를 지나 광야로 그들을 인도하셨습니다. 그들은 이와 같은 사실을 다 알면서도 하나님을 신뢰하지 못했습니다. 그래서 하나님은 불뱀을 보내어 백성을 물게 하셨고 많은 사람들이 죽었습니다. 이러다가는 정말 광야에서 다 죽게 생겼습니다.

그제서야 백성들은 자신들의 범죄를 깨닫고 중보자 모세에게 뱀들이 떠나도록 하나님께 기도해 달라고 요청했습니다. 모세가 기도하자 하나님은 "불뱀을 만들어 장대 위에 매달아라. 물린 자마다 그것을 보면 살리라"고 말씀하셨습니다. 이 말씀대로 물린 자 중에서 장대에 매단 놋뱀을 쳐다본 사람들은 살아났습니다. 이 사건은 거듭남의 의미를 아주 분명하게 보여 줍니다. 그들은 뱀에 물려 죽은 자들과 같았습니다. 겉보기에는 하나님 나라에 속해 있는 것 같아도 실제로는 전혀 그렇지 못했습니다. .

하나님께서 그들을 구원하신 방식이 특이합니다. 놋뱀을 장대에 ②
매달아 올려 쳐다보면 낫게 하신 것입니다. 예수님은 이 유명한 사건을 자신에게 적용시키십니다. 첫째, 놋뱀이 들려야 하듯이 인자도 들려야 합니다. 둘째, 놋뱀을 쳐다보는 사람마다 구원받았듯이 들린 인자를 믿는 사람은 누구나 구원을 받습니다. 여기서 '들렸다'는 말은 이중적입니다. 예수님이 십자가에 높이 매달리셨다는 뜻도 되고, 하늘 높이 올리우셨다는 뜻도 됩니다. 공통점은 예수님이 영화롭게 되신 것입니다.

광야의 이스라엘 백성은 가나안 땅에 건설될 하나님 나라를 향해 가고 있었습니다. 누가 가나안 땅에 들어갔을까요? 첫 세대는 광야에서 다 죽고 말았습니다. 그들은 가나안 땅을 보지도 못했습니다. 오직 하나님을 철저하게 신뢰했던 여호수아와 갈렙 그리고 다음

세대만이 하나님 나라에 들어갈 수 있었습니다. 놋뱀은 하나의 표적입니다. 표적은 그 자체가 중요하지 않습니다. 표적을 통해 하나님을 믿어야 구원을 받습니다. 예수님이 십자가에 달려 죽으시고 부활하여 승천하신 이유는, 그를 믿는 자마다 영생을 얻도록 하기 위해서입니다.

니고데모는 예수님의 가르침을 듣고 어떻게 되었을까요? 본문에서는 더 이상 그의 반응을 볼 수 없지만, 7장에서 니고데모가 공의회에서 예수님을 변증하는 장면을 볼 수 있습니다. 그는 이 때문에 "너도 갈릴리 출신이냐?"라는 비난을 받았습니다. 그런데 하늘에서 오신 선생이라고 믿었던 분이 십자가에 달리는 모습을 보고 그는 어떤 생각이 들었을까요? 예수님의 제자들도 무서워서 다 도망갔을 때, 예수님의 시신을 거두어 장사 지낸 사람이 바로 아리마대 요셉과 니고데모입니다. 19장에 보면 그가 예수님을 장사 지내기 위해 몰약과 침향 섞은 것을 100근쯤(30킬로그램 정도) 가져왔는데, 이는 그 당시 왕의 시신에 사용될 만큼 엄청난 양이었습니다. 정황상 니고데모는 예수님의 설교를 듣고 예수님을 영접한 것 같습니다.

한 권사님이 신앙생활을 30년 넘게 했는데, 거듭남에 관한 설교를 한 번도 들어본 적이 없다고 제게 고백했습니다. 이것은 좀 심한 경우지만 한국 교회가 언제부터인가 거듭남의 교리를 잘 가르치고 있지 않는 것이 사실입니다. 말씀 사역자들이 거듭남을 제대로 알지 못하거나 경험하지 못했기 때문은 아닐까요? 그런 이들은 주님께 "교회 선생으로서 이런 것도 모르는가?"라는 책망을 받기에 충분합니다.

본문은 거듭남 자체가 무엇인지는 자세히 설명하고 있지 않습니다. 거듭나지 않으면 하나님 나라에 절대 들어갈 수 없다는 것만큼은 분명합니다. 거듭남은 하나님 나라에 들어가는 절대 필수 조건입니다. 간단히 말해, 거듭나지 않으면 죽습니다! 거듭남은 단지 착한 ③
사람으로 변하거나 새롭게 살아가는 것을 의미하지 않습니다. 거듭남은 우리의 옛 사람이 죽고 새 사람이 태어나는 것이며, 죄에서 돌이켜 하나님을 향해 담대하게 나아가는 것입니다. 거듭남은 물과 성령으로 이루어지며, 그 결과 우리는 십자가에서 죽으시고 부활하여 승천하신 예수 그리스도를 전적으로 신뢰하게 됩니다. 그 예수님을 믿는 자는 하나님 나라에 들어가고 영생을 선물로 받습니다. 이 말씀을 받은 모든 사람들에게 성령이 역사하여 거듭나게 하사 영생의 복을 풍성하게 누리기를 바랍니다.

IIIIIIIIIIIIIIIIIIIIII

#니고데모: 유대인 혈통에 바리새인이고 관원이었다. 관원은 우두머리를 뜻하는데, 이는 그가 산헤드린 공의회의 회원이었음을 암시한다(권해생, 『요한복음』[대한예수교장로교회 총회 출판국, 2016], 117). '니고데모'라는 이름은 헬라어에서 온 것으로 '백성 위의 승자'라는 뜻이다. 가족에 대해서는 알려진 바가 없고, 나중에 그는 예수님을 믿게 되었으며(7:50-52), 아리마대 요셉과 함께 예수님을 정중하게 장사 지냈다(19:38-42).

IIIIIIIIIIIIIIIIIIIIII

1. 니고데모는 왜 한밤중에 예수님을 찾아왔습니까?(58쪽)
2. 예수님은 사람이 어떻게 해야 거듭날 수 있다고 말씀하십니까? 불뱀과 놋뱀 사건을 상기하면서 거듭남이란 무엇인지, 어떻게 해야 거듭날 수 있는지 생각해 봅시다(60, 63쪽).
3. 거듭난 이의 삶은 어떤 모습으로 나타나며, 그 결과는 무엇입니까?(65쪽)

5

수가성 여자를 만나시다 "여자여, 내 말을 믿으라"

요한복음 4:1-26

요한복음은 사마리아 수가성 여자의 이야기를 매우 상세하게 기록하고 있습니다. 그만큼 중요하다는 의미인데 예수님이 누구신지를 잘 보여 주기 때문입니다. 요한복음은 첫 장에서 예수님이 온 세상 사람들에게 빛과 생명으로 오셨으며 그분을 영접하는 자, 곧 그분을 믿는 자는 누구든지 하나님의 자녀가 될 수 있다고 선언했습니다. 4장은 바로 이런 일이 실제로 일어났음을 구체적으로 증거합니다.

본문에서 우리는 한 여자가 예수님을 믿고 영접하여 하나님의 자녀가 되는 과정을 보게 됩니다. 구원받는 데 남녀 차별이 있을 수 없지만, 성경에서 예수님이 한 여자와 이렇게 길게 대화를 나눈 곳은 이 본문이 유일합니다. 이 대화를 통해 우리는 예수님이 어떤 단계를 거쳐 자신을 드러내셨는지 잘 볼 수 있습니다. 또한 우리가 복음을 모르는 이들에게 어떻게 다가갈지도 한번 더 생각해 보게 됩니다. 우리는 진리를 온화하게 전할 수도, 단호하게 전할 수도 있습니다. 복음을 전하는 데 정해진 방법은 없습니다. 예수님이 쓰신 방법을 따라야 하는 것도 아닙니다. 예수님은 전지하신 분이라 여자의 사정을 다 알고 계셨지만 우리는 그렇지 않기 때문입니다. 그럼에도 예수님이 전하신 복음의 핵심뿐 아니라 그분의 태도를 눈여겨볼 필요가 있습니다. 본문에서 생명으로 오신 예수님이 어떻게 소개되고, 수가성 여자는 그 사실을 어떻게 깨닫는지 살펴보겠습니다. 복음을 정확히 이해하여 세상에 전하는 증인이 되기를 소망합니다.

우물가에서 여자를 만나기까지

수가성 여자의 사건을 한마디로 요약하면, 한 여자가 예수님을 그리스도로 믿게 되었다는 것입니다. 사건의 진정한 내용을 알지 못하면 이 이야기에 별로 매력을 느끼지 못할 수 있습니다. 우리 주위에도 이런 류의 이야기가 얼마나 많습니까? 훨씬 더 극적이거나 감동적인 간증을 책과 부흥집회 등에서 접할 수 있습니다. 그러나 성경은 하나님의 말씀이므로 우리는 본문에서 여자보다 예수님에게 훨씬 더 초점을 맞출 필요가 있습니다.

본문을 읽다 보면 "이 여자가 어떻게 해서 믿음을 갖게 되었을까?"라는 질문을 자연스레 하게 됩니다. 영적으로 특출난 점이 있었으니 구원받은 게 아닌가 추측하는 것이지요. 예를 들면 사회적으로 따돌림 당하고 영적으로 갈급한 상태에 있다가 예수님을 만나 구원받았다는 식의 설명을 기대합니다. 아주 틀렸다고 볼 수는 없지만 성경은 이에 침묵하고 있으므로 우리는 성경에 나타난 내용에 만족해야 합니다. 적어도 본문에는 이 여자가 예수님을 만나기 전에 영적으로 유리한 점이 있었다는 내용은 전혀 나오지 않습니다.

오히려 본문은 이 여자가 예수님을 영접할 준비가 전혀 되어 있지 않았음에도 그분을 메시아로 영접하게 되었다는 점을 강조합니다. 그렇다면 본문에서 중요한 것은 여자의 믿음이 아니라 예수님의 결심과 선택인 셈입니다. 구원이란 엄밀히 말해, 우리가 예수님을 영접한 것이 아니라 예수님이 우리를 먼저 영접한 것입니다. 본문은 구원에 있어 예수님의 우선성을 잘 드러내고 있습니다.

1절은 이 사건이 일어난 배경이 됩니다. 예수님이 공생애 사역을 시작하시면서 제자들이 엄청나게 늘어났습니다. 세례 요한을 따르던 사람들보다 더 많은 수가 예수님을 따르기 시작했습니다. 바리새인들은 예수님을 세례 요한보다 더 위험한 인물로 생각했습니다. 예수님은 이 모든 사실을 알고 잠시 유대를 떠나 갈릴리로 피신하기로 결심하십니다. 말씀이 약속의 땅에서 박해를 받으면 그 땅을 떠나고, 이방인이나 다른 사람들에게 전해져 구원의 역사가 일어나는 것은 성경에서 자주 반복되는 모티브입니다.

4절에는 예수님이 사마리아로 가시는 결정적인 이유가 나옵니다. 사마리아는 남쪽 유대와 북쪽 갈릴리 사이에 위치하고 있습니다. 위치상 유대에서 갈릴리로 가려면 사마리아를 거쳐 가야 하지만, 그 당시 유대인과 사마리아인은 서로 적대적이어서 유대인들은 갈릴리로 갈 때 사마리아를 우회해서 다녔습니다. 따라서 4절은 예수님이 어쩔 수 없이 사마리아를 지나가신 게 아니라 의도적으로 거쳐 가기로 결정하셨음을 보여 줍니다. 예수님의 결정은 사마리아 여자에게 복음이 전달된 시발점이 되었습니다.

유대에서 복음을 왕성하게 전하시던 예수님은 바리새인들의 핍박을 피해 사마리아로 가시는데, 이는 예수님이 승천하기 전에 제자들에게 하신 말씀을 생각나게 합니다. "오직 성령이 너희에게 임하시면 너희가 권능을 받고 예루살렘과 온 유대와 사마리아와 땅 끝까지 이르러 내 증인이 되리라"(행 1:8). 실제로 오순절 이후 예루살렘 교회가 큰 교회를 이루고 나서 얼마 지나지 않아 큰 박해를 받았고 사도들도 흩어졌습니다. 그 결과 사마리아에 복음이 전해져 사마리아 교회가 세워졌습니다. 사마리아에 교회가 쉽게 세워질 수 있었던 것은, 이미 예수님을 통해 이 여자가 복음을 받아들였기 때문이라고 할 수 있습니다.

예수님은 의도적으로 사마리아에 가셨을 뿐 아니라 의도적으로 야 ①
곱이 요셉에게 준 땅에서 가까운 '야곱의 우물'에 도착하셨습니다.
우물은 물, 즉 생명을 상징하며 요한복음을 이해하는 데 매우 중요
한 상징입니다. 이 우물은 구약성경에는 언급되어 있지 않지만 전승
을 통해 야곱의 우물로 알려졌고, 이는 아마도 사실일 것입니다. 예
수님은 이 우물에 미리 도착하여 물 길러 오는 여자를 기다리셨습니
다. 제자들은 먹을 것을 사러 동네에 들어가서 아무도 없었습니다.

이 우물은 사마리아인들에게 매우 중요했습니다. 12절을 보면 이 우물물은 야곱뿐 아니라 그의 아들들과 짐승들도 다 먹었으며 사마리아인들에게 주어졌습니다. 사마리아인들은 이 우물로 자기 정체성을 확인했습니다. 자기들이야말로 진정으로 야곱의 자손이라는 것입니다. 그들은 야곱의 열두 아들 중에서 요셉만 진짜 아들이라고 생각했습니다. 사마리아인들은 요셉의 땅을 가지고 있는데다가 야곱의 우물까지 소유하고 있었습니다.

한 여자가 우물에 도착했습니다. 예수님이 그녀에게 "물 좀 달라" ①
고 말씀하셨습니다. 아내가 남편에게 듣기 싫어하는 말 중 하나가
가만히 앉아서 "물!" 하는 것이라고 합니다. 남편이 물을 달라고 해
도 신경질 나는 경우가 많은데, 전혀 모르는 사람이 물을 달라고 하

니 얼마나 성가셨을까요? 여자는 "당신은 유대인이고(유대인 주제에) 나는 사마리아 여자인데, 왜 내게 물을 달라고 하세요?"라고 묻습니다. 물을 줄 의사가 없음을 분명히 밝힌 것입니다.

그러자 예수님은 이상한 이야기를 하십니다. "당신은 내가 누군지 잘 모르는 모양인데 누군지 알았으면 오히려 내게 물을 달라고 했을 테고, 나는 당신에게 생명의 물을 주었을 겁니다. 참 아쉽네요."

여자는 예수님의 말을 이해할 수 없었습니다. "내게 물을 준다고요? 물 길을 그릇도 없고 우물은 깊은데 어떻게 물을 준다는 말이에요? 이 우물 말고 다른 우물이 있다는 거예요? 당신은 도대체 누구세요? 야곱보다 큰 사람인가요?(야곱이라도 된다는 말이에요?)"

예수님은 이렇게 답하십니다. "그럼요. 당연히 내가 야곱보다 크지요. 그 차이를 설명해 줄 테니 잘 들으세요. 이 우물을 먹으면 다시 목이 마르지요? 하지만 내가 주는 물은 전혀 다릅니다. 내가 주는 물을 먹으면 영생하도록 솟아나는 샘물이 됩니다. 당연히 나는 야곱보다 큰 사람입니다."

여자는 기가 막혀서 이렇게 대꾸합니다. "그래요? 그렇다면 그 물을 내게 한번 줘 보세요. 사실 이곳에 매일 물 길러 오는 것도 지겨워요." 이것이 진실한 요구였다면 예수님은 여자에게 생수를 주셨을 것입니다. 하지만 예수님은 여자가 자신을 그저 한 유대인 남자 정도로만 생각한다는 것을 잘 알고 있었습니다.

예수님은 갑자기 화제를 바꾸십니다. "가서 당신의 남편을 불러오세요." 갑자기 남편 이야기가 나오니 여자가 몹시 당황하며 대답합니다. "저는 남편이 없는데요." 이 말을 듣고 예수님이 이렇게 답하십니다. "당신 말이 맞습니다. 깜빡 잊었네요. 원래는 남편이 다섯 명 있었지만, 지금 있는 사람은 남편이 아니니 당신 말이 맞습니다." 예수님의 말씀은 사실이었습니다. 여자는 결혼을 다섯 번이나 했습니다. 그리고 지금은 결혼하지 않고 남자와 동거하고 있는 중입니다.

여자가 예수님의 말씀을 들었을 때 어떤 느낌이었을까요? 자신의 과거뿐 아니라 현재까지 꿰뚫고 있는 '이 사람은 도대체 누구지?'라는 생각이 들었을 것입니다. 요한복음은 독자로 하여금 예수님이 누구신지 계속 궁금해 하도록 이야기를 풀어 갑니다. 여자는 말합니다. "이제 보니 당신은 선지자시군요. 몰라봐서 죄송합니다. 그런데 진짜 선지자가 맞는지 확인하고 싶은데 질문을 하나 해도 될까요? 우리 조상들은 이 산에서 예배했는데, 당신들의 말은 예배할 곳이 예루살렘에 있다고 하더군요."

여자의 질문에서 우리는 그 당시 사마리아인에 관한 몇 가지 사실을 알 수 있습니다. 어떻게 여자가 다섯 남자와 결혼할 수 있을까 싶지만, 이것은 그 당시 사마리아의 영적 상황을 그대로 보여 줍니다. 하나님의 징벌을 받아 여러 나라의 침략을 받으면서 남편들이 전쟁터에 나가 죽었기 때문에 아내들은 다른 여러 남자와 결혼할 수밖에 없었습니다. 때로는 결혼하지 않고 동거하기도 했습니다.*

이 같은 상황에서도 여자는 그리심 산에서 드리는 예배에 참석했습니다. 유대인들은 구약에 따라 예루살렘 성전에서 제사하는 것이 옳다고 생각했지만, 사마리아인들은 모세오경만 인정했기 때문에 모세의 명대로 축복의 산인 그리심 산에 성전을 짓고 거기서 예배
③ 를 드렸습니다. 이들에게 예배 장소는 참 예배와 거짓 예배를 구분하는 대단히 중요한 문제였습니다. 하지만 아무리 예배에 참석해도 그들의 삶은 전혀 변화되지 않았습니다. 그들의 예배는 그야말로 형식적인 예배였습니다. 오늘날 한국 교회의 모습과 크게 다르지 않은 것 같습니다. 우리도 형식적으로 예배 드리는 경우가 얼마나 많습니까? 수없이 예배를 드려도 그 속에서 진정으로 살아계신 하나님을 경험하지 못하는 것이 오늘날 많은 성도들의 현주소가 아닐까요?

참 선지자인지 아닌지 시험하는 사마리아 여자에게 주님은 말씀하십니다. "여자여, 내 말을 믿으라"(21절a). 원문을 직역하면 "나를 믿으라"입니다. 두 문장 모두 그 뜻은 같습니다. 예수님을 믿는다는 것은 무턱대고 그분을 믿는 것이 아니라 그분이 하신 말씀을 믿

---

* 남편이 다섯 명이나 되기 때문에 이 여자를 부정한 여자로 보는 견해가 있는데 이는 적절치 않다. 여기에 대해서는 다음 자료를 보라. 황원하, 『요한복음 해설노트』(SFC, 2011), 91-92.

는 것입니다. 그런데 예수님이 하신 말씀은 사마리아 여자의 입장에서는 도저히 믿기 힘들었습니다. 예수님의 첫 마디는 이러했습니다. "이 산에서도 말고 예루살렘에서도 말고 너희가 아버지께 예배할 때가 이르리라"(21절b).

종교의 자유가 있는 우리나라 사람들은 예수님의 이 말씀을 아주 당연하게 생각할 것입니다. 특히 가톨릭 신자에 비해 개신교인들 중에 예배 장소는 별로 중요하지 않다고 생각하는 사람들이 많습니다. 아무데나 편한 곳, 이른바 은혜가 되는 곳이면 얼마든지 예배할 수 있다고 생각합니다. 하지만 사마리아 여자는 이런 이야기를 처음 들었을 것입니다. "예배 장소가 중요하지 않다니 말도 안 돼! 어떻게 거룩한 예배를 아무데서 드릴 수 있지?"

예수님은 여자에게 충격적인 이야기를 던지고 나서 그 이유를 설
명하십니다. 첫째, 구원이 유대인에게서 나기 때문입니다. 실제로 야
곱의 아들 중에서 구원자 메시아는 요셉이 아니라 유다에게서 날
것이라고 야곱이 예언했습니다. 하지만 사마리아인들은 그렇게 생각
하지 않았습니다. 그들은 구원자에 대해 잘 몰랐습니다. 둘째, 하나 ②
님은 영이시기 때문입니다. 이것은 사마리아인이나 유대인이나 모두
알고 있는 내용입니다. 하나님은 영이시므로 진리와 성령으로 예배
드려야 한다는 것이 예배 문제에 대한 예수님의 결론입니다. 하나님
이 영이심을 분명히 안다면 예배 장소는 전혀 문제되지 않습니다.

예수님이 아주 분명하게 가르쳐 주셨는데도 사마리아 여자는 확신이 서지 않았습니다. 그녀는 이렇게 대답합니다. “맞는 말씀 같지만, 우리가 알기로는 이 문제에 관해 메시아, 곧 그리스도라 하는 이가 오시면 모든 것을 알려 주신다고 합니다.” 그때 예수님은 “네게 말하는 내가 그라”(26절)고 선언하십니다. 여기서 ‘나다’라는 표현이 나오는데, 이것이 그 유명한 ‘에고 에이미’(ἐγώ εἰμι)입니다. 이 표현은 출애굽기 3장에서 여호와 하나님이 모세에게 알려 주신 신명(神名)입니다. 요한복음에 여러 번 반복되어 나타나는 매우 중요한 표현이기도 합니다. 이 말씀을 하셨을 때 주의 성령이 여자에게 강하게 역사하십니다. 이제 여자는 더 이상 다른 질문을 할 필요없이 예수님을 생명의 주로 받아들입니다. 사마리아인 중에서도 복음을 가장 받기 힘들 것 같은 여자가 예수님을 영접하여 하나님의 자녀가 된 사건이 일어났습니다.

예수님은 수가성 여자에게 “여자여, 내 말을 믿으라”고 말씀하셨습니다. 이 여자는 예수님의 말씀을 받을 준비가 전혀 되어 있지 않았습니다. 예수님을 알지 못했고, 그래서 그분의 말씀에 끝까지 말대꾸를 했습니다. 예수님이 여자에게 무슨 말씀을 하며 믿으라고 하셨습니까? 예수님은 참된 예배에 대해 말씀하셨습니다. 이제 시대가 바뀌었습니다. 예수님의 십자가 죽으심과 부활로 이제 예배 드리는 장소는 중요하지 않게 되었습니다. 예수님으로 인해 예배가 근본적으로 달라졌습니다.

사마리아 여자는 예배에 많이 참석했지만 삶은 전혀 바뀌지 않 ②
았습니다. 예배 속에서 예수 그리스도를 만나지 못했기 때문입니다. ③
야곱의 우물은 알았어도 영생의 물이신 성령을 주시는 예수 그리스도를 알지 못했기 때문입니다. 진리이신 예수님을 모르고 예수님이 주시는 성령을 선물로 받지 못했으니 영과 진리로 예배할 수 없었습니다. 본문은 예수님을 만나 그분의 말씀을 제대로 알지 못하면 참된 예배가 불가능하다는 사실을 가르쳐 주고 있습니다.

이사야 선지자는 12장에서 구원받은 신자의 감사를 이렇게 노래합니다. "보라, 하나님은 나의 구원이시라. 내가 신뢰하고 두려움이 없으리니 주 여호와는 나의 힘이시며 나의 노래시며 나의 구원이심이라. 그러므로 너희가 기쁨으로 구원의 우물들에서 물을 길으리로다"(2-3절). 예수님은 사마리아 여자에게 구원자 메시아로 오셨습니다. 메시아이신 그분은 여자에게 생명의 물인 성령을 선물로 주셨습니다. 우리도 믿음으로 그리스도를 영접하면 하나님의 자녀가 되어 예배 속에서 구원의 은혜를 마음껏 누리게 될 것입니다. 이 말씀을 믿음으로 받아 하나님의 신령한 복을 풍성하게 누리기 바랍니다.

IIIIIIIIIIIIIIIIIIIIII

#나다(I Am, 에고 에이미): 요한복음에는 제자들의 증언(1:41)과 더불어 그리스도 자신의 증언(26절)으로 예수님이 메시아라는 사실이 사역 초기부터 공개된다. 다음은 헬라어 본문에서 예수님이 사용하신 24회의 "I Am" 진술이다. 이 중 7회는 자신이 세상의 구원자임을 표현하는 데 사용되었다.

나니 두려워하지 말라	마 14:27(막 6:50, 요 6:20)
예수께서 이르시되 내가 그니라	막 14:62
네게 말하는 내가 그라	요 4:26
나는 생명의 떡이니	요 6:35(6:48, 51)
나는 세상의 빛이니	요 8:12
내가 나를 위하여 증언하는 자가 되고	요 8:18
아브라함이 나기 전부터 내가 있느니라	요 8:58
나는 양의 문이라	요 10:7(10:9)
나는 선한 목자라	요 10:11(10:14)
나는 부활이요 생명이니	요 11:25
내가 그인 줄 너희가 믿게 하려 함이로라	요 13:19
내가 곧 길이요 진리요 생명이니	요 14:6
나는 참포도나무요	요 15:1(15:5)
내가 그니라	요 18:5(18:6, 8)

IIIIIIIIIIIIIIIIIIIIII

1. 예수님은 처음 만난 수가성 여자에게 무엇을 요구하십니까? 대화에서 물은 어떤 의미로 드러납니까?(71-72쪽)
2. 예수님은 무엇이 참된 예배라고 말씀하십니까? "영과 진리로 예배할지니라"(24절)에서 영과 진리는 각각 무엇을 의미합니까?(75, 77쪽)
3. 많은 예배에 참석하면서도 우리의 삶이 바뀌지 않는 이유는 무엇입니까? 수가성 여자와 우리의 삶을 비교하며 돌아봅시다(74, 77쪽).

6

안식일의 주인
"내 아버지께서 이제까지 일하시니"

요한복음 5:1-18

병은 인간을 참으로 고통스럽게 만듭니다. 불치병은 더 말할 것도 없습니다. 무엇보다 고통스러운 것은 병을 고칠 방법이 있는데도 사용할 수 없는 게 아닐까요? 오늘날 의료 기술의 발달로 예전에는 치료할 수 없던 많은 병들이 극복되고 있습니다. 문제는 치료 비용이 엄청나다는 것입니다. 돈 한푼 없는 사람에게 첨단 의료기술이 무슨 소용이 있을까요?

이와 유사한 상황을 2천 년 전 예루살렘의 한 병자도 겪었습니 ①
다. 그는 무려 38년 동안 심한 병을 앓아 왔습니다. 그 병 때문에 병
자는 누워서 지내야 했습니다. 전적으로 타인에 의존하며 살 수밖
에 없었습니다. 스스로는 아무 일도 할 수 없는 비참한 38년이었지

요. 치료법이 있는데도 시도해 볼 길이 없는 것이 병자를 더욱 고통스럽게 했습니다. 그 당시 예루살렘 성 안에는 베데스다라는 연못이 있었습니다. 그 연못은 양문(The Sheep Gate)이라는 성문 옆에 다섯 개의 행각으로 둘러싸여 있었습니다. 아마 제사에 사용할 양들을 이 문으로 끌고 와서 목욕을 시켰던 것 같습니다. 베데스다는 특별한 연못이었습니다. 가끔 천사가 와서 물을 움직일 때 가장 먼저 물에 들어가는 자는 병이 나았습니다. 그래서 수많은 눈먼 자, 절뚝발이, 혈기 마른 자들이 연못 주위에서 물이 움직이기만을 기다렸습니다. 38년 된 병자도 이 연못에 와서(아마 누군가 데려다주었겠지요) 물이 움직이기를 기다렸습니다. 하지만 막상 그 순간이 와도 그를 연못에 넣어 줄 사람이 없었습니다.* 그는 다른 병자들이 물에 들어가는 것을 뒤에서 쳐다보기만 했습니다. 자기를 연못에 넣어 줄 누군가를 하염없이 기다리며 근처에 누워 있었지요.

예수님은 이 불쌍한 사람에게 다가와 직접 병을 고쳐 주고 새 삶을 살게 하셨습니다. 더 중요하게는, 치유를 통해 자신이 어떤 존재인지 아주 분명하게 증명하셨습니다. 과연 예수님이 어떻게 자신이 하나님의 아들임을 입증하셨는지 본문에서 살펴보겠습니다.

---

* 마가복음에서 네 명의 친구가 중풍병자를 예수님 앞에 데려가기 위해 자리에 뉘여 지붕을 뚫고 달아내린 일과 비교된다(막 2:1-4).

예수님은 절기를 지키기 위해 예루살렘에 오셨습니다. 본문은 어떤 절기인지는 명시하지 않습니다. 많은 주석가들이 유월절일 것이라고 추측할 뿐입니다. 예수님이 병을 고치신 날이 안식일이었다는 점이 중요합니다. 예수님은 의도적으로 안식일에 여러 번 병을 고치셨습니다. 귀신 들려 18년 동안 허리를 펴지 못하는 여자를 안식일에 고치셨습니다(눅 13:10-17). 수종병 들린 사람을 고치셨습니다(눅 14:1-6). 손 마른 사람도 고치셨습니다(마 12:9-14).

그렇게 하신 의도는 무엇일까요? 오늘날 우리에게 예수님처럼 신유의 은사를 사용하라는 의미일까요? 병원마다 다니며 환자들을 돌보라는 의미일까요? 그렇지 않습니다. 치료가 주목적이었다면 예수님은 그곳에 모여 있던 사람들을 모두 치유하셨을 것입니다. 그러나 예수님은 38년 된 병자 한 명만 치유하셨습니다.

왜 하필 38년 된 병자만 고쳐 주셨을까요? 그가 다른 사람보다 더 불쌍하게 보였기 때문일까요? 그곳에는 눈먼 자도 있었습니다. 앞 못 보는 사람이 더 불쌍할까요, 38년간 누워 있는 사람이 더 불쌍할까요? 사실 비교 자체가 불가능합니다. 정도의 차이는 있지만 병자는 모두가 불쌍한 사람들입니다. 38년 된 병자가 다른 사람보다 더 불쌍하기 때문에 예수님이 그 사람만 고치신 것은 아닙니다.

그가 비참한 가장 결정적인 이유는, 그를 연못에 넣어 줄 사람이 없었다는 것입니다. 그는 자기를 연못에 넣어 줄 사람을 간절히 찾았을 것입니다. 그런데 하필 그날이 안식일이었습니다. 그 당시 유대인의 규정에 따르면 안식일에는 집 밖에서 말린 무화과 열매를 들어서도 안 됩니다. 따라서 설령 누군가 병자 옆에 있더라도 그를 들어서 옮기면 안 되는 상황입니다.

② 원래 안식일은 종들의 무거운 짐을 덜어 주기 위해 제정된 하나님의 법입니다(신 5:14). 그런데 유대인들은 이 법을 완전히 다르게 적용했습니다. 안식일에는 병을 고치지도, 무거운 것을 들지도 못하게 했습니다. 인간의 규정에 따르면 하나님의 율법은 이 병자에게 적어도 안식일에는 아무 도움이 되지 못했습니다. 이 병자에게 안식일은 물이 움직이면 안 되는 날입니다. 옆에 도와줄 사람이 많더라도 안식일에는 아무도 나서지 않을 테니까요. 안식일은 이 병자에게 오히려 절망의 날입니다. 생명을 주는 율법이 하나님의 백성에게 오히려 좌절만 안겨 주고 있었습니다.

예수님은 절망 가운데 누워 있는 그를 발견하셨습니다. 예수님은 그 병이 아주 오래되었음을 알고 물으십니다. "네가 낫기를 원하느냐?" 그것은 병자에게 하나마나한 질문입니다. 병자는 이 질문을 "내가 무엇을 도와주기를 원하느냐?"로 들었습니다. 그래서 자기 상황을 설명했습니다. 예수님이 제자들을 시켜 그의 곁에 있다가 때가 되면 연못에 그를 넣어 주기를 바랐을 것입니다. 그런데 예수님은 이 불쌍한 병자를 직접 고쳐 주셨습니다.

유대인들의 반격

환자가 일어나 걸어가는 모습을 많은 사람들이 지켜보았습니다. 다들 놀랐을 테지요. 마가복음에 비슷한 장면이 나옵니다. 예수님이 중풍병자를 낫게 하며 "네 상을 가지고 집으로 가라"고 말씀하셨을 때, 사람들은 중풍병자가 치유된 것을 보고 "하나님께 영광을 돌리며 이르되 우리가 이런 일을 도무지 보지 못하였다"(막 2:12)며 예수님을 찬송했습니다. 그런데 이번에는 반응이 전혀 다릅니다. 특히 유대인들이 예수님의 행위에 반격을 시작했습니다. 가장 큰 이유는 그날이 안식일이었기 때문입니다.

예수님은 병자에게 "일어나 네 자리를 들고 걸어가라"(8절)고 말씀하셨습니다. 유대인의 규정상 안식일에 해서는 안 될 명령을 하신 것입니다. 예수님은 그냥 일어나서 걸어가라고 하지 않고 의도적으로 "네 자리를 들라"고 명령하셨습니다. 이 명령을 들었을 때 병자는 어떤 생각이 들었을까요? 그는 안식일이므로 그렇게 할 수 없다고 생각하지 않았습니다. 적어도 그는 자신이 여태까지 배운 안식일 규정보다 예수님의 말씀을 신뢰했습니다. 그는 주님의 말씀에 순종했고, 그 결과 병이 완전히 나았습니다. 마침 명절이었기에 예루살렘에 있던 수많은 사람들이 그가 침상을 들고 걸어가는 모습을 보았습니다.

유대인들은 그의 행동을 보고 "안식일인데 자리를 들고 가는 것이 옳지 않다"고 지적했습니다. 그동안 유대인들이 율법을 얼마나 왜곡했는지 알 수 있는 대목입니다. 그들은 예수님과 정반대로 사람에 관심이 없습니다. 병자가 얼마나 오랫동안 고통을 당했는지는 상관하지 않고 그저 법적 규정만 따집니다. 그래야 자신의 의로움을 드러낼 수 있기 때문입니다. .

유대인들이 공격하자 병자는 "나를 낫게 한 이가 자리를 들고 걸어가라 해서 내가 걸어갔다"고 대답했습니다. 병자는 유대인들의 고소에 맞서 당당하게 자신을 낫게 하신 분의 권위를 더 신뢰하고 있습니다. 유대인들은 병자에게 그자의 신원을 밝히라고 추궁했습니다. 병자는 모른다고 대답했습니다. 실제로 그는 그때까지 예수님이 누구신지 전혀 몰랐습니다. 대단한 랍비나 선생 중 한 명으로 생각했을 것입니다. 예수님은 이미 피신한 뒤였습니다.

얼마 뒤 예수님이 성전에 있는 그를 찾아오셨습니다. 그는 성전에서 하나님께 감사드리고 있었을 것입니다. 그런데 예수님은 왜 성전에 있는 그를 찾아오셨을까요? 예수님이 다시 그를 찾아오지 않으셨다면, 그는 병만 나았을 뿐 예수님이 누구신지 전혀 몰랐을 것입니다. 그냥 어떤 능력자가 자기를 고쳐 주었다고 생각했을 테지요. 예수님은 그에게 와서 “보라, 네가 나았으니 더 심한 것이 생기지 않게 다시는 죄를 범하지 말라”(14절)고 말씀하셨습니다. “네가 나았다”는 말은 “네가 죄를 용서받았다”는 말과 같습니다. 예수님은 이 말씀을 통해 그 사람의 죄도 용서해 주셨습니다.

“내 아버지께서 이제까지 일하시니”

병자는 죄사함 받았다는 확신을 가지고 유대인들에게 가서 자기 병을 고쳐 준 이가 예수님이라고 증거했습니다. 어떤 이는 이것을 고발로 보지만, 예수님을 증거했다고 보는 편이 자연스럽습니다. 4장에서 우물가의 여자가 사마리아인들에게 예수님을 메시아로 증거했던 것과 비슷합니다. 하지만 사마리아인들과 달리 유대인들은 예수님을 배척했습니다.

병자의 증언을 들은 유대인들은 안식일에 하면 안 되는 일을 했다는 이유로 예수님을 심하게 핍박하기 시작했습니다. 그러자 예수님은 이렇게 답하셨습니다. “내 아버지께서 이제까지 일하시니 나도 일한다”(17절). 이것은 무슨 뜻일까요? 창세기를 보면 하나님께서 안식일에 쉬셨음을 알 수 있습니다. 그렇다면 하나님은 안식일에 아무 일도 하지 않으실까요? 유대인들은 모두 “하나님은 안식일에도 일하신다"는 입장을 취했습니다. 그렇지 않다면 세상은 엉망이 될 것입니다.

그렇다면 하나님은 안식일에 어떤 일을 하실까요? 안식일에도 생명이 태어나고 죽습니다. 생명이 태어나는 것은 자연 현상이 아니라 하나님의 일반 사역입니다. 그러고 보면 안식일 규정은 하나님께는 적용되지 않습니다. "하나님이 법을 만들고 정작 당신은 지키지 않는 게 말이 되는가?"라는 질문이 생길 수 있습니다. 그러나 하나님은 율법의 주인이지 율법에 매이신 분이 아닙니다. 구급차가 사람을 구조하기 위해 때로 교통신호를 무시하고 현장에 출동하는 것과 유사하다고 볼 수 있습니다.

유대인들은 예수님의 답변을 듣고 노발대발합니다. 예수님이 안식일에 해서는 안 될 일을 했을 뿐 아니라 해서는 안 될 일을 하라고 명령하더니, 이제는 자신이 하나님과 동등하다고 주장하기 때문입니다. 유대인들에게 이것은 받아들일 수 없는 신성모독의 발언입니다. 그들은 아예 예수님을 죽이려 합니다. 빛이 자기 땅에 왔지만 자기 백성이 영접하지 않았다는(요 1:11) 사실을 본문이 증명하고 있습니다.

본문은 우리에게 예수님처럼 신유의 은사를 가져야 한다고 가르치지 않습니다. 안식일에 예수님처럼 행동해도 된다고 보장하지도 않습니다. 본문에서 안식일의 표준 규범을 찾으려고 하면 안 됩니다. 우리는 예수님이 아니기 때문입니다. 우리는 예수님처럼 "아버지께서 이제까지 일하시니 나도 일한다"라고 말할 수 없습니다. 이런 말은 오직 예수님만이 하실 수 있습니다. 우리는 제4계명을 초월하는 게 아니라 그것을 지켜야 하는 하나님의 백성들입니다.

예수님은 안식일에 병자를 고침으로 아버지와 자신을 동등한 분 ②
으로 계시하셨습니다. 그 동등성을 자신이 하는 일을 통해 증명하셨습니다. 성부 하나님께서 안식일에도 생명 주는 일을 쉬지 않으시는 것처럼, 성자이신 예수 그리스도도 38년 된 병자를 낫게 하여 그에게 생명을 주셨습니다. 예수 그리스도를 믿는 자는 병자가 얻은 것과 동일한 생명을 얻게 될 것입니다. 이것이 바로 요한복음이 기록된 목적입니다(20:31).

2천 년 전 안식일에 일하셨던 주님은 지금도 하늘에서 여전히 아 ③
버지께서 하시는 일을 하십니다. 특별히 그 일을 주의 날에 하십니다. 그 일이 무엇일까요? 십자가에서 획득한 영원한 생명을 자기 백성들에게 주시는 일입니다. 또한 성전에서 선사하셨던 죄사함의 은혜를 이제는 몸된 교회를 통해 베푸십니다. 그렇다면 이제 우리는 무엇을 해야 할까요? 안식일에는 우리의 일을 할 게 아니라 주님이 하시는 일에 동참해야 합니다. 이날에는 예배 드리는 가운데 말씀을 통해 주시는 생명을 누려야 합니다. 강단에서 순수한 복음이 선포되어야 하고, 신자들은 복음 가운데서 죄사함의 기쁨을 누려야 합니다.

38년 된 병자에게 "내 아버지께서 이제까지 일하시니 나도 일한다"라고 말씀하신 주님이 지금도 하나님 우편에서 일하고 계십니다. 38년 된 병자와 마찬가지로 예수님이 하나님과 동등하신 삼위 하나님이심을 믿는 자들에게 생명과 죄사함이 주어집니다. 영생과 죄사함의 은혜를 누리는 사람들은 세상에서 더 이상 죄를 짓지 않고 살아야 합니다. 또한 그리스도를 대적하는 모든 이들에게 예수 그리스도가 하나님의 아들이심을 분명하게 증거해야 합니다. 어떤 사람은 복음을 거부하겠지만, 하나님께 선택받은 사람은 복음을 받아들일 것입니다. 이 같은 일을 신실하게 행하는 모든 성도들에게 하나님의 도우심이 함께하시기를 바랍니다.

#유대인의 명절(1절): 요한은 반복해서 유대인의 절기를 언급하며 이야기를 풀어 간다. 이 구절에서는 어느 절기인지 밝히지 않는다.

유대인의 유월절이 가까운지라 예수께서 예루살렘으로 올라가셨더니	2:13
마침 유대인의 명절인 유월절이 가까운지라	6:4
유대인의 명절인 초막절이 가까운지라	7:2
예루살렘에 수전절이 이르니 때는 겨울이라	10:22
유대인의 유월절이 가까우매 많은 사람이 자기를 성결하게 하기 위하여…	11:55

#예수님이 안식일에 병을 고치신 사례

손 마른 사람을 고치심	마 12:9-14(막 3:1-6, 눅 6:6-11)
귀신을 쫓으심, 시몬의 장모 병을 고치심, 많은 사람을 고치심	눅 4:31-41
귀신 들려 18년간 허리를 펴지 못하는 여자를 고치심	눅 13:10-17
수종병 든 남자를 고치심	눅 14:1-6
38년간 누워 지내던 병자를 고치심	요 5:1-18
눈먼 자를 고치심	요 9:1-23

1. 38년 된 병자는 자신의 병 자체 말고도 무엇 때문에 더 고통을 겪었습니까?(79-80쪽)
2. 예수님이 사람들의 병을 고쳐 주신 궁극적인 목적은 무엇입니까? 당시 율법 규례에도 불구하고 의도적으로 안식일에 38년 된 병자를 고치신 이유는 무엇입니까?(82, 87쪽)
3. 우리는 안식일인 주의 날을 어떻게 지켜야 합니까? 안식일의 의미와 본문의 내용을 떠올리며 함께 생각해 봅시다(87-88쪽).

7

자기 백성을 먹이신 왕
“떡을 가져 축사하신 후에”

요한복음 6:1-15 *

예수님이 계신 곳에 사람들이 5천 명이나 모였습니다. 그 당시에는 여자와 어린아이는 계수하지 않았으므로 거의 2만여 명이 예수님 주변에 모인 것으로 보입니다. 성경을 보면 예수님을 따라다닌 사람이 많았지만 구체적으로 몇 명이 따랐는지는 잘 알 수 없습니다. 그런데 본문은 예수님을 따른 무리가 정확히 어느 정도 되었는지 알려 줍니다.

2만 명이면 오늘날에도 꽤 많은 인파인데, 그 당시에는 엄청난 수였음이 틀림없습니다. 기적이 일어난 곳은 갈릴리 건너편 벳새다라

* 본문으로 마태복음 14:13-21, 마가복음 6:30-44, 누가복음 9:10-17도 보라.

는 지역입니다. 아마 그 지역 사람들 대부분과 유월절을 맞이해 예루살렘으로 가는 순례자들이 대거 예수님께로 온 것 같습니다. 그들이 왜 왔을까요? 예수님이 병자들에게 행하신 표적을 보았기 때문이라고 본문은 그 이유를 밝힙니다.

지금 예수님은 산에 제자들과 함께 있습니다. 이유는 간단합니다. 제자들과 함께 쉬고 싶으셨기 때문입니다. 마가복음에 따르면 제자들이 예수님께 권능을 받아 사역하기 시작했는데 얼마나 바쁜지 음식을 먹을 겨를도 없었습니다. 그래서 예수님은 배를 타고 갈릴리 바다 건너편으로 가서 한적한 산에 오르셨는데, 사람들이 이를 발견하고는 그곳까지 좇아왔습니다. 예수님은 그렇게 온 사람들에게 여러 가지를 가르치셨습니다. 그러다보니 날이 저물었습니다. 제자들은 사람들을 집에 보내는 것이 좋다고 생각했지만, 예수님은 그냥 돌려보내실 수 없었습니다. 그들이 목자 없는 양처럼 불쌍하게 보였기 때문입니다. 예수님은 그들의 목자십니다. 목자가 어떻게 배고픈 양들을 돌보지 않을 수 있을까요? 그래서 예수님은 배고픈 양들을 먹이셨습니다. 광야에서 40일 금식을 하면서 극도로 굶주렸을 때에도 자기 유익을 위해 기적을 사용하지 않으신 예수님입니다. 그러나 자기를 따르는 양들을 위해서는 그 권능을 마음껏 사용하셨습니다.

오늘날 많은 사람들이 오병이어의 기적을 믿지 않습니다. 말이 안

된다는 것이지요. 그냥 하나의 신화로 봅니다. 이 기적을 어떻게 해서든 합리적으로 설명하려는 사람도 있습니다. 사람들이 먹을 것을 싸 왔다는 것입니다. 먼저 꺼내서 먹기가 부끄러워 가지고만 있다가 한 아이가 예수님께 음식을 가져온 것을 보고 감동받아 각자 준비한 음식을 나누었다고 설명합니다. 그러나 제가 보기에는 예수님이 기적을 일으켜 5천 명을 배불리 먹였다고 설명하는 편이 더 설득력 있습니다.

본문의 배경

이 사건은 세례 요한이 죽고 나서 얼마 되지 않아 일어났습니다. 마태, 마가, 누가가 모두 이 사실을 강조하고 있습니다. 세례 요한이 누구입니까? 영적으로 타락한 교회에 하나님께서 보내신 선지자였습니다. 그는 특히 예수님보다 먼저 태어나 주의 길을 예비한 선지자였습니다. 그는 "광야에서 외치는 자의 소리"였습니다. 이스라엘이 하나님의 말씀을 듣지 않자 하나님께서 요한으로 하여금 광야에 나가 돌들을 향해 주의 말씀을 선포하게 하셨습니다. 그는 아무도 없는 곳에서 설교를 했습니다. 그런데 놀라운 일이 벌어졌습니다. 어떻게 그 소식을 들었는지 수많은 사람들이 요한에게 와서 세례를 받기 시작했습니다. 요한은 그들에게 메시아가 가까이 오셨으므로 회개해야 한다고 말씀을 전했습니다.

세례 요한의 사역은 여기서 그치지 않았습니다. 그는 당시 이스라엘의 최고 통치자 헤롯 대왕의 불의를 지적했습니다. 헤롯은 동생의 아내를 빼앗아 자기 아내로 삼았습니다. 그는 요한의 말이 맞는 줄 알면서도 새로 아내가 된 헤로디아 때문에 요한을 잡아들여 그의 입을 막았습니다. 결국 헤로디아의 꼬임에 넘어간 헤롯은 요한을 처형했습니다. 그 당시 교회의 최고 책임자라고 할 수 있는 헤롯 왕이 유일한 말씀 사역자인 요한을 처형한 것입니다. 앞으로 어떤 일이 일어날까요?

세례 요한의 처형 소식을 들었을 때, 예수님은 전혀 위축되지 않으셨습니다. 드디어 본격적으로 메시아 사역을 시작하셨습니다. 세례 요한을 따르던 수많은 사람들이 이제는 예수님을 따르기 시작했습니다. 예수님은 사람들의 병을 고치실 뿐 아니라 제자들에게도 권세를 부여해 그들도 기적을 일으킬 수 있도록 하셨습니다. 이 소문은 사방에 퍼졌고 헤롯 왕의 귀에도 들어갔습니다. 사람들은 자연스럽게 서로 질문했습니다. "도대체 이 사람이 누군가?" 어떤 이는 엘리야라 하고, 어떤 이는 옛 선지자가 다시 살아났다고 했습니다. 헤롯은 자기가 죽인 세례 요한이 다시 살아났다고 확신했습니다. 그래서 예수님이 누구인지 한번 보고자 했습니다(눅 9:9).

적어도 오병이어 사건 이전에 많은 사람들이 예수님을 엘리야나 선지자 중 한 명이라고 생각하기 시작했음을 알 수 있습니다. 예수님을 따르는 사람들뿐 아니라 예수님을 잘 모르거나 대적하는 사람들도 그렇게 생각했습니다. 그런데 오병이어 사건 이후에, 우리는 베드로의 유명한 신앙고백을 듣게 됩니다. 이 사건이 일어나고 나서 예수님은 제자들에게 물으셨습니다. "사람들이 인자를 누구라 하느냐?" 제자들이 답했습니다. "더러는 세례 요한, 더러는 엘리야, 어떤 이는 예레미야나 선지자 중의 하나라 하나이다." 예수님이 한번 더 물으십니다. "너희는 나를 누구라 하느냐?" 그때 베드로가 답했습니다. "주는 그리스도시요 살아 계신 하나님의 아들이시니이다"(마 16:13-16).

여기서 우리는 중요한 사실을 볼 수 있습니다. 예수님이 오병이어라는 엄청난 기적을 행하셨는데도 세상 사람들은 그 기적 속에서 아무 교훈도 얻지 못했습니다. 이전에도 예수님은 선지자 중 하나였을 뿐이고, 이후에도 제자 중 몇 명만이 그 기적의 의미를 깨달았습니다. 예수님이 단순한 선지자나 도덕 선생이 아니라 하나님의 아들이심을 믿게 된 것입니다. 그 신앙도 완전하지는 않았지만 적어도 예수님을 바라보는 눈이 오병이어 기적을 전후로 크게 달라졌습니다.

기적의 의미

예수님이 이 세상에서 하신 일이 참 많은데, 그중 하나가 기적을 행하신 것입니다. 기적을 행하신 이유는 무엇일까요? 자신이 얼마나 위대한 능력을 가졌는지 보여 주기 위해서였을까요?

예수님이 오병이어 기적을 여러 번 행하지 않으셨다는 사실을 우리는 알아야 합니다. 떡 일곱 개와 물고기 두 마리로 4천 명을 먹이신 일은 있지만, (나중에 보겠지만) 그것은 그 나름의 의미가 있었습니다. 예수님은 기적을 통해 사람들이 하늘의 실체를 경험할 수 있도록 하셨습니다. 그러나 기적을 올바로 이해하기가 그리 쉽지 않습니다. 기적의 외양에만 주목할 때 우리는 그 깊은 영적 의미를 놓치게 됩니다.

오병이어 기적으로 사람들은 배불리 먹었습니다. 이후로 그들은 '예수님은 우리 배를 채우시는 분'이라고 생각했을 것입니다. 그 생각도 맞습니다. 그러나 거기에 머물러서는 안 됩니다. 예수님은 우리의 배를 채우시는 분이지만 그 이상이기도 합니다. 실제로 이 사건 이후로 예수님은 하늘의 양식, 영의 양식에 대해 설명하기 시작하셨습
니다. 더구나 자신의 살이 참된 양식이라고 가르치셨습니다. 사람들 ①
은 이 가르침을 듣고 도대체 무슨 말인지 알지 못했습니다. 이해하기 어렵다면서 많은 제자들이 예수님을 떠나고 말았습니다(요 6:66).

예수님이 기적을 행하신 이유는 기적 자체에 의미가 있기 때문이 아닙니다. 그랬다면 계속해서 기적을 행하셨겠지요. 예수님이 기적을 행하신 것은 자신이 어떤 존재인지 보여 주기 위해서였습니다. 예수님은 눈먼 자를 고치심으로 자신이 세상에 빛으로 왔음을 보여 주셨습니다. 날마다 우물 물을 길어야 했던 사마리아 여자에게는 자신을 생명의 물을 주는 이로 나타내셨습니다. 오병이어의 기적을 베푸심으로 자신이 생명의 양식을 주는 이임을 보여 주셨습니다.

여기서 예수님을 믿는 것과 예수님이 행하시는 기적을 믿는 것을 구별해야 합니다. 많은 사람들이 예수님이 행하신 기적 자체에만 주목합니다. 그럴 경우 기적이 일어날 때에는 예수님을 좇지만, 더 이상 기적이 없으면 예수님 따르기를 그만두고, 예수님을 무시하고, 더 나아가 부인하고, 마침내 십자가에 못 박게 됩니다.

② 로마제국의 압제 아래서 신음하던 유대인들은 자신들을 구원해 줄 메시아를 기다리고 있었습니다. 그들은 메시아가 오면 모세 때와 같이 만나의 기적이 일어날 것이라고 생각했습니다. 여호수아 5장 12절에 따르면, 이스라엘이 가나안 땅에 들어가 맞이한 첫 번째 유월절에 만나가 그쳤습니다. 이스라엘인들은 이 기적이 유월절에 다시 재현될 것이라고 기대했습니다. 예수님은 그들의 기대에 부응하는 기적을 베푸셨고, 오병이어의 기적을 체험한 이들은 당장 예수님을 왕으로 모시려 했습니다(15절).

예수님을 왕으로 모시려 한 사람들의 신앙이 겉보기에는 아주 좋은 것 같습니다. 실제로 그들의 시도는 대단했습니다. 예수님을 왕으로 삼으려 한다는 것은 혁명 운동에 가담한다는 뜻입니다. 이는 반역을 도모한다는 것이고 자기 목숨을 바칠 각오를 했다는 것입니다. 그들은 예수님에게서 희망을 발견했습니다. 하지만 예수님은 그들의 의도를 아시고는 다시 혼자 산으로 피하셨습니다. 어찌 보면 예수님이 너무하신다는 생각이 듭니다. 동족이 로마제국으로부터 고통을 겪고 있는데 이와 관련해 아무 일도 하지 않으시다니요. 그러나 예수님이 세우시려는 하나님 나라는 이 세상의 왕국이 아니었습니다. 그것은 영적 나라였습니다. 영적 나라는 하늘에 있는 나라도 아닙니다. 그 나라는 말씀과 성령이 다스리는 나라이며 오늘날의 교회로 볼 수 있습니다.

예수님이 생각하시는 나라와 우리가 생각하는 나라가 다를 때, ③
우리는 어떻게 해야 할까요? 많은 사람들이 교회에 가면서 이런저런 기대를 합니다. 우리는 왜 교회에 갑니까? 예수님과 그분이 이루시려는 나라 때문입니까, 아니면 그분이 주시는 유익을 얻기 위해서입니까? 예수님은 분명 우리에게 여러 유익을 주실 수 있습니다. 그러나 그것 때문에 예수님을 따른다면, 그 신앙은 대단히 위험할 수 있습니다.

오병이어의 기적을 통해 예수님은 자신이 이스라엘의 목자임을 보여 주십니다. 목자의 가장 기본적인 일은 양들을 먹이는 것입니다. 예수님은 그 일을 하셨습니다. 예수님은 사람들을 50명, 100명씩 잔디밭에 앉게 하셨습니다. 구약의 이스라엘이 50명씩 혹은 100명씩 나뉘어 구성되었던 모습이 연상됩니다. 실제로 그곳에 모인 사람들은 구약의 이스라엘 백성을 대신할 새 백성들이었습니다. 푸른 잔디밭에 앉아 배불리 먹는 큰 무리를 그려 보십시오. 예수님이 자기 양떼를 먹이시는 목자임을 여실히 드러내는 장면이 아닐 수 없습니다.

예수님은 이들이 마음껏 먹도록 하셨습니다(11절). 그리고 남은 음식을 거두자 열두 바구니에 꽉 찼습니다. 열두 바구니는 당연히 이스라엘의 열두 지파를 상징합니다. 이는 음식을 아껴야 한다는 교훈을 주려는 게 아닙니다. 이를 통해 예수님은 자신이 그곳에 있는 사람들뿐 아니라 그분의 모든 백성을 다 먹일 수 있음을 보이셨습니다.

오병이어 사건은 예수님이 구약 시대에 이스라엘을 광야에서 인도해 내신 그 하나님임을 보여 줍니다. 여호와 하나님은 광야에서 이스라엘에게 만나와 메추라기를 주셨습니다. 새 시대에 주님은 보리떡과 물고기로 백성들을 먹이십니다. 차이는 있습니다. 만나가 떡으로, 메추라기가 물고기로 바뀌었습니다. 만나는 남은 것이 없었고 일용할 양식이었지만, 떡은 열두 바구니나 남았습니다. 먹고 남았다는 것은 하나님의 축복을 상징합니다. 하나님은 자기 백성에게 복을 주시되 넘치도록 주시는 분입니다.

역대하 31장 10절에 보면, 히스기야 시대에 하나님에 대한 올바른 예배가 회복되었습니다. 이스라엘 백성들은 성대하게 유월절을 지켰습니다. 제사장과 레위인이 하나님의 법을 지키는 일에만 전념할 수 있도록 그들을 위한 음식을 준비하라고 왕이 명하자, 이스라엘 사람들이 많은 예물을 하나님의 전에 가져왔습니다. 제사장과 레위인들이 배불리 먹고도 남은 것이 많았습니다. 이는 하나님께서 이스라엘에 복을 주셨기 때문입니다.

열왕기하 4장 42절에 보면, 엘리야의 후계자 엘리사가 여러 기적을 행했는데, 그중 아주 재미있는 기적이 있습니다. 어떤 사람이 맨 먼저 거둔 보리로 만든 떡 스무 개와 채소를 가져왔습니다. 틀림없이 엘리사를 위한 선물이었을 것입니다. 그런데 엘리사가 이것을 무리에게 나눠 주어 먹게 하라고 했습니다. 사환이 어떻게 이것으로 100명이 먹을 수 있느냐고 반문하자 하나님의 말씀이 무리가 먹고 남을 것이라고 했다고 답했습니다. 그대로 하니 과연 100명이 먹고 남았습니다. 구약성경을 알고 있는 사람이라면 예수님이 엘리사보다 더 위대한 선지자임을 금세 눈치챘을 것입니다.

예수님이 제자들에게 양식을 나눠 주도록 하신 것을 눈여겨보십시오. 예수님은 기적을 베풀기 전에 의도적으로 제자 중 한 명인 빌립을 시험하셨습니다. "우리가 어디서 떡을 사서 이 사람들을 먹이겠느냐?" 빌립은 말했습니다. "이 사람들에게 모두 조금씩이라도 먹게 하려면[문자적으로는 '잠깐 동안 먹어도'] 200데나리온어치로도 충분하지 못합니다." 옆에 있던 안드레가 말했습니다. "여기에 보리떡 다섯 개와 물고기 두 마리를 가져온 아이가 있습니다. 그러나 이렇게 많은 사람에게 그게 무슨 소용이 있겠습니까?"

예수님의 제자들은 조금 전까지 예수님께 능력을 받아 병을 고쳤을 뿐 아니라 사역으로 엄청나게 바쁜 사람들이었습니다. 그럼에도 그들은 그 많은 사람들, 허기진 이들을 돌려보낼 수밖에 없다고 생각했습니다. 자신들이 할 수 있는 일이 전혀 없다고 생각했기 때문입니다. 예수님은 제자들에게 "너희가 양식을 나눠 주라"고 말씀하셨습니다. 그들이 실제로 양식을 나눠 줄 수 있음을 보여 주기 위해 그렇게 말씀하셨습니다. 예수님이 직접 하실 수도 있었지만 기쁜 마음으로 제자들에게 그 일을 맡기셨습니다. 오늘날도 마찬가지입니다. 하나님께서 직접 하늘의 양식을 주실 수 있지만 그분의 사역자, 즉 말씀 봉사자를 통해 주기를 기뻐하십니다.

예수님이 오병이어로 5천 명을 먹이셨습니다. 이것은 무엇을 뜻할까요? 오늘날에도 예수님을 믿으면 그런 기적이 일어난다는 뜻일까요? 예수님을 열심히 믿으면 주식에서 백 배, 천 배의 수익을 얻고 부동산 가격이 열 배씩 오를까요? 실제로 그런 식으로 설교하는 엉터리 목사를 보았습니다.

예수님은 사람들에게 필요한 양식을 공급하셨습니다. 그들의 욕
심을 채우신 것이 아닙니다. 주님은 굶주린 그들을 도저히 그냥 돌려
보내실 수 없었습니다. 기적을 통해 주님은 따르는 자들에게 이런 확
신을 주셨습니다. "주님을 따르면 적어도 먹을 것과 입을 것이 공급
된다." 이 사실이 분명하다면 우리가 해야 할 일은 무엇일까요? 먹을
것은 보장되었으니 이제 더 많은 부를 쌓아야 할까요? 주님이 그러
라고 기적을 보여 주셨을까요? 하나님은 이제 우리가 육신의 양식
을 걱정할 필요가 없으니 영적 양식에 관심을 가져야 한다고 교훈하 ③
십니다. 많은 사람들이 한 끼라도 거르면 큰일 날 것처럼 유난을 떨
지만 영혼도 양식을 먹어야 한다는 생각은 하지 못합니다.

우리는 보이는 떡, 보이는 물고기, 보이는 기적이 아니라 보이지 않는 것에 관심을 두어야 합니다. 여호와 하나님께서 광야에서 만나를 내리신 것은 백성들이 만나 자체보다 만나가 내려오는 곳을 바라보게 하기 위해서였습니다. 사람이 떡으로만 사는 게 아니라 하나님의 말씀으로 산다는 것을 명심해야 합니다.

IIIIIIIIIIIIIIIIIIIIIII

#그후에(1절): 5천 명을 먹이신 일은 사복음서 모두에 기록된 유일한 기적이다. 이 일은 5장에 기록된 다른 사건들이 일어나고 약 반 년 후인 봄, 유월절 직전(4절)에 일어났다. 예수님이 십자가에 돌아가시기 1년 전쯤 된다.

#디베랴 바다 건너편: 구체적으로 벳새다를 가리킨다(눅 9:10). 이곳은 베드로, 안드레, 빌립의 고향이기도 하다. 예수님은 빌립에게 이곳에서 어떻게 음식을 구할지 물으신다.

IIIIIIIIIIIIIIIIIIIIIII

1. 예수님이 오병이어 기적을 일으키신 궁극적인 이유는 무엇입니까?(95-96쪽)
2. 오병이어로 배불리 먹은 사람들은 무슨 일을 하려고 했습니까? 그들이 생각한 하나님 나라와 예수님이 생각하신 하나님 나라는 어떻게 달랐습니까?(96-97쪽)
3. 우리가 교회에 가고 그리스도를 따르는 이유는 무엇입니까? 그동안 그리스도와 그분이 베푸신 축복에 대해 잘못 인식했던 점을 돌아봅시다(97, 101쪽).

8

하늘에서 내려온 떡 “나는 생명의 떡이니”

요한복음 6:22-71

예수님이 보리떡 다섯 개와 물고기 두 마리로 5천 명을 먹이신 일은 정말 대단한 사건이었습니다. 그것이 주는 진정한 교훈을 아는 사람은 몇이나 되었을까요? 그곳에 있던 사람들은 대부분 식사를 공짜로 푸짐하게 먹은 것에 만족했습니다. 그러나 세상에 100퍼센트 공짜가 있을까요? 자선단체조차 무료급식을 할 때 은연중에 전하는 메시지가 있습니다. 그냥 “밥만 먹고 가세요”라고 외치는 경우는 없습니다. 정치인이나 기업이 제공하는 밥은 전하려는 메시지가 더 노골적입니다. “한 표 부탁합니다.” “우리 회사 제품 많이 애용해 주세요.”

한편 밥 먹는 사람들의 입장은 어떨까요? 크게 두 가지로 나뉘는

데, 먼저 밥만 먹고 그만인 경우입니다. 제가 미국에 있을 때 교회 중고등부 학생들과 함께 홈리스센터에서 봉사를 한 적이 있습니다. 그 때 대부분의 사람들이 밥만 먹고 자리를 떴습니다. 극히 일부만이 “어디서 왔느냐? 함께 있는 학생들은 어떤 아이들인가?”라고 물었습니다. 그것도 대부분은 거기서 끝납니다. 우리가 가지고 있는 복음이나 삶의 가치관에 대해서는 한 번도 질문을 받아 본 적이 없습니다. 그 때문에 자원봉사를 한 것은 아니지만 말입니다.

오병이어 사건도 이와 비슷한 점이 있습니다. 수많은 사람들이 공짜 밥을 먹었지만, 그것도 놀라운 기적을 통해 먹었지만, 아무도 그 의미를 제대로 이해하지 못했고 이해하려 하지도 않았습니다. 이 기적은 사복음서에 모두 나오지만, 요한복음에만 이 사건의 진정한 의미가 기록되어 있습니다.

본문의 배경

예수님은 오병이어 기적을 베푸신 후 즉시 도망치다시피 무리를 피해 호수 건너편으로 가셨습니다. 가장 큰 이유는 사람들이 예수님을 왕으로 삼으려 했기 때문입니다. 로마제국의 압제에서 고난받던 그들은 해방되기를 원했고, 그러자면 그들을 이끌 지도자가 필요했습니다. 그들에게 오병이어 기적은 예수님을 왕으로 추대하기에 충분한 조건이었습니다. 모세가 광야에서 만나를 주었듯이 예수님도 먹을 것을 주었기 때문에 그분을 구약이 약속한 메시아로 생각했습니다. 하지만 예수님은 그들의 요구를 거절하셨습니다. 어찌 보면 참으로 매정합니다. 그러나 예수님이 보시기에 그들에게 정말 필요한 것은 몸의 양식이 아니라 영혼의 양식이었습니다.

예수님이 갑자기 사라지자 사람들은 예수님을 찾기 시작했습니 ①
다. 기어코 찾아온 그들에게 예수님은 책망 섞인 말씀을 하십니다. "내가 진실로 진실로 너희에게 이르노니 너희가 나를 찾는 것은 표적을 본 까닭이 아니요 떡을 먹고 배부른 까닭이로다"(26절). 여기서 우리는 오병이어가 표적이라는 사실을 알게 됩니다. 표적은 사인(sign)을 뜻합니다. 사인은 뭔가를 가리키는 것이지요. '서울'이라는 사인은 서울이라는 실체를 가리킵니다. 마찬가지로 오병이어는 뭔가를 가리키는 사인입니다. 나중에 보겠지만, 이 기적은 하늘에서 오는 생명의 양식을 가리킵니다.

그러나 사람들은 사인이 가리키는 실체는 보지 못하고 사인 자체만 보았습니다. 손가락이 달을 가리키고 있다면 달을 보고 달에 대해 이야기하는 게 맞습니다. 그런데 달은 보지 않고 손가락만 보면서 기니 짧니, 예쁘니 못났니 하면 무슨 소용이 있습니까? 오병이어의 기적을 경험하고 나서 떡이 맛있니 맛없니, 생선이 잘 구워졌니 덜 구워졌니 하면 무슨 소용이 있습니까? 그들은 오병이어의 기적을 통해 배불리 먹었습니다. 그러고는 끝입니다. 많은 사람들이 집에 돌아갔을 것입니다. 무려 5천 명이나 됩니다. 한두 명이 기적을 본 게 아닙니다. 저마다 놀라운 기적에 대해 이야기하고 온 마을이 떠들썩했겠지요. 그런데 이야기를 요약하면 "우리가 정말 배불리 먹었다"입니다.

예수님은 사람들이 왜 자기를 찾아왔는지 아셨습니다. '먹고 배불렀기' 때문입니다. 오늘날도 마찬가지입니다. 많은 사람들이 교회를 찾습니다. 특히 우리나라 사람들이 교회를 많이 찾습니다. 교회에 대적하거나 무관심한 현대사회에서 이것은 분명 축복입니다. 그러나 그들이 교회를 찾는 이유가 무엇일까요? 통계가 없어 정확히 말할 수는 없지만 주된 이유가 복 받기 위해서가 아닐까요? 물질의 복, 자녀의 복, 건강의 복을 받기 위해서가 아닐까요? 마음의 평안을 얻기 위해서가 아닐까요? 영적 쉼과 평화를 얻는다고 생각하지요. 착한 사람, 도덕적인 사람이 되기 위해서도 교회를 찾습니다. 기대한 바가 충족된다면 교회를 계속 다닐 테지요. 그러나 교회가 그런 것을 제공하지 않는다면, 혹은 제공할 수 없게 된다면 어떨까요? 교회를 떠나든지 그것을 제공하는 다른 교회를 찾을 것입니다.

예수님은 오병이어의 기적을 통해 확실한 교훈을 주셨습니다. "먹어야 산다!" 광야나 사막에서 먹을 것이 없다는 것은 죽음을 의미합니다. 먹을 것이 떨어지기 전에 마을에 도착해야 합니다. 예수님은 광야에서 먹을 것을 제공하심으로 먹어야 산다는 교훈을 확실히 주셨습니다. 먹어야 산다는 것은 어린아이도 아는 진리입니다. 예수님은 이 보편적 진리를 우리 몸이 아니라 영혼에도 적용하셨습니다.

우리의 몸은 먹어야 삽니다. 안 먹으면 죽습니다. 그런데 영혼은 어떨까요? 많은 사람들이 '영혼은 없다' 또는 '혼은 죽지 않는다'고 생각합니다. 대표적으로 플라톤 같은 철학자는 영혼이 불멸한다고 생각했습니다. 몸은 죽지만 영혼은 불멸한다면 우리는 영혼의 생명을 위해 신경을 쓰지 않아도 됩니다. 그러나 영혼과 몸은 분리되어 있지 않습니다. 몸이 먹지 않으면 죽듯이 우리 영혼도 먹지 않으면 죽습니다.

그래서 예수님이 오셨습니다. 그분이 이 세상에 오신 이유는 물질의 복이나 건강, 정신적 평화, 도덕적 가르침을 주기 위해서가 아닙니다. 물론 예수님은 주린 자를 배부르게 하셨고, 병자를 고치셨고, 귀신을 쫓아내셨으며, 인간의 참된 도리를 가르치셨습니다. 그러나 그것은 궁극적인 목적이 아닙니다. 예수님은 우리에게 영혼의 양식을 주어 영생을 얻게 하려고 이 땅에 오셨습니다.

예수님은 우리 몸이 떡을 먹어야 하듯이 우리 영혼도 양식을 먹어야 한다고 말씀하셨습니다. 영혼의 양식이란 무엇일까요? 요한복음 6장은 이에 대한 답변을 제공합니다. 이 양식은 하늘에서 내려와야 합니다.

> 하나님의 떡은 하늘에서 내려 세상에게 생명을 주는 것이니라(33절).

> 이는 하늘에서 내려오는 떡이니 사람으로 하여금 먹고 죽지 아니하게 하는 것이니라(50절).

> 나는 하늘에서 내려온 살아있는 떡이니 사람이 이 떡을 먹으면 영생하리라(51절a).

우리의 몸을 위한 밥이 땅에서 나오는 것과 같이, 우리의 영혼을 위한 양식은 반드시 하늘에서 내려온 것이어야 합니다. 예수님 자체가 생명의 떡이십니다. 예수님은 "나는 생명의 떡이니 내게 오는 자는 결코 주리지 아니할 터이요 나를 믿는 자는 영원히 목마르지 아니하리라"(35절)고 말씀하셨습니다. 이 말씀은 48절에서도 반복됩니다. "내가 곧 생명의 떡이니라." 이것은 우리 몸이 아니라 영혼을 향한 말씀입니다. 예수님은 땅에서 난 분이 아니라 하늘에서 내려오신 분입니다. 그러므로 우리의 영혼을 위한 양식이 될 수 있습니다.

예수님이 스스로를 하늘에서 내려온 떡이라고 말씀하시자 유대인들이 수군거렸습니다. 그들이 생각하기에 예수님은 하늘에서 온 자가 아닙니다. 땅에서 온 자일 뿐입니다. 그들은 이렇게 반문합니다. "이는 요셉의 아들 예수가 아니냐. 그 부모를 우리가 아는데 자기가 지금 어찌하여 하늘에서 내려왔다 하느냐"(42절).

이에 대한 예수님의 답변이 상당히 복잡한데 간단히 묘사하면 이렇습니다. "하늘에 계신 아버지가 내 아버지다. 그러므로 나는 하늘에서 내려왔다." 그러나 이것은 자명한 답이 될 수 없습니다. 하늘에 계신 아버지가 예수님의 아버지라는 것을 어떻게 알 수 있는가 하는 질문이 즉각 제기되기 때문입니다. 이에 예수님은 대답하십니다. "아버지께서 이끌지 아니하시면 아무도 내게 올 수 없으니"(44절). "아버지께 듣고 배운 사람마다 내게로 오느니라"(45절). "오직 하나님에게서 온 자만 아버지를 보았느니라"(46절). 예수님의 아버지가 요셉이 아니라 하늘에 계신 하나님이라는 사실을 오직 하나님 아버지만이 알게 해주십니다.

예수님은 더 나아가 구체적으로 "내가 곧 생명의 떡이니라"(48절)고 말씀하십니다. "내가 줄 떡은 곧 세상의 생명을 위한 내 살이니라"(51절b). 여기서 "내가 곧 생명의 떡이라"는 말을 잘 이해해야 합니다. 이것을 단순히 비유로 봐서는 안 됩니다. 많은 사람들이 이 말씀을 상징적으로 받아들여 "예수님은 생명의 떡과 같다"로 이해합니다. 우리가 이 표현을 완벽하게 이해할 수는 없더라도 적어도 다음 사실은 알아야 합니다. "예수님은 곧 생명의 떡인데, 이는 그분이 하늘에서 왔을 뿐 아니라 자신의 살과 피를 우리에게 주어 먹게 하시기 때문이다." 예수님은 말 그대로 생명의 떡이 되어 주십니다.

"이 사람이 요셉의 아들이 아니냐"라고 반문했던 유대인들은 "이 사람이 어찌 능히 자기 살을 우리에게 주어 먹게 하겠느냐"라고 또 반문합니다. 간단히 말해 "우리가 식인종이냐"는 말입니다. 이에 예수님은 다음과 같이 답하셨습니다. 예수님의 대답은 동어반복적입니다. 내가 줄 떡은 내 살인데, 내 살이야말로 참된 양식이고 내 피야말로 참된 음료이기 때문이다. 이 살을 먹고 이 피를 마시는 자만이 생명을 가질 수 있고, 내가 그 안에 거하고 그도 내 안에 거할 것이다. 이스라엘 사람들이 광야에서 하늘로부터 내려온 만나를 먹어도 죽었지만 이 떡, 즉 내 살을 먹는 자는 영원히 살리라.

불신앙의 태도를 보인 제자들

많은 제자들이 이 말을 듣고 서로 말했습니다. "이 말씀은 어렵도다. 누가 들을 수 있느냐"(60절). 지금까지는 대적자인 유대인들이 예수님의 말씀에 반박했다면, 이제는 예수님을 따르던 제자들마저 예수님의 가르침에 불신을 나타냈습니다. 한마디로 표현해서 "어렵다!"는 것입니다. 예수님의 근본적인 가르침은 이해하기가 쉽지만, 사실 이해하기 쉽지 않은 부분들도 많습니다. 특히 본문은 성경에서 가장 난해한 말씀 중 하나입니다.

주님의 이 말씀이 이해하기 어렵다면 어떻게 해야 할까요? 그 말 ②
씀을 들은 사람들은 이제까지 모든 것을 버리고 예수님을 따랐던 자들입니다. 그동안 잘 따라왔습니다. 오병이어의 기적도 체험했습니다. 그런데 예수님의 설명을 들어도 그 의미가 잘 이해되지 않습니다. 정상적인 제자라면 어떻게 해야 할까요? 학생이 공부를 하다 어려운 문제를 만나면 어떻게 해야 할까요? 네, 이해될 때까지 선생님께 배우는 수밖에 없습니다.

그런데 제자들은 어떻게 했습니까? "그때부터 그의 제자 중에서 많은 사람이 떠나가고 다시 그와 함께 다니지 아니하더라"(66절). 이들은 왜 예수님께 배우기를 포기했을까요? 정말 예수님의 가르침이 어려워서였을까요? 그것이 유일한 이유였을까요? 아닙니다. 예수님이 그들의 불신을 지적하셨기 때문입니다. 예수님은 "너희 중에 믿지 아니하는 자들이 있다…내 아버지께서 오게 하여 주지 아니하시면 누구든지 내게 올 수 없다"고 말씀하셨습니다. 그들은 누구든지 마음만 먹으면 예수님을 따르고 예수님의 말씀을 이해할 수 있다고 생각했습니다. 그런데 아버지께서 오게 하신 자만이 예수님께 올 수 있다고 하니 그 말씀을 도저히 받아들이지 못한 것입니다.

여기서 우리는 예수님의 핵심적인 가르침을 봅니다. 기독교는 은혜의 종교입니다. 자기의 힘과 지성, 능력에 의지하는 종교가 아닙니다. 전적으로 하나님의 은혜에 의지합니다. 우리의 영혼이 예수님의 살과 피를 먹어야 살 수 있다는 진리를 우리 아버지께서 깨닫게 해 주지 않으시면 아무도 이해할 수 없습니다. 우리에게 필요한 것은 뛰어난 머리가 아니라 믿음입니다. 그들은 "이 말은 이해하기 어렵다"라고 했지만, 이런 표현은 근본적으로 그들의 불신앙을 드러낼 뿐입니다.

마태복음의 마지막 구절에 따르면, 예수님은 제자들에게 "내가 너희에게 분부한 모든 것을 가르쳐 지키게 하라"(마 28:20)고 당부하셨습니다. 분부하신 모든 것에는 예수님의 가르침 중에서 쉬운 말씀뿐 아니라 어려운 말씀도 포함됩니다. 오늘날 많은 신자들이 예수님의 말씀 중에서 쉬운 것만 이해하고 받아들이려 합니다. 어렵거나 힘들면 자신의 부족함을 돌아보고 주님께 의지하며 노력하기보다 "어렵다"고 말하며 거부합니다. 예수님의 말씀을 이해하지 못하는 책임이 내가 아니라 예수님께 있다는 말입니다. 쉽게 이야기하면 알아들을 텐데 어렵게 이야기하니 못 알아듣겠다고 항변합니다. 그러나 앞에서 보았듯이 그들이 예수님을 떠난 것은 불신앙 때문이었고 은혜의 복음을 거절했기 때문입니다.

③ 사실 예수님의 가르침은 단순합니다. "먹어야 산다." "우리의 영혼도 먹어야 한다." "우리 영혼의 양식은 예수님의 살과 피, 즉 참된 양식과 음료다." 예수님은 십자가에서 살이 찢기고 피를 흘리셨습니다. 이것은 그분의 죽음이 대속적임을 보여 줍니다. 그리스도의 희생 죽음이 우리의 양식입니다. 그것을 어떻게 먹을 수 있을까요? 오직 믿음으로 먹을 수 있습니다. 믿음으로 그 양식을 먹을 때, 하늘에 계신 주님이 우리에게 영생을 주십니다. 영생은 단지 영원토록 사는 것이 아니라 하나님과 깊고 친밀하게 교제하는 것입니다. 이 교제는 오늘날 우리가 매일 드리는 예배 속에서 실현됩니다. 교회가 성찬식에 힘써야 하는 이유가 여기에 있습니다.

예수님은 누구십니까? 하늘에서 내려온 생명의 떡입니다. 우리의 육신은 땅의 떡을 먹지만 영혼은 하늘의 떡을 먹어야 합니다. 이 떡을 믿음으로 먹을 때 우리는 생명을 누릴 수 있습니다. 우리 모두가 그리스도로 말미암은 풍성한 생명을 누리기를 축원합니다.

#유대인들: "자기가 하늘에서 내려온 떡이라 하시므로 유대인들이 예수에 대하여 수군거려"(41절). 요한복음에서 유대인들은 철저하게 연합된 무리로 묘사되고 있다(얀 판 더 바트, 황원하 역, 『요한문헌[요한복음, 요한서신] 개론』[CLC, 2007], 223). 이들은 일반적인 유대 사람들(18:33), 예루살렘에 있는 적대적인 유대 사람들(11:54), 예루살렘에 있는 적대적인 유대인 지도자들을 가리킨다.

1. 오병이어 기적을 베푸신 후 예수님은 자신을 왕으로 삼으려는 무리를 피해 호수 건너편으로 가셨습니다. 그곳까지 찾아온 사람들을 예수님이 책망하신 이유는 무엇입니까?(105쪽)
2. 예수님이 하늘의 양식에 대해 설명하며 자신을 "생명의 떡"이라고 밝히셨을 때, 많은 제자들이 떠난 진짜 이유는 무엇입니까?(111-112쪽)
3. 영혼의 양식인 생명의 떡을 먹으려면 어떻게 해야 합니까?(113쪽)

9

생수의 강
"내게로 와서 마시라"

요한복음 7:37-44

본문에서 예수님은 말씀으로 초청하십니다. 누구를 초청하십니까? 목마른 사람입니다. 본문은 특별히 목마른 사람들을 향한 복음입니다. 누가 목마른 사람일까요? 나는 과연 목마른 사람인가요? 다들 갈증을 느껴 본 경험이 있을 텐데, 특히 남자들은 군대에서 행군하면서 겪은 목마름을 잊지 못할 것입니다. 목마름이란 무언가를 간절히 원하고 찾는 상태를 말합니다. 왜 간절하게 원하고 찾을까요? 그것이 없으면 죽기 때문입니다. 물은 생명입니다. 특히 본문의 지리적 배경이 되는 이스라엘은 국토의 상당 부분이 사막이나 광야입니다. 그곳에서 물은 무엇보다 절실한 생존의 문제입니다.

요한복음에서 생명은 두 가지 상징으로 묘사되고 있습니다. 하나는 떡이고, 다른 하나는 물입니다. 떡은 우리를 굶주림에서, 물은 목마름에서 해방시킵니다. 4장에서 예수님은 우물가의 여자에게 영생의 물에 대해, 6장에서는 오병이어의 기적을 통해 사람들에게 생명의 떡에 대해 가르치셨습니다. 그렇게 예수님은 자신이 인간에게 생명을 주는 존재임을 계시하셨습니다. 요한복음 1장은 예수님이 창조주이자 생명을 소유하신 분임을 잘 예시하고 있습니다.

지금 예수님은 영원한 생명을 소개하며 우리를 생명으로 초대하고 있습니다. 누가 이 초청에 응답할 수 있을까요? 목마른 자, 곧 영생을 바라는 자입니다. 우리는 목마른 자인가요? 영생을 바라는 자인가요? 목이 마르면 본능적으로 물을 찾게 되지만 영생의 물이 없는 자는 그렇지 않습니다. 그런 게 있는 줄 모르고 무엇인지도 모릅니다. 영생의 물을 얻기 위해서는 우리가 누구인지, 그 물이 무엇인지, 그것을 어떻게 얻을 수 있는지 알아야 합니다. 본문을 통해 영생의 복음을 들으시기 바랍니다.

초막절

본문의 말씀은 그 배경을 알아야 제대로 이해할 수 있습니다. 예수님이 이 말씀을 하신 때는 명절 끝날, 곧 큰 날입니다. 여기서 명절은 초막절이고, 요한복음 7장 전체가 초막절을 배경으로 하고 있습니다. "초막절이 가까운지라"(2절), "명절의 중간이 되어"(14절), "명절 끝날"(37절). 사도 요한은 의도적으로 초막절이 예수 그리스도 안에서 성취되고 있음을 강조합니다.

이스라엘 백성들이 지켜야 할 세 가지 절기는 유월절과 오순절과 ①
초막절입니다.* 유월절은 하나님께서 이스라엘 백성들을 애굽에서 구원하신 것을 기념하는 절기이고, 오순절은 첫 열매를 주신 하나님께 감사하는 절기라면, 초막절은 이스라엘 백성들이 광야에서 살았던 것을 기념하는 절기입니다. 초막절이 되면 일주일 동안 편안한 집을 떠나 초막에서 살면서 그들을 광야에서 가나안 땅으로 인도하신 하나님께 감사를 드렸습니다.

초막절은 다른 두 절기에 비해 훨씬 많은 제물을 하나님께 드린다는 특징이 있습니다. 유월절과 오순절에는 어린 양 일곱 마리와 숫양 한 마리를 바쳤지만, 초막절에는 어린 양 열네 마리와 숫양 두 마리를 바쳤습니다. 꼭 두 배의 제물을 드린 것입니다. 수송아지의 경우에는 훨씬 양이 많아 유월절과 오순절에는 두 마리를 제물로 드린 것에 비해(유월절은 일주일 동안 모두 합해 열네 마리) 초막절에는 총 일흔 마리를 제물로 바쳤습니다. 제물의 양으로 따진다면 초막절이 구약의 절기 중에서 가장 중요했다고 볼 수 있습니다. 다른 절기와

---

* 절기에 대해서는 기동연, 『성전과 제사에서 그리스도를 만나다』(생명의말씀사, 2008) 제6장을 참고하라.

비교가 되지 않습니다. 그래서 이 절기를 “칠월 절기”(왕상 8:2, 대하 5:3 등) 혹은 “여호와의 절기”(레 23:39)라고 불렀습니다.

초막절은 시기적으로 추수 기간에 지켜서 수장절이라고도 불렀는데, 수확물을 창고에 다 들여놓고 나서 하나님께 감사 드리고 새해에 농사가 잘되게 해달라고 기도했습니다. 농사는 하늘에 달린 일이어서 이들은 적절한 때에 비를 내려달라고 기도했습니다. 그런 점

① 에서 초막절은 물과 관련이 깊습니다. 성경에 명시되어 있진 않지만 초막절에 성전에서 행하는 가장 독특한 행사가 제단에 물을 붓는 것입니다. 초막절 밤에 많은 사람들이 횃불을 들고 모여서 찬양하는 가운데 제사장이 실로암 연못에서 길어온 물을 가지고 수문(Water Gate)에 도달하면, 레위인들이 이사야 12장 3절로 노래를 불렀습니다. “그러므로 너희가 기쁨으로 구원의 우물들에서 물을 길으리로다.” 찬양이 끝나면 제사장이 실로암에서 떠 온 물을 제단 위 물병에 부었습니다. 이러한 관습은 예수님 당시에도 있었습니다.

새 시대: 성전에서 물이 나옴

② 초막절의 마지막 날은 안식일로 지켰기 때문에 다른 날과 구별하여 큰날이라고 불렀습니다. 예수님은 바로 이날에 복음을 선포하셨습니다. 예수님은 서서 큰 소리로 외치셨습니다. “누구든지 목마르거

든 내게로 와서 마시라"(37절). 서서 외쳤다는 것은 많은 사람들 앞에 자신을 공개적으로 드러냈음을 의미합니다. 이 장면은 7장의 전반부와 대조됩니다. 명절 전에 예수님의 형제들이 예수님께 갈릴리를 떠나 유대로 가서 자신을 드러내라고 말했을 때, 예수님은 "내 때는 아직 이르지 아니하였"다고 답변하셨습니다. 10절에서 형제들이 예루살렘에 간 후, 예수님도 예루살렘으로 올라갔지만 모습을 드러내지 않고 은밀하게 행하셨습니다. 그러나 이제 때가 되자, 명절 마지막 날에 큰 소리로 많은 사람들에게 선포하면서 자신이 누구인지 분명히 나타내셨습니다.

그 당시 이스라엘 백성들은 초막절에 실로암에서 물을 길으며 하나님께 비를 구했지만, 광야에서 물을 냈던 모세 같은 메시아를 소망하기도 했습니다. 그들은 에스겔 47장의 유명한 환상에 대해서도 잘 알았을 것입니다. 메시아 왕국이 실현되면 성전에서 물이 나와 온 세상에 생명을 공급하게 될 것이라고 확신했습니다. 성전으로 말미암아 온 세상이 에덴동산과 같이 되는 것입니다. 강이 에덴에서 발원했듯이, 반석에서 물이 났듯이 성전에서 물이 흘러나오는 새 시대가 열리는 것입니다.

새 시대에 성전으로부터 물이 나올 것이라는 예언은 에스겔 말고도 다른 선지서에서도 강조하고 있습니다. "그날에 산들이 단 포도주를 떨어뜨릴 것이며 작은 산들이 젖을 흘릴 것이며 유다 모든 시내가 물을 흘릴 것이며 여호와의 성전에서 샘이 흘러 나와서 싯딤 골짜기에 대리라"(욜 3:18). "그날에 생수가 예루살렘에서 솟아나서 절반은 동해로, 절반은 서해로 흐를 것이라. 여름에도 겨울에도 그러하리라"(슥 14:8). 요한계시록 21장과 22장에서도 동일한 내용을 볼 수 있습니다. 요한은 성령에 이끌려 하늘의 거룩한 성 예루살렘을 보았습니다. 그런데 이상하게도 성전이 보이지 않습니다. 그곳에는 더 이상 성전이 존재하지 않습니다. 전능하신 이와 어린 양이 성전이기 때문입니다(21:22). 바로 이 성전에서 생명수의 강이 흘러나와 생명나무를 자라게 하고, 생명나무 열매는 만국을 소성케 합니다(22:1-2).

예수님은 바로 그 새 시대가 열렸다고 큰 소리로 선포하셨습니다. 이스라엘 백성들은 초막절 일주일 동안 매일 열심히 길어 온 물을 성전의 제단 위에 부었지만 성전으로부터 단 한 방울의 물도 마시지 못했습니다. 로마제국의 압제 아래 고통받던 그들은 물을 길으면서 그들을 구원할 메시아를 계속 헛되이 기다렸습니다. 마침내 예수님이 친히 성전이 되어 그들 앞에 나타나셨지만, 그들은 구약에서 약속한, 생수의 우물 되신 예수 그리스도를 알아보지 못했습니다.

성령: 누구든지 마시라

예수님이 큰 소리로 새 시대의 시작을 알리면서 자신을 나타내셨을 때 적지 않은 논쟁이 벌어졌습니다. 어떤 이들은 예수님을 구약이 약속한 그리스도 혹은 선지자라고 생각했습니다. 그런가 하면 예수님의 출신 성분을 들먹이며 반론을 제기하는 사람도 있었습니다. 그들은 성경을 잘 알고 있었으며, 성경에 따르면 그리스도는 다윗의 씨로 오거나 다윗의 동네 베들레헴 출신이어야 한다고 믿었습니다. 그들은 성경을 정확하게 알고 있었는지는 몰라도 예수님에 대해서는 그렇지 못했습니다. 예수님이 다윗의 동네에서 태어났지만 갈릴리에서 자랐기 때문에 그분을 '갈릴리 촌놈'이라고 생각했습니다.

본문에서 눈여겨볼 단어는 "누구든지"입니다. 이 말은 성경에서 '차별없이'라는 의미로 자주 사용됩니다. 예수님의 말씀은 이제 유대인이나 헬라인이나 차별없이 신령한 물을 마시게 되었다는 뜻을 내포하고 있습니다. 이것은 특별히 스가랴 14장과 관련이 있습니다. 스가랴 선지자는 초막절 규례가 유대인을 넘어 모든 민족으로 확대될 것이라고 예언합니다. "땅에 있는 족속들 중에 그 왕 만군의 여호와께 경배하러 예루살렘에 올라오지 아니하는 자들에게는 비를 내리지 아니하실 것인즉…여호와께서 초막절을 지키러 올라오지 아니하는 이방 나라들의 사람을 치시는 재앙을 그에게 내리실 것이라(슥 14:17-18). 스가랴서 마지막 구절은 다음과 같습니다. "그날에는 만군의 여호와의 전에 가나안 사람이 다시 있지 아니하리라"(21절). 스가랴의 예언에 따르면, 여호와의 날이 오면 모든 족속이 여호와의 전에 와서 초막절을 지키고 즐거워하게 될 것입니다.

스가랴의 예언은 이제 초막절에 예수님이 복음을 선포하심으로 성취되고 있습니다. 성전으로 오신 주님이 만민에게 생명의 물을 공급하겠다고 선언하십니다. 이 물은 누구나 차별없이 먹을 수 있으나 조건이 하나 있습니다. 그것은 예수 그리스도에 대한 믿음입니다. 믿음은 어떤 차별도 제거하고 그리스도와 신자를 하나로 이어 성령을 제공합니다. 차별없는 구원이야말로 복음이며, 이것은 믿음으로 성령을 받을 때 가능해집니다.

믿는 자에게는 "그의 배"에서 생수의 강이 흘러나올 것입니다. 여기서 '그'는 헬라어 문법상 예수님을 가리킬 수도, 신자를 가리킬 수도 있습니다. '그'를 예수님으로 보면 성전이신 예수님이 자기 백성에게 성령의 물을 선사하시는 것입니다.* 예수님이 십자가에서 창에 옆구리를 찔렸을 때 실제로 피와 물이 나왔는데, 이는 그분의 몸이 생명의 물을 주는 몸임을 영적으로 보여 줍니다. 한편 '그'를 신자로 본다면 다음과 같이 해석할 수 있습니다. 즉 신자가 예수 그리스도를 믿음으로 예수님과 하나가 되어 그분의 몸인 성전이 되고, 그 결과 그리스도로 말미암아 성령을 소유한 자가 되며, 나아가 성령의

---

* Joel Marcus, "Rivers of Living Waters from Jesus' Belly," *Journal of Biblical Literature* 117 (1998): 328-330.

강물을 온 세상에 흘러넘치게 하는 존재가 된다는 것입니다.

말했다시피 본문의 배경은 초막절입니다. 초막절은 유월절, 오순절과 더불어 이스라엘의 3대 절기입니다. 유월절은 예수 그리스도의 죽음과 부활로, 오순절은 성령이 그날에 강림하심으로 완전히 성취되었습니다. 초막절은 신약에서 이곳 말고는 전혀 언급되지 않습니다. 초막절은 오순절의 완성을 의미합니다. 오순절이 추수의 시작이라면, 초막절은 추수의 마감입니다. 그렇다면 초막절은 세상 마지막 날에 우리가 누리게 될 영원한 잔치를 의미합니다. 그러나 우리는 유월절과 오순절을 이미 주의 날, 여호와의 날에 예배 가운데서 누리고 있듯이 초막절의 완성도 현재 누리고 있다고 보아야 합니다. 우리가 믿음으로 성령을 소유하고 있기 때문입니다.

앞에서 살펴보았듯이 초막절에서 물은 아주 중요한 요소입니다. 성 ②
경에서 물은 크게 두 가지 의미로 사용되는데, 하나는 정결케 하는 것이고 다른 하나는 해갈하는 것입니다. 이 두 가지는 긴밀하게 연결되어 있습니다. 인간은 죄로 인해 사망의 형벌을 받게 되었습니다. 따라서 구원을 받으려면 먼저 죄로부터 정결해야 하고, 또한 생명을 소유해야 합니다. 이 일을 성령이 하십니다. 성령을 받지 않고서 우리는 영생을 누릴 수 없습니다. 결국 성령의 물을 마시는 자가 구원을 누릴 수 있습니다. 이것을 고린도전서 12장 13절보다 더 확실하게 표현한 구절도 없을 것입니다. "우리가 유대인이나 헬라인이나 종이나 자유인이나 다 한 성령으로 세례를 받아 한 몸이 되었고 또 다 한 성령을 마시게 하셨느니라." 여기서 중요한 것은 한 몸과 한 성령입니다. 성령을 마시는 것은 누구나 믿음으로 마실 수 있지만 혼자 개인적으로 마시는 것이 아닙니다. 세례를 통해 믿음으로 그리스도와 한 몸, 즉 교회가 된 신자만이 한 성령을 마실 수 있습니다. 또한 성령을 마신 자는 그것을 자기만 소유할 게 아니라 온 세상으로 흘려보내야 합니다.

여기서 우리는 누가 목마른 자인지 묻게 됩니다. 유명한 시편 42편 1절입니다. "사슴이 시냇물을 찾기에 갈급함같이 내 영혼이 주를 찾기에 갈급하니이다." 주님을 찾는 이유가 무엇입니까? 사람들이 종일 내게 "네 하나님이 어디 있느뇨"라고 조롱하기 때문입니다. 세상 사람들은 모두가 하나님이 없다 말하고, 신자들도 하나님이 없는 것처럼 살아갑니다. 진실함으로 살아가는 의인들이 죄인들 가운데서 죄와 싸우면서 힘겹게 살아갑니다. 이럴 때 그들의 영혼은 갈급해집니다. 목이 마르고 하나님을 간절하게 찾게 됩니다. 그렇게 갈급한 자들에게 필요한 것이 성령입니다. 성령은 주님을 믿고 간절히 찾는 자들이라면 누구나 선물로 받습니다. 생명을 주시는 성령의 교통하심이 이 말씀을 듣는 모두에게 함께하기를 축원합니다.

#성경에 이름과 같이(38절): 여기서 예수님은 구약을 직접 인용하지는 않으셨지만, 아마 축복의 생수에 관한 구약의 언급을 염두에 두신 것으로 보인다(출 17:6, 사 12:3, 44:3, 58:11, 겔 47:1-12, 욜 3:18).

#이스라엘의 3대 절기

명칭	구약의 의미	신약의 의미
유월절 (무교절)	이스라엘이 애굽에서 해방된 사건을 기념함. 익은 첫 보릿단을 하나님 앞에 겸손히 감사하며 흔들 수 있는 때	예수 그리스도의 죽음과 부활로 성취
오순절 (맥추절, 초실절)	하나님이 시내 산에서 율법을 주신 것을 기념함. 밀 수확을 마친 것을 감사하며 지키는 절기. 추수의 시작	성령의 강림으로 성취
초막절 (장막절, 수장절)	광야 생활 때 이스라엘의 필요를 채워 주신 하나님의 자비를 기념함. 추수의 마감	오순절의 완성

1. 초막절은 유대인에게 어떤 절기이며, 이 기간에 어떤 일을 행했습니까? 성경에 명시되어 있지는 않으나 물과 관련해 초막절에 성전에서 행한 독특한 행사는 무엇입니까?(117, 118쪽)
2. 초막절에 예루살렘에 올라가신 예수님은 무슨 말씀으로 자신을 드러내며 사람들을 초대하십니까?(118-119쪽)
3. 성령의 물은 어떤 사람이 마실 수 있습니까? 성령은 우리 안에서 무슨 일을 하십니까?(123-124쪽)

10

죄인이 생명을 얻는 길
"나도 너를 정죄하지 아니하노니"

요한복음 8:1-11

간음한 여자 사건은 오늘날 비기독교인도 잘 알 정도로 유명합니다. 내용이나 의미는 상세하게 알지 못해도 말입니다. "죄 없는 자가 먼저 돌로 치라"는 예수님의 말씀은 속담처럼 인용되는 문구이기도 합니다. 그런데 이 말씀이 의도와 전혀 다르게 적용되는 경우가 많습니다. 대부분 이 문구는 비판하는 자의 입을 틀어막는 데 사용됩니다. "너만 잘 났냐? 털어서 먼지 안 나는 사람 없으니 너도 가만히 있어라"는 말과 비슷하게 쓰입니다. 나중에 살펴보겠지만 "죄 없는 자가 먼저 돌로 치라"는 오직 예수님만 하실 수 있는 말씀입니다. 전후 사정을 모르고 예수님의 말씀을 함부로 인용하면 자신을 예수님처럼 높이는 죄를 지을 수 있음을 명심해야 합니다.

또한 우리는 이 여자가 간음했다는 사실을 가볍게 넘겨서는 안 됩니다. 초대 교회가 이 본문을 성경에 넣기를 주저한 이유 중 하나가, 이 사건이 성도들로 하여금 간음을 너무 가볍게 생각하게 만들 위험이 있었기 때문은 아닐까요? 실제로 우리나라에서도 간통죄가 폐지되고 나서 사람들이 간음을 예전만큼 큰 죄로 생각하지 않는 것 같습니다. 그러나 간음은 하나님께서 세우신 거룩한 가정을 파괴하는 무서운 죄악입니다. 본문의 여자가 내 아내라면, 또는 내 남편의 마음을 훔친 여자라면 어떤 생각이 들까요?

우리는 간음한 여자가 예수님께 용서받았음을 이미 알고 있기 때문에 이 여자에 대해 막연히 불쌍히 여기는 마음을 갖고 있을 것입니다. 그렇다면 이 본문에서 진정한 은혜를 발견할 수 없을지 모릅니다. 본문의 핵심 메시지는 "죽어 마땅한 죄인이 용서받았다"는 것입니다. 이런 일이 도대체 어떻게 가능할까요?

본문의 배경

1절과 2절은 이 사건이 벌어진 배경을 설명하고 있습니다. 어떤 명절 기간 동안 예수님이 예루살렘에 계실 때, 밤에는 감람산에서 시간을 보내셨고 낮에는 성전에서 활동하셨습니다. 감람산은 예루살렘 동쪽에 위치하고 시온 산보다 높기 때문에 이곳에서 예루살렘 성과 성전 전체를 내려다볼 수 있습니다. 본문에는 예수님이 감람산에서 무엇을 하셨는지 구체적으로 나타나 있지 않지만 평소 습관으로 미루어 보아 기도하셨음이 분명합니다(눅 22:39).

아침이 되자 예수님은 감람산에서 아주 깊은 기드론 계곡을 지나 성전으로 들어가셨습니다. "다시"라는 말은 예수님이 반복적으로 낮에는 성전에서 가르치고 밤에는 감람산에서 기숙하셨음을 의미합니다. 여기서 성전이란 성전 자체가 아니라 이방인의 뜰 옆에 있는 행각을 의미합니다. 이곳에서 보통 랍비들이 자기 제자들에게 가르치고 서로 논쟁했습니다. 어린 예수님도 성전에서 랍비들과 더불어 묻기도 하고 답하기도 하셨습니다(눅 2:46).

아침부터 "백성이 다" 예수님께 나아와 가르침을 들었습니다. 여기서 말하는 백성들이란 이스라엘 사람 전체를 말하지는 않습니다. 아마 '모든 제자들'을 의미하는 것 같은데, 중요한 것은 예수님의 가르침을 들은 사람을 요한이 '모든 백성'으로 이해했다는 것입니다. 예수님은 아침부터 열심히 '나아온' 그들을 가르치셨습니다. 흥미롭게도 예수님은 앉아서 가르치셨습니다. 앉아서 가르칠 수 있는 대상은 그리 많지 않았을 것입니다.

무엇을 가르치셨을까요? 정확하게 알 수 없지만 분명히 성경, 보다 정확하게 말하면 율법을 가르치셨을 것입니다. 분명한 것은 예수님의 가르침이 그 당시 바리새인이나 서기관의 가르침과 달랐다는 것입니다. 바로 앞장인 7장 46절을 보십시오. 대제사장들과 바리새인들이 하속을 보내어 예수님을 잡아오라고 했습니다. 그러나 그들은 잡아오기는커녕 다음과 같이 보고했습니다. "그 사람이 말하는 것처럼 말한 사람은 이때까지 없었나이다." 예수님의 가르침은 그분을 체포하려고 온 사람들에게도 큰 인상을 줄 정도로 영향력이 있었습니다. 나아와 가르침을 들은 사람은 말할 필요도 없을 것입니다.

예수님께 도전함

① 예수님이 제자들을 열심히 가르치고 있을 때, 서기관과 바리새인들이 한 여자를 끌고 예수님께 왔습니다. 그들은 예수님의 수업을 방해했습니다. 자신들에게 배워야 할 백성들이 예수님께 나아가 배우는 것이 몹시 못마땅했기 때문입니다. 그들은 어떻게든 예수님을 고소할 건수를 찾으려 했습니다. 그들은 예수님이 어떤 경우에도 빠져나갈 수 없는 덫을 찾았습니다. 그 덫은 현장에서 간음하다가 잡힌 여자였습니다.

간음은 서로 합의 하에 몰래 일어나기 때문에 범인을 잡기가 쉽지 않습니다. 간음죄로 고소하기 위해서는 증인이 꼭 필요한데 증인을 확보하기도 매우 어렵습니다. 그런데 이 여자가 간음을 하다가 걸린 것입니다. 남자를 데려오지 않은 것은 아마 남자를 체포하는 데

실패했기 때문일 테지요. 어쩌면 그 당시 남자에게는 관대한 문화가 형성되어 있었을 수도 있습니다. 분명한 것은 이 여자는 간음을 했고, 간음은 매우 악한 죄라는 것입니다. 그녀의 간음 행위는 지속적이었음이 분명합니다. 처음 한 번만 간음했는데 잡혀 왔다고 보는 것은 부자연스럽습니다.

서기관과 바리새인들은 여자를 가운데 세우고 예수님께 질문합니다. "모세는 율법에 이러한 여자를 돌로 치라 명하였거니와 선생은 어떻게 말하겠나이까"(5절). 어찌 보면 간단한 것 같지만 상당히 곤란한 질문입니다. 율법대로 하라고 하면 로마의 법을 어기게 됩니다. 로마는 유대인들에게 사형할 수 있는 권한을 주지 않았을 뿐 아니라, 로마법에 따르면 간음에 해당하는 벌은 사형이 아니기 때문입니다. 그렇다고 살려 주라고 하면 모세의 율법을 어기게 됩니다.

이와 같은 질문에 예수님은 아무 대답 없이 몸을 굽혀 땅바닥에 무언가를 쓰기 시작하셨습니다. 과연 무엇을 쓰셨을까요? 주석가들은 여러 안을 제시하지만 모두 추측에 불과합니다. 분명한 것은 그 내용이 바리새인의 질문과 아무 관계가 없고, 예수님이 그들에게 답변하기를 의도적으로 거부하셨다는 것입니다. "왜 내게 그런 질문을 하는가? 너희들이 율법에 따라 판단하라"는 것입니다. 예수님이 답변을 거부하고 계속 땅에 무언가를 쓰기만 하시니 바리새인들은 계속 물었습니다. 예수님께 가르침을 받던 사람들도 예수님께 대답하라고 다그쳤을 것입니다.

예수님의 답변: 재판장이신 예수님

예수님이 마침내 입을 여셨습니다. "너희 중에 죄 없는 자가 먼저 돌로 치라"(7절). 정말로 의외이고 놀라운 답이었습니다. 예수님은 그들의 모략에 빠지지 않으셨습니다. 그들은 예수님에게 '예스' 아니면 '노'라는 답을 강요했습니다. 하지만 예수님은 그들의 질문 자체를 거부하셨습니다. 예수님은 그들에게 답해야 하는 피고나 여자를 변호하는 변호인이 아니라 모든 사람을 의로 심판하는 재판장이시기 때문입니다.

대답을 강요하는 그들에게 재판장이신 예수님은 오히려 그들이 죄인임을 고발하셨습니다. 그곳에 있던 자들은 모두 간음한 여자를 정죄했습니다. 그것은 매우 타당한 정죄였습니다. 무엇보다 간음한 현장에서 잡혔기 때문에 증거가 확실했습니다. 여자의 무죄를 증거할 수 있는 방법은 전혀 없었습니다. 그런데 예수님은 그와는 정반대로 여자를 고소하는 자들이 죄인임을 확실하게 입증하셨습니다. 그들이 모두 죄인이라는 것을 어떻게 증명할 수 있을까요?

"너희 중에 죄 없는 자가 먼저 돌로 치라"는 말씀이야말로 그들이 죄인임을 확실히 드러내는 증거였습니다. 그들 중 한 사람이 그 여자를 돌로 치면 어떻게 될까요? 세상에 죄 없는 사람은 존재하지 않습니다. 이것은 당시 유대인이면 누구나 알고 있는 사실입니다. 따라서 누군가가 먼저 돌을 던진다면 사람들이 그를 어떻게 볼까요? 과연 '저 친구는 죄가 없구나'라고 생각할까요? 죄 없는 분은 오직 하나님뿐이십니다. 누군가가 돌을 던지면 그는 하나님을 모독하는 죄를 짓는 것입니다. 한편 돌을 던지지 않으면 자신이 죄인임을 인정하는 것입니다. 돌을 던져도 문제이고 안 던져도 문제입니다. OX 문제로 예수님을 확실하게 잡으려 했던 바리새인들이 오히려 궁지에 몰렸습니다. 그들은 결국 신성모독의 죄를 짓기보다 자신이 죄인임을 스스로 증명하는 길을 선택할 수밖에 없었습니다.

예수님의 질문으로 궁지에 몰린 사람들은 어른부터 시작해 한 명도 남지 않고 다 떠났습니다. 이 역시 그들이 얼마나 사악한지를 확실하게 보여 줍니다. 그들이 정말 죄인이라면 어떻게 했어야 할까요? 당연히 남아서 예수님께 죄사함을 구했어야 합니다. 하지만 그들은 예수님을 주라고 고백한 다음 죄사함을 받지 않고, 오히려 예수님을 거부하고 스스로 죄에 빠졌습니다. 예수님을 주라고 고백하기가 죽기보다 싫었던 것입니다.

여자를 고소하던 자들이 다 떠나고 이제 예수님과 여자만 남았습니다. 여자의 입장은 어땠을까요? 그녀는 붙잡혀 왔을 때 절망적이었을 것입니다. 자신을 변호할 수 있는 길이 전혀 없었습니다. 이

제 다 떠나고 마지막 한 사람 예수님만 남았습니다. 예수님의 최종 판결만 남았습니다. 예수님의 답변에 따르면, 예수님은 이 여자에게 돌을 던져야 합니다. 그녀에게 돌을 던질 수 있는 유일한 분이십니다. 죄가 없으시니까요. 예수님은 돌을 던져 자신이 죄 없는 하나님의 아들임을 확실하게 증명할 수 있었습니다.

그러나 놀랍게도 예수님은 그런 식으로 자신이 하나님의 아들임을 증명하지 않으십니다. "나도 너를 정죄하지 않는다"라고 여자에게 최종 판결을 내리십니다. 이 판결을 어떻게 생각하십니까? 이것은 은혜로운 판결일까요? 죄인이라는 명백한 증거가 있는데도 무죄를 선언하는 것이 과연 정의로운 판결일까요? 예수님이 하신 일이니 무조건 옳다고 봐야 할까요? 그렇다면 예수님은 왜 다른 사람들은 이와 같은 식으로 용서하지 않으셨을까요?

② 예수님이 이 여자를 용서하신 근거는 그녀가 하나님의 선택된 자녀이고, 예수님이 앞으로 십자가에서 이 여자의 죄를 위해 죽으실 분이라는 데 있습니다. 예수님은 앞으로 있을 십자가 구속의 은혜를 미리 적용해 이 여자에게 무죄를 선언하셨습니다. 여자에게 돌을 던져 하나님의 정의를 나타내실 수 있었지만, 대신에 여자에게 무죄를 선언하여 하나님의 자비를 나타내셨습니다. 이런 선택은 오로지 예수님의 주권적인 뜻입니다. 주님은 이 여자를 용서하기로 결정하셨기 때문에, 십자가에서 여자를 위해 그리고 우리를 위해 한없는

죽음의 고통을 기꺼이 감당하셨습니다.

매우 당연한 말이지만, 본문은 예수님이 어떤 분이신지를 증거하기 위해 기록되었습니다. 다른 사람을 비판하면 안 된다는 도덕적 교훈이나, 아무리 악한 자도 용서해야 한다는 박애주의를 가르치기 위해 쓰이지 않았습니다. 우리는 본문 말씀을 잘못 이해하여 "죄 없는 자가 먼저 돌로 치라"는 말을 아무 때나 함부로 사용해서는 안 됩니다. 이것은 오직 예수님만이 하실 수 있는 말씀입니다. 우리가 쉽게 용서를 말해서는 안 됩니다. 용서는 제3자가 강요할 수 있는 것이 아닙니다. 오직 예수님만이 용서를 명하실 수 있습니다.

본문은 특별히 요한복음 1장 17절 말씀을 잘 증명하고 있습니다. "율법은 모세로 말미암아 주어진 것이요 은혜와 진리는 예수 그리스도로 말미암아 온 것이라." 그렇습니다. 율법은 선하고 옳은 것이지만 그렇다고 생명을 주지는 않습니다. 특별히 죄인에게는 심판의 근거가 될 뿐입니다. 생명은 오직 은혜와 진리이신 예수 그리스도에게서 옵니다. 그렇기 때문에 생명을 주기 위해 기록된 요한복음이 그리스도에 대해 증거하고 있는 것입니다.

본문에서 우리는 누가 봐도 죽어 마땅한 죄를 지은 한 여자가 생명을 얻은 놀라운 사건을 읽었습니다. 이 여자는 어떻게 생명을 얻었습니까? 회개를 했나요? 예수님을 믿었나요? 아닙니다. 이 여자가 한 일은 아무것도 없습니다. 있다면 딱 하나, 그 자리에 남아 있었다는 것입니다. 사람들이 다 집으로 돌아갔을 때 이 여자는 도망갈 수 있었을 것입니다. 하지만 도망가지 않았습니다. 오히려 예수님 옆에 끝까지 남아 그분의 판결을 기다렸습니다. 예수님께 전적으로 의지한 것입니다. 그런 여자에게 예수님은 놀라운 자비를 베풀어 그녀를 율법의 저주와 죽음에서 해방시켜 주셨습니다. 그 결과 여자는 생명을 얻었습니다.

저를 포함해 우리 모두 이 여자와 같이 율법 아래에서 마땅히 죽 ③
어야 하는 죄인입니다. 죄인이 생명을 얻을 수 있는 유일한 길은 예수님을 하나님의 아들로 받아들이는 것입니다. 예수님을 믿는 자들에게 하나님은 그리스도로 말미암은 구속의 은혜를 적용해 그들을 율법에서 해방시키십니다. 이것이 죄인이 살아날 수 있는 유일한 길입니다. 우리는 예수님을 믿음으로 은혜를 입어 구원받았습니다. 이제 우리에게 남은 과제는 딱 하나입니다. “다시는 죄를 범하지 말라”(11절). 우리의 믿음을 확신하고 이 세상에서 죄와 싸워 승리하는 성도가 되기를 삼위 하나님의 이름으로 축원합니다.

#아침에 다시 성전으로 들어오시니 백성이 다 나아오는지라 앉으사 그들을 가르치시더니(2절): 밤새 감람산에서 기도하신 예수님은 이른 아침 성전에 들어가 백성들을 가르치셨다. 가르치는 것은 예수님의 주된 사명 중 하나였다. 여기서 성전은 이방인의 뜰 옆에 있는 행각을 의미한다.

#예수님 당시의 성전(헤롯 성전)

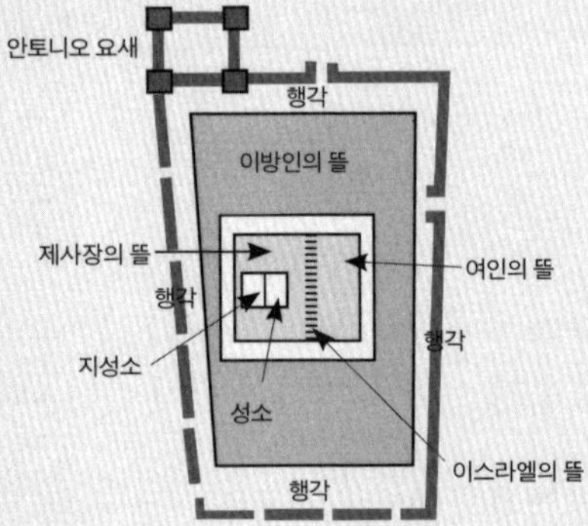

1. 서기관과 바리새인들이 간음하다가 붙잡힌 여자를 예수님 앞으로 데려온 이유는 무엇입니까?(129쪽)
2. 예수님이 이 여자를 용서하신 근거는 무엇입니까? 이 사건을 통해 알 수 있는 예수님은 어떤 분이십니까?(133-134쪽)
3. 예수님을 믿음으로 은혜를 입어 구원받은 우리에게 주어진 과제는 무엇입니까?(135쪽)

11

인자가 오신 이유
"보지 못하는 자들은 보게 하고"

요한복음 9:35-41

요한복음 1장에서 사도 요한은 예수님을 빛으로 소개하고 있습니다. 참된 신자라면 예수님을 빛으로 고백해야 합니다. 실제로 이 세상 모든 교회도 니케아 신경을 통해 예수님을 "빛에서 나신 빛"이라고 고백하고 있습니다. 본문 바로 앞 8장에서도 예수님은 이미 스스로를 "세상의 빛"이라고 소개했습니다. 예수님은 빛이신 성부에게서 나신 참 빛이고, 어두운 세상을 비추기 위해 이 세상에 오셨습니다.

요한복음 9장은 예수님이 빛이라는 사실을 가장 잘 보여 주고 있습니다. 눈먼 자로 태어나 전혀 빛을 보지 못하고 살아온 불쌍한 사람에게 예수님은 빛을 보게 하셨습니다. 앞 못 보는 그는 스스로 할 수 있는 게 하나도 없었습니다. 그가 살기 위해 할 수 있는 일은 구걸

뿐이었습니다(8절). 그런 그가 예수님을 만나 삶이 완전히 바뀌었습니다.

빛이신 예수님은 어둠을 밝히시는 동시에 심판하시는 분입니다. 예수님은 자신을 빛으로 받아들이지 않는 이들을 어둠 속에 그대로 둠으로써 심판하십니다. 이것이 요한복음 9장에서 더 중요한 주제입니다. 실제로 예수님이 눈먼 자의 눈을 뜨게 한 일보다 이 일을 부인하고 반박하는 내용이 훨씬 더 많습니다. 사건의 결말 또한 예수님이 바리새인들을 심판하는 것으로 마치고 있습니다.

예수님은 본문에서 자신이 세상에 온 이유를 분명하게 선언하십니다. "내가 심판하러 이 세상에 왔으니 보지 못하는 자들은 보게 하고 보는 자들은 맹인이 되게 하려 함이라"(39절). 예수님은 이스라엘의 모든 눈먼 자를 다 고쳐 주지는 않으셨습니다. 예수님을 잘 믿으면 보지 못하던 자가 눈을 뜨고, 듣지 못하던 자의 귀가 열린다는 것도 본문의 교훈이 아닙니다. 다른 모든 기적들이 그러하듯 본문에 나오는 실로암 기적도 예수님이 어떤 분이신지를 증거하기 위해 기록되었습니다. 실로암 사건에서 빛 되신 예수님은 택한 자에게 빛을 보게 하셨을 뿐 아니라 유기된 자들은 그대로 어둠 가운데 있게 하셨습니다. 이 두 사건을 동시에 잘 이해해야 빛으로 오신 예수님을 진실로 우리 구주로 영접할 수 있습니다.

9장은 여전히 초막절이 배경이 되고 있습니다. '초막절'이라는 용어가 나오지 않아 잘 인식하지 못할 수 있으나, 실제로 실로암은 초막절과 긴밀한 관계가 있습니다. 초막절에 실로암에서 물을 길어 성전 마당의 항아리를 채우는 예식을 행했기 때문입니다. 예수님은 바로 그 실로암의 물을 사용하여 눈먼 자의 눈을 뜨게 하셨습니다. 물과 빛은 초막절에서 매우 중요한 요소입니다. 7장에서 예수님이 생명의 물을 주시는 분으로 소개되고 있다면, 9장에서는 생명의 빛을 주시는 분으로 소개되고 있습니다.

예수님이 제자들과 함께 길을 가다가 눈먼 자를 보셨습니다(1절). 그는 날 때부터 앞을 보지 못했습니다. 나이 들어 사고로 시력을 잃은 게 아니었습니다. 자기 잘못이나 다른 누군가의 잘못으로 시력을 잃은 것도 아니었습니다. 길을 가다가 시각장애인을 보면 보통 어떤 생각이 듭니까? 처음에는 불쌍하다는 생각이 들고, 나는 장애 없이 태어나 감사하다는 생각도 들 것입니다. 더 깊이 들어가 왜 저 사람은 시각장애인으로 태어났을까, 왜 하나님은 저 사람을 그렇게 태어나게 하셨을까 하는 생각이 들지도 모르겠습니다.

이런 질문 자체가 잘못된 것은 아니지만, 매우 위험한 사상이나 신학으로 빠질 수 있으므로 주의해야 합니다. 이런 신학은 "무슨 일에든 이유가 있다"는 사고에서 출발합니다. 사실 이 말에 상당수가 동의할 것입니다. 예수님의 제자들도 그렇게 생각했습니다. 제자들은 눈먼 자가 죄 때문에 그렇게 태어났다고 생각했습니다. 다만 그 죄가 누구의 죄인지는 몰랐습니다. 그가 눈먼 자로 태어난 것은 자기 죄 때문일까요, 아니면 부모의 죄 때문일까요?(2절) 바리새인들도 누구의 죄인지는 몰라도 그가 죄 때문에 눈먼 자로 태어났다고 확신했습니다. 눈먼 자 자신조차 그렇게 생각했습니다.

① 그러나 예수님은 이와 같은 인과응보의 신학을 전면 거부하십니다. 그 사람이나 그의 부모가 죄를 범해 그가 앞을 못 보는 것이 아니라고 선언하십니다. 그 눈먼 자가 죄인이 아님을 선언하신 것입니다. 예수님은 최고 재판장으로서 눈먼 자의 무죄를 선언하셨습니다. 이것은 눈먼 자가 당연히 죄 가운데서 태어났다는 사회 통념을 완전히 무너뜨리는 판정이었습니다. 예수님은 그가 눈먼 자가 된 이유는 "하나님이 하시는 일을 나타내고자 하심이라"(3절)며 그의 눈을 고쳐 주셨습니다.

바리새인들의 공격

예수님은 땅에 침을 뱉고 진흙을 이겨서 눈에 바르고 실로암에 가서 씻으라고 명했고, 눈먼 자는 그 말씀에 순종했습니다. 실로암이란 '보냄을 받다'는 뜻입니다. '보냄'은 요한복음에서 대단히 중요한 단어입니다. 요한복음에 따르면, 예수님은 하나님께 보내심을 받은 자이고 보내신 자의 뜻을 행하셨습니다. 예수님이 눈먼 자를 그 자리에서 고치지 않고 실로암으로 보내셨고, 눈먼 자가 순종한 결과 눈이 밝아졌습니다.

정말 대단하지 않습니까? 그것을 본 많은 사람들이 놀랐을 것입니다. 그런데 흥미롭게도 성경의 기자는 눈먼 자가 앞을 보게 된 상황에는 별로 관심이 없습니다. 그는 눈먼 자가 얼마나 기뻐했는지에 대해서는 단 한 줄도 기록하지 않았습니다. 눈먼 자가 기뻐하는 것이 별로 느껴지지 않습니다. 적어도 바리새인들이 기뻐하지 않은 것은 확실합니다. 눈먼 자는 눈을 떴을 때 정말로 기뻤을 것입니다. 하지만 이것이 본문의 주제가 아니기에 사도 요한은 이 부분에 대해서는 단 한 줄도 기록하고 있지 않습니다.

중요한 것은 그 다음입니다. 나면서부터 눈먼 자였던 사람, 즉 죄인이 눈뜬 것을 어떻게 해석해야 할까요? 죄인이 스스로 눈을 뜬다는 것은 아예 불가능한 일입니다. 그래서 어떤 이는 그 사람이 구걸하던 눈먼 자가 아니라고 말했습니다. 이에 눈먼 자는 내가 바로 그 사람이라고 당당하게 밝혔습니다. 그의 증언은 불필요한 논쟁을 종결시켰습니다. 그러나 그가 자기 신분을 밝히면서 문제는 더 꼬였습니다. 사람들은 그 다음 질문을 하기 시작했습니다.

"네가 눈을 어떻게 뜨게 되었느냐?"

"예수라 하는 사람이 내 눈을 뜨게 했습니다."

"그가 어디 있느냐?"

"나도 모릅니다."

사람들은 눈멀었던 자를 바리새인들에게 데려갔습니다. 눈멀었던 자는 바리새인들 앞에서 심문을 받게 되었습니다. 심문의 핵심은 눈을 어떻게 뜨게 되었는가가 아니라 눈을 뜨게 한 사람을 어떻게 볼 것인가였습니다. 어떤 바리새인은 그 사람이 하나님으로부터 오지 않았다고 주장했습니다. 그 근거로 눈먼 자의 눈을 뜨게 한 날이 안식일임을 들었습니다. 그러자 다른 바리새인이 그 사람이 죄인이라면 어떻게 이런 표적을 행할 수 있겠느냐며 반문했습니다. 자기들끼리 해답을 찾지 못하자 최종적으로 그들은 눈멀었던 자에게 물었습니다.

"너는 그를 어떤 사람으로 보느냐?"

"그는 선지자입니다."

나중에 알겠지만 바리새인들은 그의 고백을 우습게 여겼습니다. 그들은 오히려 예수님이 죄인이라고 더 확신하게 되었습니다.

눈멀었던 자의 진술을 믿을 수 없었던 바리새인들은 그의 부모를 소환했습니다. 그의 부모는 매우 조심스럽게 말해야 하는 상황에 처했습니다. 이미 이 사건 전에 유대인들은 누구든지 예수님을 그리스도라고 시인하면 출교하기로 결정했기 때문입니다. 잘못 말했다가는 큰일을 당할 수 있었습니다. 부모는 눈멀었던 자가 자기 아들이 확실하다는 것, 아들이 전에는 못 보다가 지금은 보게 되었다는 것을 분명하게 증언했습니다. 하지만 어떻게 눈뜨게 되었는지는 모른다고 답했습니다. 바리새인들의 기대와 달리 눈먼 자가 눈뜨게 된 것은 이제 확실한 사실로 드러났습니다.

바리새인들은 눈멀었던 자를 다시 불렀습니다. 그들은 예수님이 누구인지는 몰라도 예수님과 더불어 그가 죄인인 것이 틀림없다고 생각했습니다. 그들은 평생 앞 못 보는 사람이 겪은 고통에는 전혀 관심이 없었습니다. 그들이 눈멀었던 자에게 한 말은 고작 이런 식이었습니다. "너는 하나님께 영광을 돌리라. 우리는 이 사람이 죄인인 줄 아노라"(24절). 이 말은 이렇게 해석할 수 있습니다. "그 사람이 죄인인 것이 확실하고, 네가 죄인인 것도 확실하고, 그 사람이 네 눈을 뜨게 한 것도 확실하지만, 네가 할 일은 하나님께 영광을 돌리는 것뿐이다. 그 사람을 선지자나 오실 메시아로 생각해서는 안 된다."

눈멀었던 자에게 바리새인의 결정문은 별 설득력이 없었습니다. 그는 반론을 제기했습니다. "그가 죄인인지 내가 알지 못하나 한 가지 아는 것은 내가 맹인으로 있다가 지금 보는 그것이니이다"(25절). 그러자 바리새인들은 다시 한번 그 사람이 그에게 무슨 일을 했는지 어떻게 눈을 뜨게 했는지 물었습니다. 눈멀었던 자는 더 이상 질문에 답할 필요가 없다고 생각했습니다. 이미 두 번이나 이야기했기 때문입니다. 그래서 되물었습니다. "당신들도 그의 제자가 되려 합니까?" 그러자 바리새인들은 몹시 화내며 말했습니다. "우리는 모세의 제자다. 그 사람은 어디서 왔는지 알지 못한다."

눈먼 자는 더욱 이해할 수 없었습니다. "이상하군요. 그 사람이 내 눈을 뜨게 했는데, 선생이라는 당신들은 그가 어디서 왔는지 알지 못하다니요. 내가 당신들에게 하나님은 죄인의 말을 듣지 아니하시고 경건하여 그분의 뜻대로 행하는 자의 말은 들으신다고 배웠는데 이런 기초적인 것도 모른다니 말이 됩니까?" 눈멀었던 자는 거짓 선생들 앞에서 아주 당당하게 말했습니다. 그의 반론에 바리새인들은 더 이상 대답할 수 없었습니다. 결국 그들은 "죄인인 주제에 우리를 가르치려고 하다니. 꺼져" 하며 그를 쫓아냈습니다.

여기서 우리는 거짓 선지자들의 특성을 봅니다. 그들은 나면서부터 눈먼 자에게 아무 관심이 없었습니다. 눈먼 자가 눈을 뜬 것이 분명한데도 그것을 인정하려 하지 않습니다. 눈먼 자가 눈을 뜬 것이 어떤 의미이고, 눈을 뜨게 한 사람이 누구인지를(메시아라는 것을) 가르쳐 줘야 하는데 전혀 그러지 못하고 있습니다. 그들은 성경은 많이 알았는지 몰라도 정작 오실 메시아에 대해서는 전혀 몰랐습니다. 그들은 철저하게 권위주의에 물들어 있었습니다. 성도의 질문에 제대로 답하지 못하자 그들은 권위만 내세우며 그를 쫓아 버렸습니다.

쫓겨난 자를 찾아오신 예수님

눈멀었던 자가 바리새인들에게 쫓겨났다는 소식을 듣고 예수님이 그를 다시 찾아오셨습니다. 예수님은 그의 눈을 고쳐 주셨지만, 그 다음에 일어난 일에 대해서는 전혀 돕지 않으셨습니다. 어찌 보면 눈먼 자는 예수님 때문에 고생했습니다. 예수님이 그 자리에 있었더라면 눈먼 자도, 그의 부모도 고생할 이유가 없었을 것입니다. 우리가 생각하기에 예수님이 정말 도움이 필요할 때는 딴곳에 계시다가 이제 별 필요가 없을 때 오신 것처럼 보입니다.

타이밍이 늦은 것일까요? 아니요, 그렇지 않습니다. 눈멀었 자는 아직 바리새인들에게 가장 중요한 답을 얻지 못했습니다. 그들의 해석에 따르면 눈먼 자는 죄 가운데 태어난 죄인이고, 그를 고쳐 준 사람도 죄인일 뿐입니다. 물론 그는 자기를 고쳐 준 사람이 선지자, 하나님의 뜻을 행하는 경건한 자라고 믿었습니다. 창세로부터 눈먼 자가 눈을 뜬 적이 없다는 사실도 알고 있었지요. 하지만 그는 여전히 스스로를 죄인이라고 생각했습니다. "죄인인 내가 어떻게 그 큰 은혜를 얻을 수 있단 말인가?"

그런 그에게 예수님이 찾아와 바리새인들이 대답하지 못한 질문에 답을 주십니다. 눈먼 자였던 그는 예수님을 보지는 못했지만 그분의 음성은 정확하게 알고 있었습니다. 말했다시피 그는 예수님을 선지자로 믿고 있었습니다. 예수님의 첫 질문은 이것입니다. "네가 인자를 믿느냐?" 인자라는 말은 풀어 쓰면 '사람의 아들'입니다. 다니엘에 따르면, 이 인자는 신적 존재로 오실 메시아입니다(단 7:13-14). 아마 눈멀었던 자는 선지자 예수님이 그에게 인자를 소개시켜 줄 것이라고 기대했는지 모릅니다. 그래서 대답합니다. "그가 누구십니까? 내가 믿고자 합니다." 그때 예수님이 말씀하십니다. "네가 그를 지금까지 보았듯이(현재완료) 지금 너와 말하는 자가 그이니라."

② 예수님이 정체를 드러내시는 순간, 그의 영적 눈이 열렸습니다. 그는 예수님을 계속 보고 있으면서도 그분이 인자인 줄 몰랐습니다. 여전히 그는 영적 어둠 속에 있었습니다. 하지만 이제 예수님의 말씀을 통해 인자이신 그분을 보게 되면서 모든 의문이 사라졌습니다. 더 이상 그는 죄인이 아닙니다. 인자가 자신을 받아 주셨기 때문입니다. 예수님이 안식일에 눈을 뜨게 한 것도 전혀 문제되지 않습니다. 그분은 선지자를 넘어 안식일의 주인이시니 말입니다. 이제는 그분께 영광을 돌려도 상관없습니다. 그분은 하나님의 아들이시기 때문입니다. 눈멀었던 자는 "하나님께만 영광을 돌리라"는 바리새인의 명령을 완전히 무시하고, 예수님을 주로 고백하며 바리새인들이 보는 가운데 그 앞에서 절했습니다.

③ 예수님은 그의 절을 받으시고 인자가 어떤 일을 하는지 밝히 드러내셨습니다. "내가 심판하러 이 세상에 왔으니 보지 못하는 자들

은 보게 하고 보는 자들은 맹인이 되게 하려 함이라." 이것이 앞에서 말한 바 "하나님이 하시는 일"(3절)입니다. 그것은 바로 구원과 심판입니다. 예수님은 택한 자를 구원하심으로 나머지를 심판하셨습니다. 그들이 심판받은 이유는 단 하나입니다. 예수님을 오실 메시아로 영접하지 않았기 때문입니다. 예수님을 메시아로 영접하면 모든 문제가 풀리는데, 그렇지 않았기 때문에 바리새인들은 아무것도 이해할 수 없었습니다.

본문에서 우리는 누구나 죄인이라고 정죄했던, 스스로도 죄인이라고 생각했던 한 눈먼 자가 구원받은 사건을 보았습니다. 우리는 눈먼 자가 눈을 뜬 표적에 관심을 두지만, 더 중요한 것은 그 표적을 행한 사람이 누구인가입니다. 눈먼 자가 눈을 뜨는 것보다 더 중요한 것은 어떻게 죄인이 구원을 얻는가입니다. "영접하는 자 곧 그 이름을 믿는 자들에게는 하나님의 자녀가 되는 권세를 주셨"(요 1:12)다고 했습니다. 눈멀었던 자도 예수님의 이름을 믿고 하나님의 자녀가 되었습니다.

그가 예수님을 믿게 된 때는 놀랍게도 눈을 떴을 때가 아닙니다. 그때만 해도 그는 예수님을 선지자로만 인식하고 있었습니다. 여전히 그는 어둠 속에 있었습니다. 눈앞에 예수님을 두고도 그분이 인자인 줄 알지 못했습니다. 예수님이 그에게 "내가 바로 그 사람이다"라고 선언하셨을 때, 그는 비로소 예수님을 구주로 영접했습니다. 예수님이 말씀을 선포하시고 성령이 그에게 역사하셨을 때, 그는 예수님을 인자로 믿게 되었습니다.

③ 오늘날 우리도 마찬가지입니다. 우리는 본문에서 예수님이 누구신지를 확실히 보았습니다. 그분은 하나님의 일을 하기 위해 이 세상에 보내심을 받았습니다. 그분의 일은 보는 자를 보지 못하게 하고 보지 못하는 자를 보게 하여 하나님의 심판과 구원을 행하는 것입니다. 눈먼 자는 직접 예수님을 보았지만, 우리는 예수님을 한 번도 보지 못했습니다. 그러나 하늘에 계신 주님이 우리에게 말씀을 주시고 성령으로 역사하시면 우리 눈이 열려 주님을 보게 될 것입니다. 지상에서 눈을 열어 주셨던 예수님이 이제는 하늘에서 동일하게 말씀과 성령으로 그 일을 하십니다. 빛 되신 예수님을 하나님의 아들로 영접하여 하나님의 자녀 된 권세를 마음껏 누리는 복된 성도가 되기를 바랍니다.

||||||||||||||||||||||

#니케아 신경: 325년 제1차 니케아 공의회에서 아리우스파를 비롯한 이단을 단죄하고 정통 기독교 신앙을 수호하기 위해 기독교회가 채택한 신앙 고백문이다. 현대 기독교회에서 니케아 신경은 제1차 니케아 공의회 신경이 아니라 개정본 니케아 신경인 니케아-콘스탄티노플 신경을 주로 의미한다.

#실로암: 히브리어로 '보냄을 받다'라는 의미의 연못이다. 주전 701년 남유다의 히스기야 왕이 앗수르의 침공에 대비해 기혼샘에서 물을 끌어와 성벽 안으로 흐르게 하여 만들었다(왕하 18:17, 20:20). 총 길이 533미터에 이르는 실로암 터널은 완전한 암석지대를 파서 만들었고, 수로의 높이는 2-5미터, 넓이는 55-65센티미터에 이른다.

||||||||||||||||||||||

1. 나면서부터 눈먼 자가 된 이유를 당사자 또는 부모의 죄 때문이라고 생각하는 사람들에게 예수님은 뭐라고 말씀하십니까?(140쪽)
2. 눈먼 자는 자신의 눈을 뜨게 해준 예수님을 누구라고 생각했습니까? 그 생각은 다시 찾아오신 예수님을 만나고 나서 어떻게 달라졌습니까?(146쪽)
3. 인자이신 예수님이 이 땅에 오신 이유는 무엇입니까? 오늘날 우리가 빛 되신 주님을 보려면 무엇을 간구해야 합니까?(146-147, 148쪽)

12

예수님의 자기소개서 "나는 선한 목자라"

요한복음 10:11-21

요한복음 10장에서 예수님은 자신을 선한 목자로 소개하고 있습니다. 사실 예수님은 목자가 아니라 목수로 알려졌습니다. 보다 정확히 말하면 목수가 아니라 석공이었을 것입니다. 팔레스타인에서는 나무가 아니라 돌로 집을 지었기 때문입니다. 예수님은 아버지 요셉을 따라서 어렸을 때부터 돌 다듬는 작업을 했을 테지요. 유목의 전통을 따라 양이나 염소를 돌본 적도 있었을 테지만, 주된 직업은 돌로 집 짓는 일이었을 것입니다.

이와 같은 배경에서 보면, 예수님이 "나는 선한 목자"라고 하셨을 때 그 의도가 자기 직업을 소개하는 것이 아님을 알 수 있습니다. 이 자기소개는 비유적 표현임이 분명합니다. 특별히 이 비유는 그 당시 상황 속에서 이해해야 합니다. 21세기 현대 문명 속에서 살아가는 우리 중에 목자를 실제로 본 사람은 별로 없을 것입니다. 목자가 어떤 일을 하는지 잘 모릅니다. 목자라는 말을 들으면 그냥 영화나 그림에서 본 한가하고 목가적인 장면이 떠오를 것입니다. 한편 저는 뉴질랜드에서 온 한 유학생을 통해 목자에 대한 그들의 생각이 우리와 전혀 다르다는 사실을 알게 되었습니다. 뉴질랜드 사람들은 목자에 대해 잘 압니다. 그들에게 목자는 그리 선망의 대상이 아닙니다. 아주 힘들고 고되고 바쁜 직업군에 속합니다. 우리가 보기에는 하루 종일 유유자적하는 것 같아도 실제로 전혀 그렇지 않습니다. 그러다 보니 뉴질랜드 청년들 중에 목자가 되고 싶어하는 사람은 그리 많지 않다고 합니다.

우리는 어떤가요? 예수님이 자신을 선한 목자라고 소개하셨으니 우리도 본받아 목자가 되어야 할까요? 목자는 아니더라도 목사는 되어야 하지 않을까요? "나는 선한 목자라"는 주님의 자기소개가 우리에게 어떤 의미를 줍니까? 본문을 통해 이와 같은 질문에 답을 찾기를 원합니다.

본문의 배경 - 초막절

그 당시 그 자리에 있었던 유대인들은 예수님의 자기소개를 듣고 어떻게 생각했을까요? 그들의 반응이 19절에 나옵니다. 예수님의 설교가 끝나고 나서 그들 사이에 큰 분쟁이 일어났습니다. 크게 두 편으로 나뉘었는데, 한편은 "저 친구는 귀신 들려 미쳤기 때문에 더 이상 말을 들을 필요가 없다"고 주장했습니다. 다른 한편은 "귀신이 어떻게 소경의 눈을 뜨게 할 수 있는가?"라고 반론을 제기했습니다. 왜 이런 반응이 나왔을까요? 예수님의 자기소개가 그들에게 큰 걸림돌이 된 것만은 분명합니다. 우리에게는 은혜로운 예수님의 자기소개가 왜 그들에게는 문제가 되었을까요?

먼저 본문의 배경이 초막절이라는 점을 기억해야 합니다. 초막절은 이스라엘의 가장 중요한 절기입니다.* 레위기 23장 43절에 이 절기를 지키는 이유가 나오는데, 이스라엘 백성이 애굽에서 나와 광야를 지날 때 초막에 거한 것을 기억하기 위함입니다. 따라서 이 절기는 이스라엘의 광야 생활과 아주 밀접한 관계가 있습니다. 사도 요한은 이스라엘 백성의 삶과 직결되어 있는 초막절을 사용해 복음의 진수를 잘 드러내고 있습니다.

본문에서 우리는 이른바 요한복음에 나타난 일곱 개의 "I Am" 중 하나를 만납니다. 이것은 구약성경에서 하나님이 자기 백성에게 스스로를 계시하는 표현이었습니다(출 3:14, 사 43:10). 요한복음에 가장

* 기동연, 『성전과 제사에서 그리스도를 만나다』, 172

먼저 나오는 "I Am"은 "나는 생명의 떡이니"(6:35)입니다. 이것은 이스라엘이 광야에서 먹은 만나와 관계가 있습니다. 두 번째는 "나는 세상의 빛이니"(8:12)입니다. 이것은 빛의 절기라고 부르는 초막절과 관계가 있습니다. 세 번째는 "나는 양의 문이라"(10:7)인데 이것은 솔로몬이 세운 성전과 관계가 있습니다. "나는 선한 목자라"(10:11)는 네 번째 "I Am" 역시 구약성경에 비추어 해석해야 합니다.*

21절이 보여 주듯이 예수님의 말씀은 눈먼 자가 눈을 뜬 사건과 무관하지 않습니다. 본문의 바로 앞 요한복음 9장에서는 눈먼 자가 눈을 뜬 사건을 대단히 길게 서술하고 있습니다. 예수님이 눈먼 자의 눈을 뜨게 한 것은 자신의 병 고치는 능력이 얼마나 대단한지를 보여 주기 위함이 아니었습니다. 빛으로 오신 주님이 빛의 절기인 초막절에 눈먼 자로 하여금 보게 함으로써 자신이 진정 빛 되신 주라는 것을 증명하셨습니다.

눈먼 자의 눈을 뜨게 하신 예수님은 이제 10장에서 자신을 소개합니다. "나는 선한 목자라"(11절). 구약성경에서 목자는 하나님을 비유하는 데 아주 빈번하게 사용되었습니다. 가장 대표적인 성경 구절이 참 목자 되신 하나님을 찬송한 시편 23편입니다. 여기서 목자는

---

* 나머지 세 개는 다음과 같다. "나는 부활이요 생명이니"(11:25), "내가 곧 길이요 진리요 생명이니"(14:6), "나는 포도나무요"(15:5).

특별히 왕으로서의 목자입니다. 왕 되신 여호와 하나님은 이스라엘의 목자로서 백성들을 푸른 초장에 눕게 하시고 쉴 만한 물가로 인도하실 뿐 아니라 원수와의 전쟁에서 싸워서 이기시고 원수의 눈앞에서 자기 백성들에게 상을 베풀고 기름을 부음으로 승리의 기쁨을 나누시는 분입니다.

① 예수님이 "나는 선한 목자라"고 하셨을 때, 그것은 단지 "나는 목자처럼 양들을 헌신적으로 돌보고 인도하는 지도자다"라는 뜻이 아니라, "내가 바로 이스라엘의 왕이며 하나님이다"라고 말씀하신 것입니다. 유대인들은 그와 같은 의도를 정확하게 알았기 때문에 예수님더러 "귀신 들려 미쳤다"고 말했습니다. 그들이 보기에 예수님은 능력 있는 랍비에 불과했습니다. 그들에게 예수님은 랍비로서 도저히 할 수 없는 신성모독적인 말을 한 것입니다(31-33절 참조).

선한 목자 vs 삯군 목자

예수님은 단지 목자가 아니라 '선한' 목자로 자신을 소개합니다. 선한 목자와 대비되는 단어는 나쁜 목자가 아니라 삯군입니다. 선한 목자와 삯군은 겉보기에는 별 차이가 없습니다. 평소에 둘을 구별하기는 거의 불가능합니다. 삯군도 자기가 해야 할 최소한의 일을 합니다. 양들을 초장으로 인도하고 물가로 인도합니다. 그러므로 삯군은 악한 목자나 나쁜 목자를 의미하지 않습니다. 그런 일조차 하지 않는다면 주인에게 임금을 제대로 못 받을 테지요.

둘이 구별될 때는 이리가 오는 순간입니다. 삯군은 이리가 오는 것을 보면 양을 버리고 도망칩니다. 반대로 선한 목자는 양들을 위해 자기 목숨을 버립니다. 두 사람 사이에 이와 같이 큰 차이가 나는 이유는 무엇일까요? 그것은 양과의 관계가 다르기 때문입니다. 예수님의 말씀을 보십시오. "삯꾼은 목자가 아니요 양도 제 양이 아니라"(12절). 삯군은 겉으로는 목자처럼 보여도 실제로 목자가 아닙니다. 그러니 양도 자기 양이 아닙니다.

선한 목자가 양을 위해 목숨을 버리는 첫째 이유는 그 양이 자기 ②
것이기 때문입니다. 양은 목자에게 전부입니다. 양이 없다면 그를 더 이상 목자라 할 수 없겠지요. 그래서 선한 목자는 양을 지키기 위해 목숨마저 내놓습니다. 반면에 삯군에게 중요한 것은 임금이지 양이 아닙니다. 삯군이 양을 위해 목숨을 걸고 열심히 싸웠다고 임금을 더 많이 받는 것도 아니고 그 양이 자기 것이 되는 것도 아닙니다.

선한 목자와 삯군의 또 다른 차이는 양에 대한 지식입니다. 선한 목자는 양을 잘 압니다. 14-15절을 보십시오. "나는 선한 목자라. 나는 내 양을 알고 양도 나를 아는 것이 아버지께서 나를 아시고 내가 아버지를 아는 것 같으니 나는 양을 위하여 목숨을 버리노라." 여기서 우리는 주님이 양을 위해 목숨을 버리는 이유를 알 수 있습니다.

그것은 주님이 그분의 양을 아시기 때문입니다. 여기서 말하는 지식은 머리가 아니라 사랑과 교제에서 나오는 지식을 의미합니다. 남편과 아내가 사랑을 통해 서로를 아는 것과 같습니다.

"목숨을 버린다"는 말은 단지 자기 희생적인 사랑의 죽음을 의미하지 않습니다. 예를 들어서 물에 빠진 친구를 구하고 죽는다든지, 국가를 위해 전쟁터에 나가 전사하는 것을 의미하지 않습니다. 요한복음에서 '버린다'는 표현은 특별히 제사와 관련이 있습니다. '위하여' 역시 '대신'이라는 의미로 해석할 수 있습니다. 즉 그리스도가 양을 위하여 목숨을 버린다는 것은 양이 짊어져야 할 형벌의 죽음을 대신 감당하는 것을 의미합니다.

한 목자, 한 무리

선한 목자의 비유에서 "이 우리에 들지 아니한 다른 양"에 관한 내용은 간과되는 경우가 있습니다. 이 양들은 유대인이 아닌 이방인을 암시합니다. 선한 목자는 원래의 우리에 속한 양을 위해 목양하지만 그렇지 않은 다른 양들을 위해서도 목양합니다. 목양 사역의 핵심은 그 양들에게 자신의 음성을 들려 주는 것입니다(16절). 그 음성을 듣고 다른 우리에 있는 양들이 선한 목자에게 와서 한 무리를 형성합니다. 이것이 바로 선한 목자가 앞으로 하게 될 일입니다. 당연히 이는 이방인과 유대인이 하나가 된 새로운 신약 교회를 의미합니다.

목자로서 예수님이 또 다른 백성을 모아 하나의 백성을 만드시겠다는 말씀은 이사야 선지자와 에스겔 선지자의 예언을 기억나게 합니다. 이사야 선지자는 다음과 같이 선포했습니다. "이스라엘의 쫓겨난 자를 모으시는 주 여호와가 말하노니 내가 이미 모은 백성 외에 또 모아 그에게 속하게 하리라 하셨느니라"(사 56:8). 에스겔 선지자도 유사하게 예언했습니다. "주 여호와께서 이같이 말씀하셨느니라 나 곧 내가 내 양을 찾고 찾되…내가 그것들을 만민 가운데에서 끌어내며 여러 백성 가운데에서 모아 그 본토로 데리고 가서 이스라엘 산 위에와 시냇가에와 그 땅 모든 거주지에서 먹이되 좋은 꼴을 먹이고 그 우리를 이스라엘 높은 산에 두리니"(겔 34:11-14).

여러 구약 선지자들의 메시지에 비추어 보았을 때, 예수님이 다른 우리에 있는 양들을 모아 하나가 되게 하시겠다는 말씀은 구약에서 예언한 목자이신 여호와가 바로 자기 자신임을 보여 줍니다. 예수님의 말씀을 들었던 유대인들은 성경에 대해 아주 잘 알고 있었습니다. 그래서 예수님의 의도를 정확하게 파악했습니다. 하지만 예수님을 약속된 메시아로 믿지 않았기 때문에 미친 사람 취급을 했습니다. 그들은 예수님이 초막절에 눈먼 자의 눈을 뜨게 하신 일을 보고도 생각이 바뀌지 않았습니다.

여기서 우리는 질문하게 됩니다. 자기 목숨을 스스로 제물로 내어 준 분이 어떻게 이런 일을 하실 수 있을까요? 이에 예수님은 아주 중요한 답변을 제시하십니다. "내가 내 목숨을 버리는 것은 그것을 내가 다시 얻기 위함이니"(17절). 이 말씀을 보면 선한 목자의 사역이 단지 죽는 데서 끝나지 않음을 알 수 있습니다. 선한 목자가 목숨을 내어 주기만 했다면 다른 우리에 있는 양들을 회복시키는 일을 할 수 없었을 테지요. 예수님은 죽으셨을 뿐 아니라 부활하심으로 온 세상의 양들을 불러 모아 한 백성을 이루게 하셨습니다.

③ 선한 목자의 중요한 사역 중 하나가 판이하게 다른 두 양떼를 하나로 만드는 것입니다. 하나 됨은 교회를 이해하는 데 매우 중요합니다. 요한복음 17장에서 주님은 얼마나 간절하게 그들도 다 하나가 되게 해달라고 기도했는지 모릅니다(21-23절). 한 목자와 한 무리는 교회의 하나 됨을 이해하는 데 대단히 중요합니다. 예수 그리스도가 하나이므로 양무리도 하나여야 합니다. 예수님이 그들을 위해서도 그분의 목숨을 내주셨기 때문입니다.

본문에서 우리는 예수님의 자기소개서를 읽었습니다. 먼저 우리는 선한 목자의 의미를 보다 정확하게 알 필요가 있습니다. 목자에 대한 막연한 동경심이나, 선한 목자를 고귀한 희생정신의 아이콘으로 보는 이미지도 바로잡을 필요가 있습니다. 그런 이미지로 성경을 보면,

왜 유대인들이 예수님의 설교를 듣고 그분을 귀신 들려 미쳤다고 정죄했는지를 이해할 수 없습니다. 무엇보다 예수님의 말씀을 제대로 이해하려면 구약 선지자들이 예언한 내용을 잘 알아야 합니다.

유대인들에게는 예수님의 말씀이 걸림돌이 되었지만 우리에게는 ③
놀라운 복음입니다. 우리는 이를 확신해야 합니다. 우리는 다른 우리에 속한 양들이기 때문입니다. 주님이 기존의 양떼를 위해서만 사역하셨다면 우리는 소망 없이 살았을 것입니다. 하지만 주님이 죽으시고 부활하심으로 우리에게도 생명을 주는 선한 목자가 되셨습니다. 예수님이 우리에게 선한 목자가 되신 것은 우리로 하여금 풍성한 생명을 누리도록 하기 위해서입니다.

이제 우리에게 필요한 것은 목자의 음성을 듣는 것입니다. 양들은 주님의 음성을 분별하고 그 음성을 따라가야 합니다. 분별과 순종은 양들에게 주어진 과제입니다. 예수님이 지상에 계셨을 때에는 직접 제자들을 가르치셨지만, 부활하여 하늘에 오르신 후에는 그분의 종들을 곳곳에 세워 자신의 음성을 들려 주십니다. 이 음성을 들으려면 하나의 무리, 즉 거룩하고 보편적인 교회에 속해 있어야 합니다. 그 말씀을 통해 주님과 교제하고 그분을 통해 삼위 하나님을 알아야 합니다. 이와 같이 살아갈 때 우리가 생명을 얻고 더 풍성히 얻게 될 것입니다(10절).

#내가 내 양을 알고(14절)**: 여기서 '안다'(헬, 기노스코)는 '경험으로 안다'는 뜻이다(겔 6:7, 히브리어 '야다'의 개념). '동침하다'라는 뜻도 있다.

1. 예수님이 "나는 선한 목자라"고 하셨을 때, 그 실제 의미는 무엇입니까?(154쪽)
2. 선한 목자와 삯군 목자의 가장 큰 차이는 무엇입니까? 그러한 차이가 나는 이유는 무엇입니까?(155-156쪽)
3. 예수님이 다른 우리에 속한 우리에게도 선한 목자가 되어 주신 이유는 무엇입니까? 여기서 우리는 어떤 영적 교훈을 얻을 수 있습니까?(158, 159쪽)

13

나사로를 살리시다
"하나님의 영광을 보리라"

요한복음 11:32-44

성경에서 가장 유명한 기적 중 하나가 본문에 나옵니다. 예수님이 죽은 지 나흘이나 되어 냄새 나는 나사로를 다시 살리셨습니다. 요한복음에는 예수님이 직접 행하신 기적이 모두 일곱 개가 나오는데, 나사로를 살리신 것은 그중에서 마지막 기적입니다.

- 물로 포도주를 만드심
- 왕의 신하의 아들을 고치심
- 38년 된 병자를 고치심
- 오병이어 기적
- 물위를 걸으심

- 눈먼 자를 보게 하심
- 죽은 나사로를 살리심

이 일곱 개의 기적은 요한복음의 특성을 아주 잘 보여 줍니다. 요한복음 1장은 예수님이 누구신지를 정확하게 묘사하고 있습니다. 그분은 창조자십니다. "만물이 그로 말미암아 지은 바 되었으니 지은 것이 하나도 그가 없이는 된 것이 없느니라"(3절). 그분은 생명이십니다. "그 안에 생명이 있었"(4절)습니다. 그분은 빛이십니다. "참 빛 곧 세상에 와서 각 사람에게 비추는 빛이 있었"습니다. 그분은 하나님의 영광이십니다. "말씀이 육신이 되어 우리 가운데 거하시매 우리가 그의 영광을 보니 아버지의 독생자의 영광이요 은혜와 진리가 충만하더라"(14절).

주님은 창조자로서, 빛으로서, 생명으로서, 그리고 아버지의 영광으로서 이 세상에서 빛 없는 자에게 빛을 주시고, 생명 없는 자에게 생명을 주시고, 타락으로 인해 부패한 세상을 새롭게 창조하셨습니다. 그 예수님이 나사로를 죽음에서 일으켜 하나님의 영광을 나타내셨습니다. 하나님의 영광은 요한복음의 중심 주제이자 죽은 나사로를 살리신 가장 중요한 이유입니다.

나사로의 부활이 일곱 개의 기적 중에서 가장 마지막이 된 것이 참 자연스럽습니다. 이 부활은 예수님이 십자가에서 죽기 전에 교회에 주신 마지막 선물이라고 할 수 있습니다. 예수님이 이 선물을 주심으로 교회는 예수님이 생명의 주가 되신다는 확실한 보장을 받았습니다.

아이러니하게도 이 사건은 예수님이 십자가에서 죽게 되는 결정적인 계기가 됩니다. 이 일로 인해 많은 사람들이 예수님을 믿게 되었고, 그것을 막기 위해 유대인과 바리새인들이 총회를 열고 구체적으로 예수님을 죽일 음모를 꾸몄습니다. 결국 예수님은 나사로를 살리기 위해 자신을 내어 주신 것입니다. 이것은 우리에게도 동일하게 적용됩니다. 허물과 죄로 죽었던 우리가 주 안에서 새 생명을 얻게 된 것은 바로 주님이 우리를 위해 죽으셨기 때문입니다. 나사로의 부활을 통해 이 마지막 기적의 의미를 새겨 보겠습니다.

예수님이 사랑하시는 자

나사로가 병들었습니다. 나사로는 예수님이 사랑하시는 자였습니다. 그의 누이들이 예수님께 사람을 보내어 "사랑하시는 자가 병들었나이다"라고 말했습니다. 5절은 "예수께서 본래 마르다와 그 동생과 나사로를 사랑하시더니"라고 기록하고 있습니다. 11절을 보면 예수님은 나사로를 "우리 친구 나사로"라고 부르셨습니다. 여기서 친구는 문자적인 의미에서는 사랑하는 자 혹은 좋아하는 자라는 뜻입니다.

예수님은 나사로를 살리기 위해 죽음을 두려워하지 않으셨습니다. 얼마 전만 해도 유대인들이 예수님을 돌로 쳐서 죽이려 했던 그곳으로 예수님은 담대히 가십니다. 예수님은 그토록 나사로와 마리아와 마르다를 사랑하셨습니다.

그런데 예수님이 사랑하시는 자도 병들 수 있는 건가요? 네, 당연히 그렇습니다. 예수님이 사랑하시는 우리도 얼마든지 병들 수 있습니다. 주님이 사랑하시는 자라고 해서 재난에서 벗어날 수 있는 건 아닙니다. 예수님을 믿기만 하면 만사형통하는 것도 아닙니다. 더 혹독한 시련을 맞을 수도 있고 죽을 수도 있습니다.

이런 시련이 올 때 어떻게 해야 할까요? 신자라면 당연히 예수님을 찾을 것입니다. 마르다와 마리아도 예수님께 사람을 보내어 나사로가 병들었음을 알렸습니다. 그런데 예수님은 이 소식을 듣고 이 병은 죽을병이 아니라고 말씀하셨습니다. 문자적으로는 이 병은 '죽음을 향해 있지 않다' 혹은 '이 병의 끝은 죽음이 아니다'라는 뜻입니다. 그리고 나사로의 병이 "하나님의 영광을 위함이요 하나님의 아들이 이로 말미암아 영광을 받게 하려 함이라"(4절)고 말씀하셨습니다. 여기서 예수님이 나사로의 병을 어떻게 보시는지 주목하십시오. 예수님은 나사로의 병을 하나님의 영광의 관점에서 바라보고 있습니다.

사랑하는 사람이 병들어 고통받고 있다면, 어려움을 당하고 있다면 가장 필요한 것이 무엇일까요? 우리는 대부분 병이 낫는 것부터 생각할 것입니다. 그러나 예수님은 아버지의 영광을 생각하고 있습니다. 아들의 영광, 즉 자신이 받을 영광을 생각하고 있습니다. 우리 눈에 예수님이 참 인정없게 보일 수 있습니다. 하나님은 인간의 고통을 통해 영광 받으시는 이기적인 분인가 하는 생각이 들지도 모릅니다.

게다가 예수님은 나사로보다 자기 제자들을 더 생각하고 있습니다. "내가 거기 있지 아니한 것을 너희를 위하여 기뻐하노니 이는 너희로 믿게 하려 함이라"(15절). 예수님은 제자들의 믿음을 챙기고 있습니다. 예수님의 이러한 태도는 우리의 신앙생활에 큰 지침이 됩니다. 사랑하는 사람이 병들었을 때, 고통당할 때 우리는 쉽게 그의 평안과 안녕만을 생각하기 쉽습니다. 하지만 그럴 때일수록 우리는 하나님의 영광과 주위 형제자매들의 믿음에 관심을 두어야 합니다.

실제로 예수님이 나사로를 살리신 가장 큰 이유도 바로 하나님의 영광에 있었습니다. 예수님은 "내 말이 네가 믿으면 하나님의 영광을 보리라 하지 아니하였느냐"(40절)라고 마르다에게 말씀하십니다. 나사로의 부활 사건에서 중요한 주제는 하나님의 영광입니다. 4절의 하나님의 영광과 40절의 하나님의 영광이 호응을 이루고 있습니다. 하나님께서 어떻게 나사로를 통해 영광을 나타내시고 그분의 아들도 영광을 받으시는지가 이 사건의 가장 큰 주제입니다.

하나님께서 어떻게 자신의 영광을 나타내십니까? 41절과 42절을 눈여겨볼 필요가 있습니다. 나사로의 부활은 단순히 예수님의 능력으로 이루어지지 않았습니다. 그것은 예수님이 기도하신 결과였습니다. 주님은 하나님 아버지께 "내 말을 들으신 것을 감사하나이다"(41절)라고 말씀하셨습니다. 그리고 "항상 내 말을 들으시는 줄을 내가 알았나이다"(42절)라고 고백합니다. 즉 성부 하나님께서 성자 예수님의 기도를 들으심으로 자신의 영광을 나타내셨음을 알 수 있습니다.

명심할 것은 하나님의 영광은 하나님 당신의 뜻이 실현됨으로 나타난다는 사실입니다. 그 뜻은 예수님이 이 세상에 오시면서 구체화되었습니다. 예수님은 이 세상에서 다른 뜻을 구하지 않고 오직 성부 하나님의 뜻을 구했습니다. 성부 하나님은 성자 예수님의 기도를 항상 들으셨습니다. 그 이유는 간단합니다. 예수님이 자신의 뜻을 구하지 않고 아버지의 뜻을 구했기 때문입니다. 오늘날 많은 교회들이 하나님의 영광을 나타내기를 원하지만 그렇지 못한 경우가 많습니다. 말로는 하나님의 영광을 위한다고 하지만, 사실은 자신의 영광을 추구하기 때문입니다.

마르다와 마리아의 질문

예수님이 오신다는 소식이 마르다와 마리아에게 전달되었습니다. 어쩐 일인지 마리아는 집에 앉아 있었고, 마르다는 예수님이 마을 안에 들어오시기 전에 나가서 주님을 맞이했습니다. 마르다가 예수님과 대화한 후에 집으로 돌아갔고, 예수님이 마리아를 부르신다고 하니 마리아가 예수님 계신 곳에 갔습니다. 예수님은 원래 계신 곳에 머물러 계셨습니다.

마르다가 예수님을 처음 만났을 때, 그리고 마리아가 예수님을 처음 만났을 때 둘 다 같은 말을 했습니다. "주께서 여기 계셨더라면 내 오라버니가 죽지 아니하였겠나이다"(21절, 32절). 이 말에는 다소 원망이 섞여 있습니다. 그들은 오라비가 죽은 이유가 예수님께 있다고 보았습니다. 그들은 예수님이 늦게 오신 이유를 도저히 이해할 수 없었습니다.

이 질문은 유대인들이 했던 질문과 본질상 같습니다. 나사로의 무덤 앞에서 예수님은 눈물을 흘리셨습니다. 어떤 유대인들은 예수님이 우시는 것을 보고 "보라, 그를 어떻게 사랑했는가"라고 말했고, 그중에 어떤 이들은 "눈먼 자의 눈을 뜨게 한 이 사람이 나사로는 죽지 않게 할 수 없었더냐"라고 반론을 제기했습니다. 이들의 질문은 아주 합리적입니다. "예수는 능력이 많은 자다. 눈먼 자의 눈을 뜨게 한 사람이 나사로의 병을 고치지 못할 리 없다. 그렇다면 예수가 나사로를 돌보지 않은 이유는 딱 하나, 그를 사랑하지 않았기 때문이다." 그렇다면 지금 예수님이 흘리시는 눈물의 의미는 뭐란 말입니까? 가짜라는 것입니다. 그들은 자기 합리성에 기대어 예수님의 눈물을 조롱했습니다.

여기서 몇 가지 짚고 넘어갈 것이 있습니다. 그들은 예수님이 거기에 계셨어야 나사로의 병이 나을 것이라고 믿었습니다. 이것이 사실일까요? 그렇지 않습니다. 백부장의 믿음을 기억하십니까?(마 8:5-13) 그는 이방인이었습니다. 그는 자기 부하가 병이 들었을 때, 예수님께 사람을 보내어 부하의 병을 고쳐 달라고 했습니다. 예수님은 직접 가서 고쳐 주겠다고 말씀하셨습니다. 그러자 백부장은 예수님이 자기 집에 오심을 감당하지 못하니 말씀만 하시라고 했습니다. 예수님은 백부장의 믿음을 크게 칭찬하셨고 부하의 병은 나았습니다. 이것을 보았을 때 적어도 마리아와 마르다는 주님의 사랑을 많이 받았고, 마리아의 경우 주님의 말씀을 참으로 사모했지만 주님에 대한 참 지식은 충분하지 못했던 것 같습니다. 그들은 예수님의 능력이 공간의 제약을 받는다고 생각했습니다.

예수님이 그곳에 계셨더라면 나사로가 죽기 전에 병을 고칠 수 있었을까요? 글쎄요. 예수님은 소원을 들어주는 도깨비방망이나 만병통치약이 아닙니다. 예수님이 병을 고치지 않으셨던 두 가지 경우가 있습니다. 하나는 사람들이 그분의 능력을 믿지 않은 경우입니다. 그때 예수님은 고향 나사렛에서 아무 권능도 행할 수 없어 다만 소수의 병자에게 안수하여 그들을 고치셨습니다(막 6:5). 다른 하나는 하나님의 뜻이 아닌 경우입니다. 바리새인이나 유대인들이 예수님께 표적이나 기적을 구했으나 예수님은 그들에게 표적이나 기적을 베풀지 않으셨습니다. 많은 사람의 병을 고치셨으나 모든 사람의 병을 고치지는 않으셨습니다. 예수님은 처음부터 끝까지 하나님의 영광을 위해 사셨습니다.

예수님은 나사로가 위급하다는 소식을 듣고도 서둘러 가지 않은 이유를 제자들에게 설명하십니다. "사람이 낮에 다니면 이 세상의 빛을 보므로 실족하지 아니하고 밤에 다니면 빛이 그 사람 안에 없는 고로 실족하느니라"(9-10절). 이것은 물론 비유적인 표현입니다. 사람들이 낮에는 빛이 있기 때문에 다니고, 밤에는 빛이 없기 때문에 다니지 않습니다. 즉 때가 되어야 움직입니다. 마찬가지로 예수님이 나사로의 병 소식을 듣고도 가만히 계셨던 것은 아직 움직일 때가 아니었기 때문입니다.

지금 현재의 믿음

예수님의 가장 큰 관심은 현재의 믿음입니다. 마르다와 예수님의 대화를 자세히 보십시오. 마르다가 믿음을 가지고 있는 것 같지만 실제로는 아주 중요한 요소가 결여되어 있습니다. 그녀는 이렇게 말했습니다. "주께서 여기 계셨더라면 내 오라버니가 죽지 아니하였겠나이다. 그러나 나는 이제라도 주께서 무엇이든지 하나님께 구하시는 것을 하나님이 주실 줄을 아나이다"(21-22절). 그러자 예수님이 이렇게 대답하셨습니다. "네 오라비가 다시 살아나리라"(23절).

① 이 말씀을 들었을 때, 마르다는 어떻게 반응했어야 할까요? 마르다는 분명 예수님이 구하시는 것은 무엇이든 하나님께서 주실 줄 믿는다고 말했습니다. 그렇다면 "네 오라비가 다시 살아나리라"는 말씀에 즉시 좋아하며 감사하는 게 맞습니다. 그런데 그녀는 김빠진 대답을 합니다. "마지막 날 부활 때에는 다시 살아날 줄을 내가 아나이다"(24절). 마르다에게 부활이란 전적으로 마지막 날에 있을 미래의 사건일 뿐입니다.

그러자 예수님은 그 유명한 말씀을 남기십니다. "나는 부활이요 생명이니 나를 믿는 자는 죽어도 살겠고 무릇 살아서 나를 믿는 자는 영원히 죽지 아니하리니 이것을 네가 믿느냐"(25-26절). 이에 마르다는 "주여, 그러하외다. 주는 그리스도시요 세상에 오시는 하나님의 아들이신 줄 내가 믿나이다"라고 대답했습니다. 훌륭한 신앙고백입니다.

그런데 막상 예수님이 나사로 무덤에서 돌을 옮기라고 명하자 이렇게 말합니다. "주여, 죽은 지가 나흘이 되었으매 벌써 냄새가 나나이다." 그러자 예수님이 "네가 믿으면 하나님의 영광을 보리라 하지 아니하였느냐"라고 약간의 책망이 섞인 말씀을 하십니다. 마르다가 훌륭한 믿음을 소유하고 있음에도 불구하고 중요하게 결여된 요소가 무엇입니까? 그녀는 부활이란 전적으로 마지막 날, 심판 날에만 일어날 일이라고 믿었던 것입니다. 그녀는 바로 지금 주님이 원하시면 그 일이 성취되리라는 것을 알지 못했습니다.

오늘날 신앙생활을 하는 우리도 그렇습니다. 예수님은 나사로의 기적을 통해 죽음에 대한 정의를 새롭게 하셨습니다. "살아서 나를 믿는 자는 영원히 죽지 아니하리니." 우리는 이 말씀에 이렇게 반론할 수 있습니다. "예수님을 믿는 사람도 다 죽었습니다. 어떻게 영원히 죽지 않는다고 말할 수 있나요? 말도 안 돼요." 예수님은 죽음에 대한 정의를 다시 하셨습니다. 예수님을 믿으면 우리에게 한 가지 확실한 사건이 벌어지는데, 바로 영생을 소유하게 되는 것입니다. 이는 변함없는 사실입니다. 영생을 소유한 자가 죽을 수는 없으니까요. 예수님은 바로 이 점을 지적하십니다. "살아서 나를 믿는 자는 영원히 죽지 아니하리니." 이것은 우리가 죽은 후에 일어날 일을 말하는 게 아니라 살아서 믿는 모든 사람에게 해당하는 말씀입니다.

요한복음 17장 3절에서 예수님은 영생에 대한 정의를 내리셨습니다. "영생은 곧 유일하신 참 하나님과 그가 보내신 자 예수 그리스도를 아는 것"입니다. 그렇다면 죽음이란 무엇입니까? 영생의 반대라고 할 수 있지만, "참 하나님을 모르는 것, 그리고 하나님께서 보내신 자, 예수 그리스도를 모르는 것"도 죽음입니다. 바울 사도는 에베소서 2장 1절에서 "허물과 죄로 죽었던 너희를 살리셨도다"라고 말했습니다.

② 예수님이 나사로를 살리신 이유는 부활이 먼 미래의 일이 아니라 현재의 일임을 확신시켜 주시기 위함입니다. 이것이 요한복음이 기록된 목적입니다. "오직 이것을 기록함은 너희로 예수께서 하나님의 아들 그리스도이심을 믿게 하려 함이요 또 너희로 믿고 그 이름을 힘입어 생명을 얻게 하려 함이니라"(20:31).

여기서 좀 더 주목할 것이 있습니다. 마르다도 예수님이 하나님의 아들이요 그리스도이심을 믿었습니다. 이것은 바른 신앙입니다. 그러나 이것만으로는 부족합니다. 어떤 의미에서 예수님이 하나님의 아들이신지, 그리스도이신지 사람마다 생각이 다를 수 있기 때문입니다. 신자라면 예수님이 그리스도시며, 살아계신 하나님의 아들임을 믿을 것입니다. 그러나 어떤 의미에서 그러한가는 같은 신자라도 생각이 다를 수 있습니다. 베드로는 "주는 그리스도시요 살아계신 하나님의 아들"이라고 고백했지만, 하나님의 아들이 죽을 수 있다는 건 생각하지 못했습니다. 그래서 그 일이 절대 일어나지 않게 하겠다고 단호하게 말했습니다. 하지만 그리스도가 죽지 않으신다면 부활도, 영생도 없습니다. 그런 이유 때문에 베드로는 예수님에게 사탄이 라는 책망을 받았습니다.

그리스도는 부활이며 생명이십니다. 그 주님이 우리에게 부활을 선물로 주셨습니다. 그것은 먼 장래에 일어날 일만은 아닙니다. 주님은 부활을 이미 우리에게 주셨고, 앞으로 그분을 주님으로 고백하는 이들에게 계속 선물로 주실 것입니다. 그분을 믿는 자는 이 선물을 어느 누구에게 결코 빼앗길 수 없습니다. 주님이 말씀하셨듯이 "살아서 나를 믿는 자는 영원히 죽지 아니하"기 때문입니다.

주님을 믿는다는 것은 주님이 부활이요 생명이심을 믿는다는 뜻 ③
입니다. 이것은 더 나아가 우리가 이미 부활의 생명, 누구도 빼앗을 수 없는 영생을 선물로 받았음을 의미합니다. 주님이 지극히 사랑하신 나사로가 병들었고 결국 죽었습니다. 우리도 마찬가지입니다. 우리가 아무리 주님의 사랑을 받아도 사는 게 아주 힘들 수 있습니다. 죽음이 눈앞에 다가올 때도 있을 것입니다. 이때 필요한 것이 무엇일까요? 돈입니까? 병이 낫는 것입니까? 그렇지 않습니다. 우리의 삶이 가장 힘들 때 필요한 것은 부활 신앙입니다. 이 신앙이 말씀을 믿는 모든 이들의 마음속에 굳건하게 자리 잡기를 바랍니다.

#예수님이 다시 살리신 사람들

- 나인 성 과부의 아들(눅 7:14-15)
- 야이로의 딸(눅 8:52-56)
- 마리아와 마르다의 오라비 나사로(요 11:32-44)

#나사로의 죽음 앞에서 예수님이 보이신 감정들

심령에 비통히 여기시고(33절)	엠브리마오마이 ἐμβριμάομαι	슬픔으로 인해 영혼 깊은 곳에서 탄식함
불쌍히 여기사(33절)	타라소 ταράσσω	'뒤흔들다', '혼란케 하다'라는 뜻으로 마음에 감동이나 충격을 받은 상태
눈물을 흘리시더라(35절)	에다크리센 ἐδάκρυσεν	큰소리 내지 않고 눈물을 흘리며 나지막이 우는 것

1. 나사로의 무덤 앞에서 원망하는 마르다에게 예수님은 뭐라고 말씀하십니까?(170쪽)
2. 예수님이 죽은 나사로를 살리신 가장 중요한 이유는 무엇입니까?(172쪽)
3. 우리가 믿는다는 것은 구체적으로 어떤 의미입니까? 신자가 이 세상을 살면서 어려움을 겪을 때 필요한 신앙에 대해 생각해 봅시다(173쪽).

14

여자를 올바로 판단하시다 “나는 항상 있지 아니하리라”

요한복음 12:1-10

같은 행동도 누가 어떻게 보느냐에 따라 평가가 극단적으로 나뉠 수 있습니다. 특히 돈을 지출할 때 그렇습니다. 예를 들어, 정부가 다리를 놓는 데 돈을 쓴다고 합시다. 건축업자들은 환영하겠지만 환경론자들은 낭비라고 생각하겠지요. 액수가 적을 때는 큰 논쟁이 되지 않지만 액수가 커질수록 사회적으로 격렬한 논쟁이 벌어집니다. 그럴 때 가장 효과적인 비판은 이런 류입니다. “그 돈이면 결식아동 문제를 근본적으로 해결할 수 있다.” 이것은 논리학에서 전형적으로 논점 이탈의 오류라고 부르는데, 의외로 사람들에게 잘 먹혀드는 논리입니다. 이런 비판을 하는 사람들 중에 정말로 가난한 자를 위해 자기 돈을 정기적으로 쓰는 사람을 보지 못했습니다. 그들은 정말 가난한 사람을 위해서가 아니라, 자기의 정책이 옳음을 강변하거나 자기 자신 또는 자기가 속한 이익 집단의 욕심을 채우기 위해 그런 논리를 내세웁니다.

본문에서 이와 비슷한 예를 보게 됩니다. 예수님이 나사로 집에 들어갔을 때, 마리아가 값비싼 향유를 예수님의 발 위에 부었습니다. 그 모습을 보고 가룟 유다가 그 향유를 팔아 가난한 자들에게 주었으면 더 좋았을 것이라고 마리아를 나무랍니다. 그러자 예수님은 "이 여자가 내 몸에 이 향유를 부은 것은 내 장례를 위하여 함이니라…이 복음이 전파되는 곳에서는 이 여자가 행한 일도 말하여 그를 기억하리라"(마 26:12-13)고 말씀하셨습니다. 같은 행동에 이렇게 극단적으로 다른 판단이 나왔습니다.

본문을 통해 예수님은 어떤 분이시고, 그분에게 우리는 어떻게 반응해야 하며, 예수님은 우리를 어떻게 판단하시는지 살펴보겠습니다.

사건의 배경

본문의 사건은 마태복음 26장과 마가복음 14장에도 기록되어 있습니다. 이 여자의 사건이 세 개의 복음서에 기록된 것은 상당히 중요한 의미가 있다는 뜻입니다. 요한복음은 특별히 사건이 일어난 시점을 정확하게 기록하고 있습니다. 이 일은 유월절 엿새 전에 일어났습니다. 이 말은 이제 예수님이 십자가에서 죽임을 당하는 것이 일주일밖에 남지 않았다는 뜻입니다. 이 일은 예수님이 예루살렘에 왕으로 입성하기 하루 전에 일어났습니다. 예수님은 마지막으로 자신을 따르는 모든 제자들과 더불어 성대한 식사를 하셨습니다.

누이 마르다는 이전처럼 대접하는 일로 분주했습니다. 많은 사람들이 초청을 받아 와 있기 때문입니다. 그곳에 나사로가 있었습니다. 예수님이 나사로를 죽음에서 살리고 나서 그의 집에서 식사를 하셨습니다. 나사로가 일어나는 것을 보고 수많은 사람들이 예수님께 왔습니다. 바로 그 때문에 유대인과 대제사장들은 예수님뿐 아니라 나사로도 죽이려 했습니다. 점차 많은 사람들이 그들을 버리고 예수님께로 갔기 때문입니다.

여기서 알아야 할 것은, 죽은 사람이 살아나는 큰 기적이 일어난다고 해서 모든 사람이 하나님께로 돌아오지는 않는다는 것입니다. 그들은 종교 지도자들입니다. 성경을 누구보다 많이 알고, 예수님이 죽은 나사로를 살리시는 것을 분명히 보았습니다. 그렇다면 예수님을 메시아로 섬기는 게 맞지만, 그들은 오히려 예수님을 죽이려 했습니다. 그들은 예수님을 명절에는 죽이지 말자고 정했습니다. 유월절 같이 기쁘고 중대한 날에 하나님을 두려워하고 백성을 위해서가 아닙니다. 사람들이 많이 모인 곳에서 예수님을 잡으려다 실패해서 큰 소란이 일어날 것을 우려했기 때문입니다. 그들의 원래 계획대로였다면 예수님은 유월절에 십자가에 못 박혀 돌아가실 수 없었을 것입니다. 그러나 하나님의 계획은 이루어져야 했고, 그들의 계획을 바꾼 사람이 바로 예수님의 제자인 가룟 유다입니다. 그는 대제사장들에게 가서 예수님을 확실하게 넘기겠다고 제안하고 돈을 받았습니다. 그 금액은 은 30이었습니다. 사실 그렇게 많은 금액은 아니었습니다.

마태복음과 마가복음을 보면, 마리아가 향유를 부은 일은 대제사장과 바리새인들이 예수님을 죽이려는 계획을 미룬 일과 가룟 유다가 대제사장들에게 자기 스승을 넘기겠다고 제안한 사건 사이에 끼어 있습니다. 이것은 가룟 유다가 최종적으로 예수님을 팔아넘긴 동기가 향유 사건에 있음을 암시합니다. 그는 예수님의 올바른 판결을 듣고 회개하기는커녕 자신의 오판을 드러낸 예수님을 팔아넘기기로 결심한 것입니다. 이것이 사악한 자의 특징입니다. 가해자가 큰소리 치고 피해자를 가해자로 만드는 경우가 얼마나 많습니까?

마리아의 봉헌

마리아가 왜 예수님을 그와 같이 대접했는지는 명확히 알 수 없습니다. 그러나 몇 가지 사실에 주목할 수 있습니다. 예수님은 처음 마리아의 집을 방문하여 그녀에게 하나님의 말씀을 생생하게 전해 주신 분입니다. 손님 대접으로 분주한 언니 마르다를 내버려두고 주님의 말씀을 들은 그녀를 예수님은 오히려 칭찬하셨습니다. 예수님이 두 번째로 마리아의 집을 방문하셨을 때는, 그녀가 가장 사랑하는 오라비 나사로를 살려 주셨습니다. 그 기쁨이 얼마나 컸을까요? 예수님은 그녀에게 가장 귀한 선물을 주신 것입니다.

여기서 짚고 넘어갈 것은, 마리아가 자신이 갖고 있는 순전한 나드 향유를 나사로를 위해서는 사용하지 않았다는 것입니다. 나드 향유는 히말라야 산맥에서 나는 식물로 만든 매우 귀한 향료입니다. 유다가 정확히 계산했듯이 300데나리온이나 됩니다. 1데나리온이 당시 노동자의 일당이라면, 그것은 1년 연봉에 해당합니다. 마가복음 6장에 따르면 200데나리온은 5천 명을 먹일 수 있는 금액이니 300데나리온으로는 7,500명을 먹일 수 있었을 것입니다.

마리아는 그 귀한 향유를 예수님께 사용했습니다. 혹시 두 개를 가지고 있다가 하나는 오라비를 위해 쓰고, 남은 하나를 예수님을 위해 쓴 건 아닐까요? 그러나 그렇게 비싼 향유는 하나를 갖고 있었다고 보는 편이 자연스럽습니다. 그녀는 가장 소중한 향유를 주님께 드렸습니다. 더구나 향유를 예수님의 발에 붓고 자신의 머리털로 그 발을 씻겼습니다. 그녀가 할 수 있는 최고의 섬김이었습니다. 적어도 그녀는 그 귀한 향유를 주님께 드리는 것이 옳다고 생각했습니다.

예수님은 그녀에게 하나님의 말씀을 가르쳐 주시고, 사랑하는 오라비 나사로를 살려 주신 분입니다. 향유를 부은 것은 무엇보다 주님의 은혜에 감사한다는 표현이었습니다.

한편, 가룟 유다는 예수님을 어떻게 생각했습니까? 예수님의 몸값을 어떻게 보았습니까? 그는 3년 동안이나 예수님을 따라다녔습니다. 예수님은 가룟 유다에게 날마다 말씀을 가르쳐 주고 기적들을 친히 보여 주셨습니다. 하지만 그는 스승을 은 30에 팔아넘겼습니다. 유다에게 예수님의 가치는 은 30에 불과했습니다. 유다와 마리아가 예수님을 보는 관점이 얼마나 다릅니까?

가룟 유다의 비판

마리아가 향유를 붓는 것을 보고 가룟 유다가 비판하기 시작합니다. 다른 복음서에서 제자들이 동일한 비판을 한 것으로 보아 이 비판을 주도한 사람이 가룟 유다인 것 같습니다. 다른 제자들도 동조한 것을 보면 그들의 영적 수준이 가룟 유다와 그다지 다르지 않습니다.

① "왜 허비합니까? 그것을 팔아서 가난한 사람에게 주면 더 좋았을 걸요." 유다의 말을 잘 들어 보십시오. 맞는 말이고 참으로 좋은 말입니다. 이런 말일수록 반론을 제기하기가 쉽지 않습니다. 반론을

제기하면 가난한 사람들을 돌보지 않는 사람으로 낙인이 찍힐지도 모릅니다. 가룟 유다는 마리아가 향유를 붓는 것이 허비라고 생각했습니다. 비싼 향유를 다 부을 필요없이 조금만 써도 되는데 발에 통째로 들이붓는 게 말이 되느냐는 것입니다.

실제로 가난한 사람들을 돌보고 자기 재산을 나누며 사는 사람이 그런 비판을 했다면 나름대로 귀담아 들을 필요도 있습니다. 그러나 자기는 실제로 행하는 바 없이 말로만 가난한 자를 돌봐야 한다고 주장하는 사람은 그 진의가 의심됩니다. 가난한 사람들을 위하는 척하면서 자기 이익이나 자기 집단의 이익을 추구하는 자일 가능성이 높습니다. 6절이 그것을 증명하고 있습니다. "이렇게 말함은 가난한 자들을 생각함이 아니요 그는 도둑이라 돈궤를 맡고 거기 넣는 것을 훔쳐 감이러라."

오늘날에도 이런 사람들이 적지 않습니다. 구호단체를 만들어 놓고 가난한 자들에게 가야 할 돈을 중간에서 가로채는 일이 종종 있습니다. 예수님 당시에도 많은 사람들이 적지 않게 헌금을 했던 것 같습니다. 제자들 중 가룟 유다가 회계를 맡아 그 돈을 관리했습니다. 삭개오처럼 전 재산의 반과 같이 거액을 헌금하는 사람도 있었을 텐데, 그때마다 가룟 유다는 재정을 조금씩 사적으로 유용했습니다.

제자들의 비판과 관련해 짚고 넘어갈 일이 있습니다. 누가복음 7

장 36절 이하를 보면, 이 사건과 아주 유사한 이야기가 나옵니다. 어떤 사람들은 이 둘을 같은 사건으로 보기도 하지만 명백히 다른 점이 많습니다. 여기서도 한 여자가 예수님께 향유를 붓고 눈물로 예수님의 발을 적시고 머리털로 닦는 장면이 나오는데, 이 사건이 벌어진 장소는 바리새인의 집입니다. 사건이 일어난 시점도 예수님이 잡히시기 얼마 전이 아니라 공생애를 시작하고 나서 얼마 지나지 않은 때입니다. 따라서 이 둘은 명백히 다른 사건입니다. 성경에는 이 식사 자리에 예수님의 제자들이 참석했는지 여부가 분명히 나와 있지 않지만, 적어도 몇 명은 참석한 것으로 보입니다(49절, "함께 앉아 있는 자들").

그때 예수님이 그 여자가 왜 그런 행위를 했는지 제자들에게 가르쳐 주셨습니다. 그녀가 향유를 부은 것은 죄사함을 많이 받았기 때문입니다. 제자들은 이런 경험을 이미 했음에도 불구하고 나중에 유사한 사건이 벌어졌을 때, 마리아의 행위를 이해하려 하기보다 자기 기준에 비추어 분개하며 정죄했습니다.

주님의 판결

예수님은 먼저 "그를 가만두라"고 말씀하셨습니다. 사실 제자들은 향유의 가격에 대해 이러쿵저러쿵 말할 자격이 없습니다. 그 향유는 마리아의 것이고, 마리아가 원하는 대로 사용하는 것이 옳습니다. 솔직히 그들은 이제까지 주님을 따라다니면서 주님께 한 번도 이런 대접을 해본 적이 없습니다. 예수님에게 많은 것을 받았지만 그분에게 걸맞는 대접을 하지 않았습니다. 그들은 예수님이 예루살렘에 입성하면 누가 그분의 가장 가까운 편, 즉 오른편과 왼편에 앉아 권력을 행사할 것인지에만 관심이 있었습니다. 외적인 데 신경을 쓰니 내적인 면을 알아보지 못할 수밖에요. 마리아가 예수님의 발에 향유를 쏟아부은 이유는 그들에게 별로 중요하지 않았습니다.

예수님은 그녀가 그렇게 한 이유를 선언하십니다. "나의 장례할 ②
날을 위하여 그것을 간직하게 하라"(7절). 예수님은 마리아가 예수님의 죽음을 위해 이 귀한 향유를 간직했다고 설명하셨습니다. 정말 마리아가 예수님의 죽으심을 예측하고 향유를 준비한 것일까요? 이런 궁금증이 들 만도 합니다. 지금 예수님의 제자들도 예수님의 죽으심을 전혀 예측하지 못하고 있으니 말입니다. 그런데 어떻게 마리아가 그런 예측을 할 수 있었을까요? 마리아는 단지 예수님에 대한 극진한 감사를 표현했을 뿐인데, 미래를 아시는 주님이 마리아의 행위를 자신의 죽음을 준비한 것으로 해석한 것은 아닐까요?

둘 다 맞을 수 있지만 저는 예수님의 말씀을 문자 그대로 받아들이는 것이 좋다고 봅니다. 예수님이 처음 마리아의 집을 방문하셨을 때, 그녀가 예수님의 발치에 앉아 친히 가르침을 받은 사실을 기억하실 것입니다. 그때 예수님이 무엇을 가르치셨는지 알 수 없지만, 일반적인 복음을 가르쳤다고 추측할 수 있습니다. 뭔가 특별한 것을 가르쳤다면 그 내용이 기록으로 남았을 테지요. 하지만 기록이 남지 않은 것으로 보아 예수님은 늘 가르치던 내용을 마리아에게도 가르치신 것 같습니다. 이미 예수님은 제자들에게 예루살렘에서 자신이 죽고 다시 살아날 것을 가르치기 시작하셨습니다. 마리아는 그 말씀을 듣고 자신이 아끼고 보관해 오던 나드 향유를 예수님의 죽음을 맞이하기 위해 보관한 것이 아닐까요? 사랑하는 오라비 나사로를 위해서도 사용하지 않았다는 것이 가장 분명한 증거라고 할 수 있습니다. 특별한 목적이 없었더라면 틀림없이 향유를 나사로에게 썼을 것입니다.

이제 예수님이 세 번째로 마리아를 방문하셨습니다. 그녀는 예수님이 곧 죽으실 것을 알았습니다. 적어도 죽으실 수도 있다고 생각했습니다. 오라비 나사로도 유대인들에게 살해 위협을 받은 것이 분명합니다. 그러니 종교 지도자들이 예수님을 죽이려 한다는 사실 정도는 알 수 있었을 테지요. 어쩌면 마지막 방문일지도 모르는 기회를 그녀는 놓칠 수 없었고, 자기 집에 오신 예수님께 향유를 아낌없이 부었습니다.

마리아의 태도

주위 사람의 비난이 빗발칠 때, 마리아는 아무 대응도 하지 않았습니다. 이전에 마르다가 그녀를 비난할 때도 그랬습니다. 어찌 보면 마리아는 연약한 여자였습니다. 그들에게 반론을 제기한다고 이길 수 있는 것도 아니기에 그녀는 묵묵히 예수님의 판단을 기다렸습니다.

마리아의 이런 태도가 오늘날 우리 교회에도 필요하지 않을까요? 교회의 어떤 신자들은 남의 속도 모르고 근거 없이 다른 신자들을 비판합니다. 논리적으로는 그의 비판이 틀리지 않습니다. 다 맞는 말입니다. 그러나 작정하고 악의적으로 참된 신자를 비판하는 경우에는 사실 해결책이 없습니다. 비난을 고스란히 받는 수밖에요. 반론을 제기하면 더 엉뚱하고 기막힌 논리로 괴롭힐 테니까요. 그렇게 비판하는 이들의 목적은 궁극적으로 자기 이익뿐입니다. 정의와 자비로 포장해도 실제로는 양의 탈을 쓴 늑대라고 할 수 있습니다. 이럴 때 우리는 주님의 판결에 만족해야 합니다.

예수님은 복음이 전파되는 곳에 이 여자가 행한 일도 같이 전파되어야 한다고 판결하셨습니다. 예수님의 죽으심이야말로 복음의 본질 중 본질입니다. 마리아는 예수님의 죽으심을 바라보았고, 이것은 오늘날 우리에게도 큰 본이 됩니다.

③ 본문의 교훈을 잘 이해해야 합니다. 본문은 가난한 사람을 돌볼 필요가 없다고 결코 말하지 않습니다. 그렇다고 재산을 몽땅 팔아 교회에 헌금하라든지, 주의 종을 잘 섬겨야 한다고 말하는 것도 아닙니다. 실제로 마리아의 향유는 헌금 설교의 단골 소재인데, 이 본문의 핵심이 무엇입니까? 바로 "예수님이 누구신가"입니다. 마리아는 예수님의 죽으심을 준비했지만 우리는 그럴 필요가 없습니다. 죽으시고 부활하신 주님을 믿고 예배하면 됩니다.

예수님은 모든 가난한 자들에 우선하십니다. 가난한 자들은 이 세상에 항상 있을 것이지만 주님은 그렇지 않습니다. 그런 점에서 기독교는 도덕이 아닙니다. 착한 일 많이 하고 가난한 사람을 돕고 사는 것은 분명 성경의 가르침이지만, 그것이 본질은 아닙니다. 더 근본적인 질문은 "예수님이 누구신가"입니다. 예수님은 우리에게 가장 소중한 분이십니까?

#예수님 당시의 화폐 단위

- 데나리온: 노동자의 하루 품삯에 해당하는 로마의 은화
- 앗사리온: 빵 한 조각을 살 수 있었던 동전
- 렙돈: 최소 단위의 그리스 화폐로 8분의 1 앗사리온에 해당한다.
- 세겔: 4드라크마(데나리온)에 해당하는 유대의 은화
- 드라크마: 1데나리온에 해당하는 그리스 은화
- 므나: 100드라크마에 해당하는 그리스 화폐

#예수님 당대에 사용된 은화의 한 종류인 데나리온: 로마황제의 초상과 함께 다양한 디자인이 있다(왼쪽: 아우구스투스, 오른쪽: 티베리우스).

1. 마리아가 예수님의 발에 향유를 붓자 유다를 비롯한 제자들은 뭐라고 비난했습니까?(180-181쪽)
2. 예수님은 마리아가 왜 그런 행동을 했다고 말씀하십니까?(183쪽)
3. 자신의 선한 의도도 면밀히 살펴보면 하나님께서 원치 않는 일일 때가 종종 있습니다. 신앙생활을 할 때 우리는 무엇을 가장 중요하게 생각해야 합니까?(186쪽)

고별강화와 중보기도

요한복음 13:1-17:26

15

하나님 나라의 질서
“이것을 알고 행하면 복이 있으리라”

요한복음 13:1-17

예수님이 제자들의 발을 씻기셨습니다. 참으로 감동적인 이야기입니다. 그런데 정작 발을 맡겨야 하는 제자들은 매우 당혹스러웠을 것입니다. 베드로는 예수님의 행동을 도저히 이해할 수 없었습니다. 그는 “주께서 내 발을 씻으시나이까”라고 물었습니다. 예수님이 “내가 하는 것을 네가 지금은 알지 못하나 이후에는 알리라”고 답하셨지만, 베드로는 “내 발을 절대로 씻지 못하시리이다”라며 반발했습니다. 베드로는 예수님을 주 또는 선생으로 부르며(13절) 3년 동안이나 따라다녔지만 그분의 행동을 정확히 이해하지 못했습니다. 종의 발을 씻기는 스승을 상상할 수 없었을 테지요. 하나님의 아들이자 이스라엘의 메시아가 될 사람이(마 16:16) 제자들의 발을 씻긴다는 건 더더욱 있을 수 없다고 생각했을 것입니다.

예수님의 이런 모습을 어떻게 생각하십니까? 우리는 제자들의 발을 씻기시는 예수님을 우리의 구주요 생명 주시는 분으로 믿고 받아들일 준비가 되어 있습니까? 이와 같은 예수님을 주님으로 영접한다면 그분을 따르는 우리의 삶은 어떠해야 할까요? 정말로 그렇게 살기를 원하십니까? 예수님의 모범이 실제로 우리 삶의 지침이 되기 위해서는 무엇이 필요할까요?

예수님은 우리에게 오셔서 하나님 나라의 질서에 관한 중요한 가 ①
르침을 주셨습니다. 그것은 큰 자가 작은 자를 섬기는 것입니다(마 23:11). 이것은 세상의 질서와 근본적으로 다릅니다. 세상의 질서는 힘있는 자가 힘없는 자 위에 군림합니다. 이른바 갑이 을을 지배하고 섬김의 통치는 찾아보기 어렵습니다. 하지만 예수님은 세족식을 통해 하나님 나라의 질서가 무엇인지 아주 분명하게 보여 주셨습니다. 그리고 이 질서를 제대로 아는 사람은 복이 있다고 선언하셨습니다.

세족식의 배경: 그리스도의 사랑

13장 1절은 본문의 사건이 일어난 시간적 배경을 알려 주고 있습니다. 그때는 바로 "유월절 전"이었습니다. 12장 1절의 "유월절 엿새 전"

과 비교해 보면 유월절이 보다 임박했습니다. 요한복음에서 유월절은 예수님의 죽음과 밀접한 관련이 있습니다. "유월절 전"이라는 표현은 예수님이 곧 있으면 죽게 된다는 것을 강하게 암시합니다. 본문도 유월절과 "세상을 떠나는 것"과 "아버지께로 돌아가는 것"을 밀접하게 연결짓고 있습니다. 간단히 말해 이제 예수님은 곧 죽게 됩니다. 내가 내일 죽는다면 무엇을 할까요? 예수님은 이 질문에 아주 중요한 하나의 답을 제시하십니다.

예수님이 죽음을 앞두고 행하신 일은 제자들을 '끝까지' 사랑하신 것입니다. 여기서 '끝까지'라는 말은 시간보다는 목적을 나타냅니다. 예수님은 최종 목적지에 이르기까지 제자들을 사랑하셨습니다. 우리 주님은 죽음 앞에서도 아주 당당하게 해야 할 일을 끝까지 잘 감당하셨습니다. 그분은 아버지께서 맡기신 일들을 남김없이 수행하셨습니다. 십자가에서 극심한 고통을 당하는 중에도 성부 하나님께 순종하는 일을 잠시도 멈추지 않으셨습니다.

예수님은 제자들을 구체적으로 어떻게 사랑하셨습니까? 물론 예수님의 사랑은 십자가에서 완성되었습니다. 그러나 유월절 전에는 그들의 발을 씻기며 사랑을 나타내셨습니다. 그 사랑을 알지 못하면 세족식을 제대로 이해할 수 없습니다. 세족을 가능하게 했던 힘이 바로 그분의 사랑에서 나오기 때문입니다.

누구를 씻겨 본 경험이 있습니까? 세신사나 노인 돌보미들은 돈을 받고 다른 사람의 몸을 씻깁니다. 돈을 받지 않고 다른 사람을 씻기는 경우는 없을까요? 아마 대부분이 어린 자녀를 목욕시킨 경험이 있을 것입니다. 가끔은 남편이나 아내를 씻긴 경험도 있을 것입니다. 왜 씻겨 주었을까요? 그들을 지극히 사랑하기 때문입니다. 다른 사람의 몸을 씻기는 것은 그야말로 중노동일 수 있습니다. 그러나 사랑하는 자녀이고 남편이고 아내이기 때문에 그 일을 기쁘게 할 수 있습니다.

우리의 참 주인이신 예수님이 제자들을 이렇게 사랑하신 것과는 정반대로 마귀는 가룟 유다의 마음에 악한 생각을 집어넣었습니다(2절). 여기서 참 스승과 거짓 스승의 대조를 보게 됩니다. 참 스승은 제자들을 섬기고 사랑하지만, 거짓 스승은 제자들을 마음대로 부리고 악한 일을 시킵니다. 예수님은 가룟 유다의 발도 씻기셨습니다. 하지만 가룟 유다는 스승의 행동에 전혀 은혜를 받지 못했습니다. 그는 돈을 탐했기 때문에 스승을 배반하고 팔아 버렸습니다. 이것이 바로 거짓 스승들이 조장하는 일입니다.

정결하게 하여 직무를 맡기심

세족을 통해 예수님은 자신이 어떤 일을 하는지 정확히 나타내셨습 ②
니다. 그 일은 정결 사역이었습니다. 물론 예수님은 십자가에서 흘리신 피로 자신을 믿는 모든 이들을 정결하게 하실 것입니다. 하지만 십자가 자체는 정결 사역이라는 개념을 선명하게 전달하지 않습니다. 한편 세족식은 정결의 개념을 매우 구체적이고 분명하게 전달합니다. 예수님은 죽음을 앞두고 세족식을 통해 자신의 직무를 제자들에게 다시 한번 확인시켜 주셨습니다. 그것이 바로 정결입니다. "내가 너희를 정결하게 하노라!" 이것이 세족식의 핵심 메시지입니다. 그런 점에서 예수님의 세족식은 반복될 수 없습니다. 보통 교회에서 수련회나 특별행사 때 세족식을 하는 경우가 있는데, 이것은 오히려 원래의 의미를 약화시킬 수 있습니다. 세족식을 하는 사람 중 누구도 다른 사람의 발을 씻기면서 '내가 너의 죄를 씻고 있다'고 생각하지 않을 테니까요.

'깨끗한'이란 말은 본문을 제외하고 요한복음에서 15장 3절에 유일하게 등장합니다. 그곳에서 예수님은 제자들에게 "너희는 내가 일러준 말로 이미 깨끗하여졌으니"라고 선언하십니다. 예수님은 지금까지 제자들을 여러 방식으로 가르치셨습니다. 그렇게 하신 이유는 그들을 말씀으로 정결하게 하기 위해서였습니다. 제자들은 예수님의 말씀을 받아들임으로 죄사함을 받아 하나님 나라의 새로운 백성이 되었습니다.

예수님이 이미 깨끗하게 한 제자들의 발을 씻겨 준 이유는, 그들과의 관계를 보다 강화하기 위해서였습니다. 예수님은 베드로에게 씻기를 거부하면 자신과 아무 상관이 없다고 말씀하셨습니다. 그들이 예수님과 보다 친밀한 교제를 하려면 정결하게 하시는 그분의 사역을 받아들여야 합니다. 그렇게 예수님을 영접하면 그분은 그들에게 새로운 직무를 맡기실 것입니다. 우리 주님은 능력 있는 사람이 아니라 정결한 사람을 사용하시기 때문입니다.

이스라엘 문화에서 세족식을 하는 경우는 크게 두 가지입니다. 두 가지 모두 성전과 밀접한 관계가 있습니다. 유대인들은 성전에 들어가기 전에 손과 발을 깨끗이 씻어야 했습니다. 제사장도 회막에 들어갈 때 손발을 씻어야 했고, 들어가서 화제를 드릴 때에도 손발을 씻어야 했습니다. 이런 정결 예식을 행하지 않으면 죽음을 면하지 못했습니다(출 30:17-21). 출애굽기 마지막 장(40장)에 따르면, 성막이 완성되는 최종 단계가 아론과 그 아들들이 수족을 씻는 물두멍을 설치하는 것이었습니다. 그 후에 구름이 회막에 덮이면서 여호와의 영광이 성막에 충만했습니다.

이와 같은 구약의 배경을 알고 있다면 예수님이 제자들의 발을 씻기신 이유가 보다 잘 이해될 것입니다. 아론과 그의 아들들은 제사장 위임을 받을 때 회막문에서 몸을 씻었습니다. 위임식은 한 번만 있으므로 몸 전체를 씻는 것은 한 번뿐입니다. 이후에는 성전에 들어가거나 화제를 드릴 때마다 손발을 씻어야 했습니다. 성전이신 예수님이 제자들을 씻기신 이유는, 그들의 죄를 씻을 뿐 아니라 그들에게 사도의 성스러운 직무를 맡기기 위해서였습니다.

이제 예수님은 하나님께로 돌아갑니다. 승천하신 주님은 이 땅에 새로운 성전인 교회를 세우실 것입니다. 이 성전에서 직무를 수행하려면 무엇보다 정결해야 합니다. 구약에서 오직 물로 정결하게 된 제사장만이 성막에서 직무를 수행했듯이, 신약의 성전인 교회에서도 말씀과 성령으로 정결하게 된 사람만이 말씀의 봉사를 해야 합니다. 오늘날 교회가 세상 사람들의 손가락질을 받는 주된 이유가 무엇입니까? 말씀 사역자들이 삶에서 순결을 상실했기 때문입니다.

고난받는 종

세족식에서 마지막으로 살펴볼 것은 주님의 비하(卑下, 낮아지심)입니다. 돌아가시기 전에 예수님은 진정한 메시아가 어떤 존재인지 드러내셨습니다. 사역 초기에 예수님은 많은 능력을 보여 주셨습니다. 병을 고치고, 귀신을 쫓아내고, 물로 포도주를 만들고, 물위를 걷기도 하셨습니다. 그런데 후반으로 갈수록 그런 기적을 행하지 않으십니다. 왠지 예수님이 연약하고 힘없는 분으로 변한 것처럼 느껴집니다.

본문에서 예수님은 어떤 모습입니까? 보좌에 앉아 호령하는 분이 아니라 허리를 굽혀 종처럼 제자들의 발을 씻기시는 분입니다. 제자들 중 누구도 예수님의 이런 모습을 상상하지 못했을 것입니다. 어떤 왕이 이렇게 행동할까요? 베드로는 이런 '굴욕스러운' 메시아를 받아들일 수 없었습니다. 그는 빌립보 가이사랴에서 예수님을 "그리스도요 하나님의 아들"이라고 올바로 고백한 적이 있습니다. 그 때부터 예수님은 제자들에게 인자가 십자가에 못 박혀 죽고 사흘 만에 부활할 것이라고 가르치기 시작하셨습니다. 그때 베드로는 결단코 그런 일이 일어나지 않게 하겠다며 예수님을 만류했습니다. 그러자 예수님은 베드로를 향해 "사탄아, 내 뒤로 물러나라"고 꾸짖으셨습니다. 이와 같이 책망을 받았는데도 베드로는 여전히 잘못된 메시아 상을 버리지 못했습니다.

발을 씻기고 수건으로 닦는 이 사람이 과연 우리를 구원할 메시 ②
아가 맞는가? 이것이 바로 세족식이 우리에게 던지는 핵심 질문입니다. 이 사람을 구원자로 믿으면 영생을 얻는다는 것이 요한복음의 주제입니다. 세족식의 목적은 우리로 하여금 예수님을 본받아 겸손하게 다른 사람을 섬기도록 하기 위함임이 분명합니다. 하지만 더 큰 목적은 왕이지만 고난받는 종으로서 이 세상을 사시다가 마침내 십자가에서 진노를 감당하신 분이 바로 예수님임을 증명하는 것입니다.

제자들의 발을 씻기신 예수님이 그들에게 주는 메시지는 무엇입니까? 앞에서 말했듯이 예수님은 이제 제자들을 정결하게 한 다음 직무를 주어 세상에 파송하려 하십니다. 이에 앞서 예수님은 그들에게 진정한 복을 가르쳐 주십니다.

> 내가 진실로 진실로 너희에게 이르노니 종이 상전보다 크지 못하고 보냄을 받은 자가 보낸 자보다 크지 못하니 너희가 이것을 알고 행하면 복이 있으리라(요 13:16-17).

파송하는 자가 큽니까, 파송받는 자가 큽니까? 당연히 파송하는 자가 큽니다. 예수님이 제자들을 파송하셨기 때문에 예수님이 제자들보다 큽니다. 그런데 그 예수님은 선생과 주로서 제자들의 발을 씻기셨습니다. 그렇다면 파송받은 제자들은 어떻게 살아야 할까요? 파송하신 분이 종처럼 섬기는 자로 살았는데 파송받은 자가 목에 힘주고 살아갈 수 있을까요? 우리를 파송하신 분이 제자들의 발을 씻겼다는 사실만 기억해도 말씀 사역자들은 겸손하게 사역할 수밖에 없을 것입니다.

세족식에서 우리는 무엇보다 예수님의 사랑을 봅니다. 세족식을 통해 예수님이 얼마나 제자들을 사랑하셨는지 실감할 수 있습니다. 이처럼 사랑 많은 분이었기에 예수님은 십자가에서 우리 죄를 위해 모든 고난을 짊어지실 수 있었습니다. 이와 같은 사랑 덕분에 우리는 구원을 받아 영원한 생명을 누리게 되었습니다. 또한 이 사랑 안에서 진정한 하나님 나라의 질서를 보게 됩니다. 그것은 큰 자가 작은 자를 섬기는 것입니다. 이것은 갑을 관계가 지배하는 오늘날 자본주의 사회와는 근본적으로 다른 새로운 질서입니다.

예수님은 제자들을 정결하게 하셨습니다. 또한 십자가에서 흘리신 피로 모든 신자들의 죄책을 제거하셨습니다. 그분의 피가 우리를 완전히 정결하게 했습니다. 부활하고 승천하신 주님은 이제 하늘에서 말씀과 성령으로 모든 신자들을 정결하게 하십니다. 정결하게 하는 사역은 주님이 다시 오실 때까지 멈추지 않을 것입니다. 이 일은 주님이 정결하게 하신 말씀 사역자들을 통해 이루어 가실 것입니다.

우리가 믿는 예수님은 고난받는 종입니다. 고난받는 종은 그 당시 제자들이 도저히 받아들일 수 없는 메시지였습니다. 그분을 메시아로 정말 믿는다면 자신도 그와 같이 살아야 하기 때문입니다. 예수님을 믿고 따르면 만사형통이고 떵떵거리며 살 줄 알았는데, 그분과 같이 종처럼 섬기며 살아야 한다고 생각해 보십시오. 그러나 예수님은 우리에게 분명히 복을 선언하십니다. "보냄을 받은 자가 보낸 자보다 크지 못하나니 너희가 이것을 알고 행하면 복이 있으리라"(16-17절). 진정한 복은 자기 신분을 정확하게 알고 자기에게 주어진 직무를 잘 수행하는 것입니다.

세족식은 우리가 그대로 따라해야 하는 모델은 아닙니다. 그러나

③ 말씀 사역자인 목사는 예수님처럼 말씀으로 성도들을 정결하게 해야 합니다. 이것은 종이 되어 다른 사람의 발을 씻기는 것과 같이 힘든 일입니다. 누가 이 일을 제대로 감당할 수 있을까요? 누구에게 파송받았는지 아는 자가 그 일을 할 수 있습니다. 예수님은 파송된 제자들을 영접하는 자들에게 복을 선언하셨습니다. "내가 진실로 진실로 너희에게 이르노니 내가 보낸 자를 영접하는 자는 나를 영접하는 것이요 나를 영접하는 자는 나를 보내신 이를 영접하는 것이니라"(20절).

하늘에 오르신 주님을 영접하는 방법은 그분이 보내신 자들을 영접하는 것입니다. 승천하신 주님은 말씀 사역자들을 교회에 파송하여 복음을 설교하게 하십니다. 그 설교를 영접하는 것이 곧 주님을 영접하는 것입니다. 설교자를 통해 선포된 말씀을 영접하는 자들에게 하나님의 자녀가 되는 놀라운 권세가 주어집니다. 이와 같은 삼위 하나님의 복이 주님의 말씀을 영접하는 모든 이들에게 늘 함께 있기를 바랍니다.

#때가 이른 줄 아시고(1절): 요한복음 전반부에는 '때가 이르지 않았다'는 표현이 되풀이 되지만(2:4, 7:6, 30, 8:20), 후반부에서는 '때가 왔다'는 표현이 자주 쓰인다(12:23, 17:1). 그리스도의 죽음의 때에 시선을 고정시킨 전개로 볼 수 있다.

#끝까지(헬, 텔로스)사랑하시느니라(1절): 예수님이 십자가에서 외치셨던 "다 이루었다"(19:30)에서도 헬라어 텔로스가 쓰이고 있다.

#보냄을 받은 자(16절, 헬, 아포스톨로스): 문자적으로 사도(Apostle)라는 말은 열한 제자의 사도적 사명을 암시한다.

1. 예수님의 세족식에서 볼 수 있는 하나님 나라의 질서는 무엇입니까?(191쪽)
2. 예수님이 제자들의 발을 직접 씻기신 주된 목적은 무엇입니까? 이 일을 통해 나타난 그리스도의 중요한 사역은 무엇입니까?(193-194, 197쪽)
3. 오늘날 우리는 어떻게 주님을 영접하며 정결하게 하는 의식에 참여할 수 있습니까?(200쪽)

16

보혜사 성령
"또 다른 보혜사를 너희에게 주사"

요한복음 14:8-21

본문은 요한복음에 나타난 성령 하나님을 이해하는 데 대단히 중요합니다. 이 본문에서 예수님이 처음으로 성령 하나님을 '보혜사'로 소개하고 있습니다. '보혜사'는 매우 생소하고 성경에서 잘 사용되지 않는 단어입니다. 오직 요한복음과 요한서신에만 나옵니다. 이 단어를 헬라어로 '파라클레토스'라고 하는데 요한복음에는 '보혜사'로, 요한서신에는 '대언자'로 번역되어 있습니다. 영어성경에는 위로자, 돕는자, 상담자, 참모 등 여러 단어로 번역되어 있습니다. 그만큼 이 단어가 가진 의미가 다양하고 풍성합니다.

보혜사는 오늘날 우리나라에서 일상적으로 쓰는 용어가 아닙니다. 일반 사람들에게 보혜사가 무슨 뜻이냐고 물어보면 아마 거의 대답하지 못할 것입니다. 신자들도 보혜사가 성령과 어떤 관계가 있는지 정확한 의미를 모릅니다. 한자로 보면 보혜사(保惠師)란 '보호하고 은혜를 주는 분'이라는 뜻입니다. 물론 성령은 우리를 보호하시고 우리에게 은혜를 주시지만 이것만으로는 원래 단어가 지닌 핵심 의미를 제대로 알기 힘듭니다.

먼저 어원을 살펴보면, 파라클레토스는 '옆으로 부름을 받은 자'라는 뜻이 있습니다. 이와 같은 뜻에서 옆에서 '돕는 자' 혹은 '대신 변호해 주는 자'라는 의미가 파생했습니다. 적어도 이 단어가 법적 용어에 뿌리를 두고 있다는 점은 확실합니다.* 오늘날 우리에게 가장 친숙한 이름은 변호사겠지요. 요한1서 2장 1절에는 파라클레토스가 대언자로 번역되어 있습니다. 흥미롭게도 요한서신서에서 이 대언자는 성령이 아니라 예수님입니다.

오늘날 잘못된 성령론으로 교회가 큰 어려움을 겪고 있습니다. 은사주의 교회는 보혜사를 지나치게 강조하고, 전통적 교회는 이런 용어를 잘 쓰지 않으려는 경향이 있습니다. 성령에 대한 소극적 이해는 성도들을 소극적인 신앙생활로 인도할 수밖에 없습니다. 그러므로 성경을 통해 보혜사 성령에 대한 바른 이해를 정립해야 합니다.

---

* Lochlan Shelfer, "The Legal Precision of the Term 'παράκλητος,' *Journal of Study of the New Testament* 32.2 (2009): 131-150.

보혜사는 요한복음에서 14장, 15장, 16장에 등장합니다. 이 세 장(보다 정확하게는 13:31-16:33)은 예수님의 '고별강화'로 알려져 있습니다. 고별강화는 예수님이 잡히시기 전날 밤 유다가 예수님을 팔러 나간 후, 제자들에게 전한 두 개의 설교로 구성되어 있습니다. 고별강화는 제자들을 향한 유언과 같습니다. 고별강화의 관점에서 보았을 때, 보혜사는 그리스도의 떠나심과 아주 밀접한 관계가 있다고 추론할 수 있습니다.

① 고별강화를 시작하면서 예수님은 자신이 곧 떠나게 될 것을 공개적으로 선언하셨습니다(13:33). 이 말씀에 제자들은 큰 충격을 받았습니다. 모든 것을 버리고 예수님을 3년 동안이나 따라다녔는데 이제 와서 떠나신다니 도대체 이게 무슨 말일까요? 심지어 예수님은 자기가 가는 곳에 제자들은 따라올 수 없다고 말씀하셨습니다. 제자들은 예수님의 폭탄선언에 큰 두려움에 빠졌습니다. 그들에게는 위안이 필요했습니다.

제자들의 슬픔과 두려움을 충분히 이해한 예수님은 상당히 긴 고별강화를 하셨습니다. 강화의 핵심 중 하나는 '보혜사 성령이 오신다'는 약속입니다. 또 다른 보혜사 성령의 오심이야말로 제자들에게 가장 큰 위로가 될 수 있기 때문입니다. 보혜사가 사용된 구절을 차례대로 살펴보겠습니다.

- 그가 또 다른 보혜사를 너희에게 주사(14:16).
- 보혜사 곧 아버지께서 내 이름으로 보내실 성령(14:26).
- 내가 아버지께로부터 너희에게 보낼 보혜사 곧 아버지께로부터 나오시는 진리의 성령이 오실 때에(15:26).
- 내가 떠나가지 아니하면 보혜사가 너희에게로 오시지 아니할 것이요 가면 내가 그를 너희에게로 보내리니(16:7).

보혜사가 인용된 구절들은 성령에 대한 아주 본질적인 교훈을 가르쳐 주고 있습니다. 첫째, 성령은 독자적으로 행동하시는 분이 아닙니다. 성령은 성부, 성자와 밀접한 연관이 있습니다. 성령은 성부에게서 나오시는 분이고, 성부께서 주시는 분이며, 성자께서 보내시는 분입니다. 우리는 니케아 신경에서 다음과 같이 고백합니다. "그분은 성부와 성자에게서 나오시고, 성부와 성자와 함께 경배와 영광을 받으시는 분입니다." 성부, 성자와 관계없이 보혜사를 이야기하기란 불가능합니다.

둘째, 보혜사 성령은 제자들에게 주어지고 제자들을 위해 사역하시며 제자들 안에 거하십니다. 성령은 스스로 행동하거나 스스로를 위해 일하시는 분이 아닙니다. 성령은 전적으로 제자들, 그리고 우리를 위해 오셨습니다. 보혜사 성령은 삼위 하나님과 함께 일하시고, 우리를 구원하시며, 우리에게 생명을 주시는 분입니다.

셋째, 보혜사 성령은 그리스도가 제자들을 떠나야 오십니다. 그리스도의 떠나심과 성령의 오심은 밀접하게 연결되어 있습니다. 보혜사 성령은 승천하신 그리스도가 보내시는 분입니다. 그리스도의 승천 없이 성령이 오신다면 우리의 구원은 완전할 수 없습니다. 성부 하나님은 죄와 사망과 사탄을 완전히 이기신 그리스도에게 성령을 선물로 주셨고, 그리스도는 그 선물을 자신을 위해 사용하지 않고 자신이 택한 백성들에게 주셨습니다.

"아버지를 우리에게 보여 주옵소서"

예수님의 고별강화는 일방적 설교가 아니라 문답식으로 이루어져 있습니다. 여러 제자들의 질문에 답하시는 가운데 보혜사에 대한 가르침이 제시됩니다. 유다가 나간 다음에 예수님이 "너희는 내가 가는 곳에 올 수 없다"고 말씀하십니다. 그러자 베드로가 "주여, 어디로 가시나이까"라고 물었습니다. 예수님은 "네가 지금은 따라올 수 없으나 후에는 따라오리라"고 답하셨습니다(13:36). 베드로는 "내가 지금은 어찌하여 따라갈 수 없나이까? 주를 위하여 내 목숨을 버리겠나이다"라고 반론을 제기했습니다. 그러자 예수님은 베드로가 세 번이나 예수님을 부인하게 되리라고 예언하셨습니다.

예수님은 다시 오겠다며 "내가 어디로 가는지 그 길을 너희가 아느니라"(14:4)고 말씀하셨습니다. 이 말씀에는 도마가 "주여, 주께서 어디로 가시는지 우리가 알지 못하거늘 그 길을 어찌 알겠사옵나이까"라고 질문했습니다. 그러자 예수님은 그 유명한 말씀을 합니다. "내가 곧 길이요 진리요 생명이니 나로 말미암지 않고는 아버지께로 올 자가 없느니"(14:6).

이번에는 빌립이 나섰습니다. "주여, 아버지를 우리에게 보여 주옵소서." 본문이 바로 빌립의 질문에 대한 답입니다. 예수님은 먼저 빌립을 책망하며 이렇게 질문하셨습니다. "빌립아, 내가 이렇게 오래 너희와 함께 있으되 네가 나를 알지 못하느냐? 나를 본 자는 아버지를 보았거늘 어찌하여 아버지를 보이라 하느냐? 내가 아버지 안에 거하고 아버지는 내 안에 계신 것을 네가 믿지 아니하느냐?" 예수님의 답은 아버지를 보여 줄 필요가 없다는 것입니다. 제자들은 예수님을 통해 이미 아버지를 보았기 때문입니다.

빌립은 예수님과 오랫동안 함께 생활했지만 그분을 제대로 이해하지 못했습니다. 우리가 교회생활을 오래한다고 해서 예수님을 아는 것은 아닙니다. 예수님을 안다는 것은 무엇을 의미합니까? 예수님을 통해 성부 아버지를 보는 것입니다. 예수님은 빌립에게 "내가 아버지 안에 거하고 아버지께서 내 안에 계심을 믿으라 그렇지 못하겠거든 행하는 그 일로 말미암아 나를 믿으라"(11절)고 답하십니다. 중요한 것은 아버지를 보는 것이 아니라 예수님이 아버지 안에 계신 것과 아버지께서 예수님 안에 계신 것을 믿는 것입니다.

이 믿음이 제자들에게 왜 중요할까요? 예수님은 이런 말씀도 하셨습니다. "나를 믿는 자는 내가 하는 일을 그도 할 것이요 또한 그보다 큰 일도 하리니 이는 내가 아버지께로 감이라"(12절). 예수님이 아버지께로 가시면 제자들은 예수님이 하신 일보다 더 큰 일도 하게 됩니다. 정말 놀라운 말씀이 아닐 수 없습니다. 예수님이 하신 일보다 큰 일이 무엇이고, 그 일을 제자들이 어떻게 할 수 있다는 말입니까? 그것은 바로 죽으시고 부활하신 그리스도를 온 세상에 전하는 일과 교회를 세우는 일입니다. 예수님이 승천하신 후에 제자들이 한 일이 바로 그것입니다.

보혜사: 진리의 영

예수님이 하신 일보다 더 큰 일을 하기 위해 필요한 것이 바로 기도입니다. 예수님은 "너희가 내 이름으로 무엇을 구하든지 내가 행하리니"(13절)라고 약속하셨습니다. 이것은 우리가 아무것이나 구해도 다 들어주신다는 의미가 아닙니다. 문맥상 예수님이 하신 일보다 더 큰 일에 필요한 것을 제자들이 구하면 다 들어주신다는 의미입니다.

심지어 성령 하나님을 구해도 예수님이 시행하실 것입니다.

우리가 예수님의 이름으로 성령을 구하면, 예수님은 성부께 구할 것이고, 성부는 또 다른 보혜사를 보내실 것입니다. 여기서 우리는 "또 다른"이라는 말에 주목해야 합니다. 성부는 이미 보혜사를 보내셨습니다. 예수님이 바로 그 보혜사입니다. 성부 하나님은 예수님을 보혜사로 보내어 제자들과 함께 있게 하셨고, 친히 그들에게 하나님의 말씀을 가르치셨습니다. 성령 역시 또 다른 보혜사로 오셨습니다. 두 분의 오심에는 차이가 있습니다. 예수님은 성부께서 때가 되어 일방적으로 보내셨지만 (교회가 기도했기 때문에 예수님이 오신 것이 아닙니다) 성령은 제자들의 기도에 대한 응답으로 주어집니다.

보혜사 성령이 첫 번째로 하는 일은 제자들과 영원토록 함께 거 ②
하시는 것입니다. 이것이 성령과 예수님의 차이입니다. 예수님은 이 세상에 오신 다음에 떠나셨지만, 성령은 오시면 다시는 떠나지 않으십니다. 그들과 함께 거하실 뿐 아니라 그들 속에 거하십니다.

보혜사는 무엇보다 '진리의 영'이라고 불립니다. 조금 전 예수님은 자신을 길이요 진리라고 선언하셨습니다. 예수님은 진리이시고, 보혜사 성령은 진리의 영이십니다. 보혜사의 일이 진리이신 그리스도를 증거하는 것이기 때문입니다. 26절은 이 점을 보다 분명히 서술하고 있습니다. "보혜사 곧 아버지께서 내 이름으로 보내실 성령 그가 너희에게 모든 것을 가르치고 내가 너희에게 말한 모든 것을 생각나게 하리라." 성령은 새로운 진리를 말씀하시는 분이 아니라, 예수님을 통해 이미 완전하게 계시된 하나님의 뜻을 알려 주시는 분입니다.

③ 오늘날 많은 사람들이 빌립처럼 하나님을 보여 달라고 요구합니다. 안타깝게도 신앙생활을 오래한 신자들마저 하나님을 직접 보기를 원합니다. "하나님을 보여 달라"는 요구에 성경은 뭐라고 답합니까? 창조주 하나님을 피조물 인간이 직접 이해하기란 불가능합니다. 하지만 아버지를 보여 주기 위해 아들이신 예수님이 이 세상에 오셨습니다. 하나님께서 우리를 사랑하신다는 것을 인간인 우리가 어떻게 알 수 있을까요? 하나님께서 우리에게 구원과 생명을 주신다는 것을 어떻게 알 수 있을까요? 오직 아들이신 예수 그리스도가 하신 일을 보고 아버지를 알 수 있습니다.

그렇다면 그리스도가 하나님의 아들인 것을 어떻게 믿을 수 있을까요? 이 믿음은 죄인인 인간에게서 나오지 않습니다. 믿음을 갖기 위해서는 돕는 이가 필요합니다. 그가 바로 보혜사 성령입니다. 그분은 진리의 영으로서 우리 안에 영원히 거하면서 진리이신 예수 그리스도를 증거하십니다. 진리이신 예수님을 알게 하고, 그분이 주신 계명을 지키게 하며, 그분을 사랑하게 하십니다(21절).

본문을 보며 우리는 근본적인 질문을 하게 됩니다. 우리에게 정말 보혜사 성령이 필요할까요? 그분이 정말 우리 안에 거하고 계실까요? 안타깝게도 오늘날 많은 신자들이 성령의 도우심을 무시하는 것 같습니다. 성령의 도움이 없어도 신앙생활을 하는 데 별 지장을 느끼지 못합니다. 그래서 교회가 생명력을 잃어가고 있는 건 아닐까요? 교회를 건성으로 다니다 보니 오랜 시간이 흘러도 예수님에 대해 잘 모르는 신자들이 늘고 있습니다. 예수님에 대해 알더라도 예수님을 통해 삼위 하나님이 어떤 분이신지는 잘 알지 못합니다.

오늘날 교회들이 활력을 잃어 가고 있습니다. 교회가 교만하고 자기의에 빠지면 얼마든지 무기력해질 수 있습니다. 이제 우리에게 도움이 필요합니다. 항상 우리 안에 거하면서 우리를 진리로 인도하시는 보혜사 성령이 필요합니다. 이제 우리는 승천하여 하나님 보좌 우편에 앉으신 그리스도께 간절히 기도해야 합니다. 주님이 분명히 약속하셨습니다. "내 이름으로 무엇이든지 내게 구하면 내가 행하리라"(14절). "그가 또 다른 보혜사를 너희에게 주사 영원토록 너희와 함께 있게 하리니"(16절). 이 약속을 믿으며 살아갈 때 승천하신 그리스도께서 우리를 고아처럼 버려두지 않으시고 보혜사 성령으로 늘 보호하실 것입니다.

#성령의 명칭과 속성 및 사역

하나님의 신(창 1:2)	창조 사역에 참여하심(욥 26:13, 사 40:12-14)
지혜로운 영(출 28:3, 엡 1:7)	하나님의 깊은 것을 통달하심(고전 2:10-11)
주의 성신(시 51:11, 마 1:20)	거룩하심, 성도를 거룩하게 하심(살후 2:13)
자유한 영(시 51:12)	자유를 주심(롬 8:2, 고후 3:17)
심판·소멸하는 영(사 4:4)	죄를 씻기시고 새롭게 하심(딤 3:5)
지혜와 총명의 신(사 11:2)	지혜와 지식을 주심(고전 12:8)
모략과 재능의 신(사 11:2)	은사를 나누어 주심(고전 12:8-11)
여호와를 경외하는 신(사 11:2)	신앙의 바른 자세를 깨닫게 하심
은총과 간구하는 영(슥 12:10)	성도들의 기도를 도우심(롬 8:26, 엡 6:18, 유 1:20)
지극히 높으신 이의 능력(눅 1:35)	권능을 성도들에게 베푸심(미 3:8, 행 1:8)
보혜사(요 14:16, 15:26)	위로의 사역(요 14:16-26)
진리의 영(요 14:17, 15:26)	성도를 진리 가운데로 인도하심(요 16:13)
성결의 영(롬 1:4)	성결하심, 성도를 성결하게 하심(사 4:4)
생명의 성령(롬 8:2)	생명을 부여하심(창 2:7)
양자의 영(롬 8:15)	하나님의 자녀로 입양하심(갈 4:6)
주의 영(고후 3:18)	주권을 예수님께 귀속시키심(롬 10:9, 고전 12:3)
유일하신 영(엡 4:4)	제3위의 하나님(고후 13:13)
영원하신 성령(히 9:14)	존재가 영원하심
은혜의 성령(히 10:29)	은혜를 끼치심(갈 5:22, 23)
영광의 영(벧전 4:14)	그리스도와 성도를 영화롭게 하심(고후 3:18, 벧전 4:13)
거룩하신 자(요일 2:20)	거룩하심, 성도를 성별하심(롬 15:16)
일곱 영(계 1:4, 3:1)	속성의 완전함, 존재의 편재성(시 139:7-13)
대언의 영(계 19:10)	예수 그리스도를 증거하게 하심(행 1:8)

『톰슨 II 주석성경』(기독지혜사, 1990)

1. 예수님은 자신이 떠날 것을 제자들에게 말씀하며 무엇을 약속하십니까?(204쪽)
2. 또 다른 보혜사인 성령은 어떤 일을 하십니까?(209-210쪽)
3. 우리는 성부 하나님의 모습을 어떻게 볼 수 있습니까? 하나님께서 우리를 사랑하고 구원하신다는 것을 인간인 우리가 어떻게 알 수 있습니까?(210쪽)

17

참 포도나무
"그가 내 안에, 내가 그 안에 거하면"

요한복음 15:1-12

예수님은 본문에서 "나는 참 포도나무다"라고 선언하십니다. 계속 강조하지만 "…이다"(I Am)라는 표현은 요한복음에서 신적 계시의 성격을 띱니다. 이 비유는 신적 계시로서 예수님이 누구신지, 더 나아가 하나님이 누구신지, 그리고 우리가 누구인지를 단지 이해시켜 줄 뿐 아니라 '보여' 줍니다. 따라서 예수님의 자기 선언은 비유이기는 하지만 비유의 성격을 넘어서고 있습니다. 이 비유는 주님의 말씀이고, 그렇기 때문에 우리에게 생명을 줍니다.

오늘날 대부분의 성도들은 농업 사회에서 살지 않기 때문에 본문의 말씀이 충분히 실감나지 않을지도 모릅니다. 포도나무가 실제로 어떻게 자라는지 본 사람이 몇이나 될까요? 더욱이 예수님은 성부 하나님을 '농부'로 소개하고 있습니다. 이 단어를 들으면 어떤 생각이 듭니까? 적어도 하나님에 대한 존귀함은 느끼지 못했을 것입니다. "할 일 없으면 농사나 지어라"는 말에서 알 수 있듯 우리나라 사람들은 예로부터 농부라는 직업을 높이 평가하지 않았습니다. 그러니 "성부 하나님은 농부시다"라는 주님의 말씀을 제대로 이해하기가 어렵습니다.

예수님이 살던 시대의 이스라엘은 백성들 대부분이 농부였습니다. 우리나라에서는 벼농사가 농업의 주종이었지만, 이스라엘에서는 밀과 포도가 주된 작물이었습니다. 밀은 빵을 만들고, 포도는 포도주를 만드는 원료입니다. 빵은 배고픔을 채우고 포도주는 목마름을 해소시켜 줍니다.

① 본문을 보면 예수님이 포도나무라는 것은 이중의 의미를 가집니다. 하나는 예수님과 성부의 관계를 보여 주고, 다른 하나는 예수님과 우리의 관계를 보여 줍니다. "나는 참포도나무요 내 아버지는 농부라"(1절). "나는 포도나무요 너희는 가지라"(5절). 포도나무 비유를 통해 이 둘을 잘 이해해야 예수님이 누구신지를 분명히 알 수 있고, 예수님에 대한 믿음이 우리를 영생에 이르게 할 것입니다. 이것이 요한복음이 기록된 궁극적인 목적입니다(요 20:31). 이 말씀을 듣는 모든 이들이 영생의 은혜를 누리기 바랍니다.

내 아버지는 그 농부라

예수님은 하나님을 '내 아버지'라고 부르고 있습니다. 예수님이 이런 표현을 해서 바리새인들이 예수님을 죽이려 했다는 사실을 우리는 이미 잘 알고 있습니다(요 5:17). 예수님이 '내 아버지'라고 말씀하신 것은, 아버지와 자신이 동등하다는 사실을 표현하시려는 것이었습니다. 그 사건은 공공장소에서 일어났지만, 예수님은 십자가에 돌아가시기 전에 제자들에게 말씀하십니다. 포도나무 비유를 통해 예수님은 기독교의 가장 중요한 교리인 삼위일체를 분명하게 가르치고 계십니다.

'내 아버지'라는 표현은 이 비유를 이해하는 데 대단히 중요합니다. 아버지는 농부이고 자신은 포도나무라고 하면 왠지 예수님이 성부보다 격이 낮다는 인상이 들기 때문입니다. 실제로 이 때문에 삼위일체 논쟁이 격렬하게 벌어졌을 때, 초대 교회 당시 성자의 완전한 신성을 거부했던 아리우스파는 이 성경 구절에 근거해 성부와 성자는 본성이 다르다고 강력하게 주장했습니다. 하지만 신실하고 경건한 교부들은 그들의 주장이 잘못되었음을 아주 훌륭하게 변증했습니다.*

---

* Cyril of Alexandria, David R. Maxwell 역, *Commentary on John of Cyril of Alexandria, Ancient Christian Texts*, vol. 2 (IVP: Downders Grove, 2015), 210-216.

구약에서 하나님은 나무를 심는 농부로 종종 소개됩니다. 특히 농부와 포도나무는 하나님과 이스라엘의 관계를 잘 나타내는 상징입니다. 구약 기자들이 이런 상징을 사용한 이유는, 그 당시 고대 근동문화에서 아주 자연스러운 일이었기 때문입니다.* 그 당시에 많은 나라들은 그들의 조물주를 나무를 심고 가꾸는 농부로 이해했습니다. 하나님을 농부(과수원지기)로 이해하는 것은 아주 자연스러운 일이었습니다. 그 당시 경전에서 말하는 농부는 단순한 노동자가 아니라 나무에 절대 권한을 갖는 창조주라는 의미입니다. 예수님도 성부를 '그 농부'라고 표현하고 있습니다.

구약에서 창조주이자 절대 주권자 하나님이 농부로 가장 분명하게 나타난 곳은 창세기 2장 8절과 출애굽기 15장 17절입니다.

> 여호와 하나님이 동방의 에덴에 동산을 창설하시고 그 지으신 사람을 거기 두시니라(창 2:8).

> 주께서 백성을 인도하사 그들을 주의 기업의 산에 심으시리이다 여호와여 이는 주의 처소를 삼으시려고 예비하신 것이라 주여 이것이 주의 손으로 세우신 성소로소이다(출 15:17).

---

* 이에 대해서는 다음 연구서를 참조하라. Jennifer Metten Pantoja, *The Metaphor of the Divine as Planter of the People: Stinking Grapes or Pleasant Planting?* (Leiden: E. J. Brill, 2017).

창세기 2장은 하나님께서 최초의 인류를 창조하신 사건을 기록하고 있고, '홍해의 노래'라고 부르는 출애굽기 15장의 찬송은 출애굽을 통해 세우신 새로운 민족에 대해 노래하고 있습니다. 창세기 2장과 출애굽기 15장은 긴밀하게 연결되어 있습니다.

창세기 2장 8절에서 "창설하시고"는 '심으시고'라는 말입니다. 에덴은 타락 전에 세우신 하나님의 성소입니다. 동방이라는 말이 그것을 암시하고 있습니다. 하나님은 또한 홍해에서 건진 이스라엘 백성을 역시 주의 성소에 심으십니다. 이 성소는 구원의 목적이고, 포도나무 비유를 이해하는 데 매우 중요한 개념입니다. 성소는 하나님이 임재하는 장소라는 것을 고려해 본다면, 예수님이 본문에서 '거함'을 계속 강조하시는 이유를 알 수 있습니다. '거함'은 성전의 관점에서 이해해야 합니다.

참 포도나무

예수님은 자신을 참 포도나무라고 선언하십니다. 여기서 '참'이라는 말은 '거짓'의 반대말이 아닙니다. 그림자와 반대되는 실체를 가리키는 의미로 이해하는 것이 적절합니다. 예수님이 오시기 전에도 포도나무는 있었습니다. 그 포도나무는 이스라엘이었습니다. 이 이스라엘이 거짓 포도나무는 아니었습니다. 하지만 그것은 온전한 의미에서 참 포도나무도 아니었습니다. 그 포도나무는 앞으로 오실 참 포도나무인 예수님을 예표했을 뿐입니다.

이스라엘을 포도나무에 비교하는 구약의 본문이 상당히 많습니다. 대표적으로 이사야 5장에 나오는 포도원의 노래를 들 수 있습니다. 이 노래는 '사랑하는 자를 위한 노래'이지만 그 내용은 심판에 관한 것입니다. 하나님은 좋은 포도를 수확하기 위해 극상품 포도나무를 심었지만 들포도가 맺혔습니다. 이에 진노하여 포도원을 헐고 그 땅을 황무하게 할 것이라고 말씀하셨습니다. 여기서 포도나무는 유다 사람을 의미한다고 이사야는 설명합니다(7절).

앞서 구약에서 농부는 나무에 절대 소유권을 행사하는 창조주라고 말했습니다. 여기에 또 다른 상징적 의미가 첨가됩니다. 바로 심판주 하나님입니다. 농부로서 하나님은 자기 백성을 거룩한 성소에 심지만, 그들이 올바른 열매를 맺지 않으면 그들을 철저하게 심판하십니다. 심는 자는 곧 심판하는 분이시고, 이 둘은 서로 분리되지 않습니다. 이와 같은 사상은 본문에도 아주 분명하게 나타나 있습니다. "무릇 내게 붙어 있어 열매를 맺지 아니하는 가지는 아버지께서 그것을 제거해 버리시고 무릇 열매를 맺는 가지는 더 열매를 맺게 하려 하여 그것을 깨끗하게 하시느니라"(2절).

옛 나무가 자기 역할을 제대로 하지 못했으므로 하나님은 그 나무를 제거하고 새로운 참 나무를 심으셨습니다. 그분이 예수님이십니다. 이 참 포도나무는 과연 열매를 맺을 수 있을까요? 반드시 열매를 맺습니다. 그분은 성부와 동일한 성자 하나님이시기 때문입니다. 성자 하나님은 하나님의 말씀이고 생명이 되십니다. 주님의 말씀은 단순한 도덕적 교훈이 아니라 생명을 줍니다. 성부 하나님은 농부, 즉 창조주와 심판주로서 참 포도나무를 우리에게 주셨습니다. 참 포도나무이신 주님은 스스로 열매 맺는 모든 것을 가지고 계십니다. 이제 남은 것은 주님이 선택하신 제자들이 열매 맺는 일뿐입니다.

"너희는 가지라"

성부와 자신을 소개한 다음에 예수님은 이제 우리가 누구인지를 선언하십니다. "너희는 가지라." 가지가 할 일은 열매를 맺는 것입니다. 이 일을 위해 가지가 해야 할 일은 아주 간단합니다. 포도나무이신 예수님께 붙어 있기만 하면 됩니다. '붙어 있다'라는 말을 예수님은 '거한다'라고 표현하십니다. "가지가 포도나무에 붙어 있지 아니하면 스스로 열매를 맺을 수 없음같이 너희도 내 안에 있지 아니하면 그러하리라"(4절). 예수님은 계속해서 말씀하십니다. "나는 포도나무요 너희는 가지라. 그가 내 안에, 내가 그 안에 거하면 사람이 열매를 많이 맺나니"(5절).

우리가 예수님 안에 거하고 예수님이 우리 안에 거하신다는 말은 듣기에는 쉬워도 제대로 이해하기가 결코 쉽지 않습니다. 9절을 보면 '예수님 안에 거한다'는 말이 '예수님의 사랑 안에 거한다'는 말과 동의어로 보입니다. 10절을 보면, 예수님의 계명을 지키는 것이 예수님 안에 거하는 것이라는 생각이 듭니다. 이런 생각이 틀린 것은 아닙니다. 그러나 앞에서 언급했듯이 예수님의 말씀은 무엇보다도 성전의 개념에서 이해해야 합니다. 구약에서 성전은 하나님께서 이스라엘 백성 안에 거하시는 방식이었습니다. 때가 되어 말씀이신 성자께서 육체가 되어 이 세상에 오셨습니다. 예수님과 그분의 지체인 신자들은 연합하여 새 시대의 성전을 이룹니다. 삼위 하나님은 바로 이 성전 안에 거하면서 자신의 백성들과 교제를 나누십니다. 이와 같은 교제가 이루어지면 가지인 신자들은 반드시 열매를 맺게 되어 있습니다.

② 예수님과 신자 사이의 거함을 이해할 때 고려해야 할 요소는 '내 말'입니다. 제자들은 "내가 일러 준 말"로 이미 깨끗해졌고,* "내 말이 너희 안에 거하면" 그들이 무엇을 구하든 이루게 될 것입니다. 그런데 예수님의 말씀은 이해하기 힘든 점이 있습니다. 예수님은 이제 얼마 안 있어 제자들을 떠나실 것이기 때문입니다. 예수님은 더 이상 그들

* 참조. "이는 곧 물로 씻어 말씀으로 깨끗하게 하사 거룩하게 하시고"(엡 5:26). 주님은 방금 전에 물로 제자들의 발을 씻기셨다(13장).

안에 거하지 못할 뿐 아니라 그들과 함께 계실 수 없습니다. 그런데 어떻게 제자들이 "내 안에 거하라"는 명령에 순종할 수 있을까요?

하늘에 오르신 예수님은 새로운 방식으로 제자들과 교제하십니다. 그분이 제자들에게 선포하신 말씀을 통한 교제입니다. 그 말씀은 이제 예배 중에 설교로 선포됩니다. 그 말씀이 신자들 안에 있다는 것은 예수님이 그 안에 계시다는 말입니다. 요한은 그의 서신에서 이렇게 썼습니다. "너희는 처음부터 들은 것을 너희 안에 거하게 하라. 처음부터 들은 것이 너희 안에 거하면 너희가 아들과 아버지 안에 거하리라"(요일 2:24).

바울 사도는 골로새 교회의 교인들에게 다음과 같이 권면합니다. "그리스도의 말씀이 너희 속에 풍성히 거하여 모든 지혜로 피차 가르치며 권면하고 시와 찬송과 신령한 노래를 부르며 감사하는 마음으로 하나님을 찬양하고"(골 3:16). 골로새서 역시 새로운 성전인 교회에서 이루어지는 모습에 대해 서술하고 있습니다. 말씀에 대한 응답은 찬양과 감사입니다. 이런 모습이 교회 안에서 이루어지면 그 속에 하나님의 영광이 나타나게 됩니다. 이것이 바로 성부 하나님께서 포도나무를 심으신 이유입니다. 열매와 하나님의 영광은 밀접한 관계가 있습니다. 주님은 이렇게 말씀하셨습니다. "너희가 열매를 많이 맺으면 내 아버지께서 영광을 받으실 것이요 너희는 내 제자가 되리라"(8절).

이제 마지막으로 예수님의 제자들이 맺어야 할 열매가 무엇인지 살펴보겠습니다. 아쉽게도 우리가 읽은 본문에는 이 열매가 무엇인지 전혀 설명되어 있지 않습니다. 그 이유가 무엇일까요? 예수님이 이 말씀을 하셨을 때 제자들이 그 의미를 다 알고 있었기에 굳이 설명할 필요가 없었기 때문일 것입니다. 일차적으로 포도나무 가지가 맺어야 할 열매는 당연히 포도입니다. 포도나무에서 사과를 얻을 수는 없습니다.

③ 가지인 우리가 포도나무인 예수님과 연합하면 어떤 열매가 나올까요? 결국 그리스도의 본성이 나옵니다. 그것은 한마디로 사랑입니다. 단순히 도덕적인 사랑이나 낭만적인 사랑이 아닙니다. 그것은 삼위 하나님의 교제에서 나오는 하나님의 본성입니다. 이 사랑은 자기 자신을 내어 주는 사랑입니다(13절). 심지어 목숨을 버리는 사랑이라고 주님은 말씀하십니다.

실제로 주님은 십자가에서 이 사랑을 보여 주셨습니다. 이와 같은 열매가 우리에게서 나오지 않는다면, 그것은 우리가 그분 안에 거하지 않음을 의미합니다. 끝까지 그와 같은 열매가 없다면 가지처럼 밖에 버려져 마르고, 사람들이 이것을 모아 불에 던질 것입니다.

우리는 늘 주님 안에 거하고자 노력해야 합니다. 이것을 위해 주님은 우리에게 아주 중요한 수단을 주셨습니다. 그것은 바로 '내 말'

입니다. 그분의 말씀은 오늘날 예배 시간에 설교를 통해, 또한 성례를 통해 전달됩니다. 포도나무이신 주님은 성찬식에서 우리가 먹는 포도주를 통해 자신의 피를 나누어 마시게 합니다. 이 잔을 축복의 잔이라고 부르는데, 이 잔을 통해 예수님이 십자가에서 이루신 모든 은덕을 은혜로 받게 됩니다. 우리는 농부이신 성부께서 심은 포도나무에 붙은 가지입니다. 우리 모두 하나가 되어 그분 안에 거하면서 포도나무로부터 생명을 얻고 많은 열매를 맺어 하나님께 영광 돌리며 사는 성도가 되기를 바랍니다.

#내 안에 거하라(4-6절): 단어 '거하다'(abide)는 '체류하다', '머물다'라는 뜻을 가지고 있다. 본문에는 '거하다'는 표현이 9회나 반복된다. '붙어 있다', '…에 있다' 등의 표현까지 고려하면 그 수는 더 된다.

1. 포도나무 비유에서 농부와 포도나무와 가지는 각각 무엇을 상징합니까?(214쪽)
2. 예수님이 '거함'을 강조하시는 이유는 무엇입니까? 우리는 어떻게 예수님 안에 거할 수 있습니까?(220-221쪽)
3. 우리가 예수님 안에 거하면(예수님과 연합하면) 어떤 열매를 맺습니까?(222쪽)

18

진리의 성령
“모든 진리 가운데로 인도하시리니”

요한복음 16:12-15

수가성 여자를 기억하십니까? 그녀는 철저한 사마리아인이었습니다. 당연히 그녀는 다른 사마리아인들처럼 그리심 산에서 예배를 드렸습니다. 그들은 모세오경만을 하나님의 말씀으로 여겼기 때문에 유대인들이 예루살렘 성전에서 드리는 예배를 인정하지 않았습니다. 유대인과 사마리아인은 누구의 예배가 참 예배인지를 두고 서로 다퉜습니다. 사마리아인들은 메시아 곧 그리스도라 하는 이가 오시면, 모든 것을 우리에게 알려 줄 것이라고 확신했습니다(요 4:25). 예수님은 그 여자에게 자신이 바로 그 메시아임을 밝히고, 그들의 문제에 대한 답을 알려 주셨습니다. 예배에서 중요한 것은 장소가 아니고, “참되게 예배하는 자들은 영과 진리로 예배할”(요 4:23) 것이라고 말입니다.

본문과 관련해 우리는 중요한 사실을 알 수 있습니다. 사마리아인들은 예배를 드리면서도 절대적으로 확신하는 바가 없었습니다. 예배에 관한 한 그들은 어둠 가운데 있었습니다. 그들은 약속하신 메시아가 오셔서 그런 문제를 해결해 주기를 소망했습니다. 그들에게 메시아는 무엇보다 참된 진리가 무엇인지를 알려 주시는 분이었습니다. 메시아가 오셨을 때 사마리아인들은 예수님을 메시아로 받아들였지만, 유대인들은 메시아를 거부했을 뿐 아니라 십자가에 못 박아 죽이고 말았습니다. 그들은 겉으로는 이스라엘인이었지만 거짓에 속한 자들이었기 때문입니다.

진리이신 예수님이 이 세상에 오셔서 아버지의 뜻을 다 알려 주셨습니다. 문제는 그분이 더 이상 여기에 계시지 않는다는 것입니다. 예수님은 이 땅이 아니라 하늘에 계십니다. 하지만 이 세상을 떠나시며 "이제까지 내가 하나님의 뜻을 다 가르쳐 주었으니 앞으로는 너희가 알아서 공부해라"고 말씀하지 않으셨습니다. 우리의 연약함을 누구보다 잘 아시는 예수님은 우리를 돕는 분, 바로 보혜사 성령을 보내 주셨습니다. 주님이 보혜사 성령을 보내지 않으셨다면, 우리는 사마리아 여자와 같이 여전히 어둠 속에 있을 것입니다. 본문을 통해 우리에게 성령의 사역이 어떻게 이루어지는지 살펴보겠습니다.

진리의 영

본문에 따르면 성령은 어떤 분이십니까? 그분은 진리의 영이십니다. 이 부분은 아무리 강조해도 지나치지 않습니다. 특히 오늘날처럼 신비주의가 성도들을 유혹하는 시대에 우리는 성령이 진리의 영이시라는 사실을 잘 배워야 합니다. 많은 이들이 성령의 이름으로 자기 견해를 추구하며 진리를 배격하고 있기 때문입니다.

진리의 관점에서 오늘날 한국 교회는 많은 도전을 받고 있습니다. 사람들이 진리에 대한 관심이 많이 줄었기 때문입니다. 이데올로기 시대에 진리는 절대적 기준이었고 진리를 위해 목숨을 던지는 일도 많았습니다. 그러나 오늘날 자기 기득권을 위해서는 몰라도 진리를 위해 목숨을 던지는 일은 없습니다. 특히 많은 청년들이 보장된 미래를 위해 진리 추구보다는 이른바 스펙 쌓기에 몰두하고 있습니다. 다원화된 포스트모던 사회에서 진리를 말하기는 더욱 어려워졌습니다. 더 이상 진리를 하나라고 말할 수 없게 되었습니다. 우리가 진리라고 주장하는 것은 여러 진리 중 하나로 인식될 뿐입니다. 더구나 강요하는 것은 진리가 될 수 없다는 생각이 보편화 되었습니다. 전도하기가 참으로 어려운 시대입니다.

더 나아가 진리와 영은 서로 어울리지 않는다고 흔히 생각합니다. 많은 사람들, 특히 불신자들은 진리와 성령은 전혀 관계가 없다고 생각합니다. 진리란 위에서 주어지는 것이 아니라 인간이 획득해야 하는 것으로 이해합니다. 머리를 쓰고 연구를 통해 얻는 것이라고 생각하지요. 반면에 성령을 강조하는 사람들은 성령을 앞세워 진리를 무시하는 경향을 보입니다. 진리는 참된 성령을 판단하는 외적 기준인데, 그들은 성령을 앞세워 자신의 부도덕하고 불합리한 삶을 변호합니다. 따지지 않고 무조건 믿는 것이 영적인 삶이라고 생각합니다.

진리와 영의 관계를 알기 위해서는 무엇보다 본문에서 말하는 진리가 무엇인지 알아야 합니다. 진리에는 수학적 진리, 역사적 진리, 과학적 진리 등 여러 종류가 있지만 여기서 말하는 진리는 그런 것이 아닙니다. 주님은 제자들에게 할 말이 많다고 말씀하셨습니다. 문제는 그들이 그것들을 감당할 수 없다는 것입니다. 그 때문에 예수님은 제자들에게 진리의 영이 필요함을 가르쳐 주십니다(12-13절). 그렇다면 여기서 말하는 진리란 예수님이 말씀하셨던 것과 관련되어 있음을 알 수 있습니다.

간단히 말해, 요한복음에서 말하는 진리는 생명과 관련된 문제입니다. 죽고 사는 문제가 진리에 달려 있습니다. 예수님은 자신을 가리켜 "내가 곧 길이요 진리요 생명"(요 14:6)이라고 말씀하셨습니다. 수학의 진리를 모른다고 해서 죽지 않습니다. 다만 불편할 뿐입니다. 경우에 따라 큰 손해를 볼 수도 있습니다. 부모를 몰라본다고 해서 죽지 않습니다. 다른 사람들에게 사람 취급을 받기는 힘들겠지만요. 그러나 빨간 신호등을 몰라보면 그 사람은 언젠가 큰일을 당할 것입니다. 사고를 당한 후에 몰랐다고 변명할 수 없습니다. 마찬가지로 진리이신 예수님을 모른다면 그 사람에게 영원한 멸망만이 기다립니다. 영생이란 곧 유일하신 하나님과 그분이 보내신 예수 그리스도를 아는 것입니다. 그리고 이 중요한 진리를 알게 하는 이는 오직 진리의 영이신 성령입니다.

대언자이신 성령

진리의 영인 성령은 대언자십니다. 본문은 성령을 '알리시는 분'으로 소개하고 있습니다. 본문에 '알린다'라는 말이 세 번 나오는데, 이 단어는 공적으로 선포한다는 의미입니다. 이것은 진리의 영이신 성령을 이해하는 데 대단히 중요합니다. 실제로 참 교회와 사이비 교회를 구분하는 중요한 표지이기도 합니다.

교회 역사 속에서 불건전한 신비주의는 성령을 사적이고 비밀스럽게 역사하시는 분으로 설명합니다. 자기 집단에만 특별하게 역사하신다고 강조합니다. 자기들만 성령이 가르치는 진리를 소유하고 있다고 주장합니다. 그러나 성령은 몇몇 사람들에게만 은밀하게 나타나 진리를 알리지 않으십니다. 하나님의 백성이라면 누구에게든 공개적으로 진리를 선포하십니다.

여기서 '알린다'는 말은 대언자 혹은 메신저로서 알린다는 뜻입니다. 그런 점에서, 그리고 메시지 내용에서 성령과 예수 그리스도는 아무 차이가 없습니다. 성령은 자의로 말씀하지 않으십니다. 문자적으로 '자신으로부터 말하지 않는다' 혹은 '스스로 말하지 않는다'는 뜻입니다. 성령은 독자적으로 말씀하지 않으시고 '그리스도께 들은 것'과 '그리스도에게 받은 것'을 알리십니다.[*] 따라서 성령이 알리려고 하시는 것과 그리스도의 말씀은 동일한 내용입니다.

성령이 그리스도에게 메시지를 받아서 전하신다는 것은 대단히 중요한 사실입니다. 예수님은 그렇게 말씀한 이유를 설명하십니다. 그것은 바로 성부께서 가지신 모든 것이 그리스도의 것이기 때문입니다. 예수님 역시 자신의 권위를 내세우지 않습니다. 그리스도 역시 아버지의 것을 가지고 알리셨기 때문에 성부, 성자, 성령께서 우리에게 알려 주신 말씀은 동일합니다. 성부는 이렇게, 성자는 저렇게, 성령은 또 다른 내용을 말씀하지 않으십니다. 성자가 성부에게 충실하셨듯이 성령은 성자에게 충실하십니다.

① 예수님 역시 대언자로서 이 세상에 오셔서 아버지의 뜻을 알려 주셨습니다. 그러나 그것을 제자들이 다 이해하지는 못했습니다. 그

* 한글성경 개역개정판에는 "내 것을 가지고 너희에게 알리시겠음이라"(14절)고 되어 있다.

들의 기억력에 한계가 있었습니다. 그래서 진리의 영이 필요한 것입니다. 사도들이 살아있을 때 성령이 함께하심으로 그들로 하여금 복음을 담대히 전하게 했을 뿐 아니라 그 복음을 오류 없이 기록하도록 도우셨습니다. 결국 성령이 우리를 진리 가운데로 인도하신다는 것은 성경에 기록된 예수 그리스도에게 인도하신다는 말입니다. 더 정확히 말하자면, 성령은 기록된 말씀을 통해 예수 그리스도를 증거하십니다.

성경을 읽을 때 성령의 도우심이 필요하다는 것을 우리는 절감합니다. 일단 성경을 읽어도 도통 무슨 뜻인지 알기가 쉽지 않기 때문입니다. 대충은 알아도 그 본문이 정말로 무엇을 이야기하는지 알기가 쉽지 않습니다. 그렇기 때문에 말씀 봉사자인 목사가 필요합니다. 하지만 그것으로도 충분하지 않습니다. 아무리 목사가 설교를 잘해서 성도들을 이해시켜도 성경이 의도한 바가 이루지지 않는 경우가 많습니다. 하나님의 말씀을 선포하는 궁극적인 목적은 성도들에게 믿음을 일으키고, 그들로 하여금 하나님께 순종하며 살도록 하는 것입니다. 하나님에 대한 성경 지식을 늘리는 것이 설교의 목표가 아닙니다. 성경을 통해 하나님이 천지의 창조주이심을 확실히 알게 되었더라도, 평소에 늘 무엇을 먹을까 무엇을 마실까를 걱정한다면 그 지식은 참된 지식이 아닙니다. 우리는 오직 믿음과 순종을 통해 창조주 하나님을 진정으로 알게 됩니다.

진리의 영이신 성령이 바로 이 일을 하십니다. 승천하신 주님이 오순절날 성령을 보내어 우리 가운데 영원히 거하게 하셨습니다. 우리 가운데 계신 성령은 주님이 하신 말씀을 우리에게 알려 주십니다. 말씀의 내용은 같지만 말씀을 증거하는 방식에서는 차이가 납니다. 진리의 영이 오시지 않았다면 우리 주님은 부활 후에도 우리 뒤를 졸졸 따라다니며 같은 말씀을 반복하셨어야 했을 것입니다. 아니면 우리가 질문할 때마다 하늘에서 내려와 가르쳐 주시던가요. 그러나 성령이 우리의 각 심령에 거하며 항상 우리를 진리 가운데로 인도하십니다.

그리스도를 영화롭게 하시는 성령

진리의 영이 하시는 또 하나의 중요한 사역은 그리스도를 영화롭게 하는 것입니다. "그는 나를 영광되게 하실 것이다"(14절a, 새번역). 이 말은 영화롭지 않은 그리스도를 영화롭게 한다는 의미가 아닙니다. 이 말씀을 하셨을 때, 그리스도는 아직 영화롭게 되지 않은 상태였습니다. 십자가의 수치가 그분을 기다리고 있었습니다. 그러나 예수님 자체는 항상 영화로운 분이십니다. 그렇다면 성령은 어떻게 그리스도를 영화롭게 하실까요? 영화로우신 분을 영화롭게 하는 방법은 무엇일까요?

여기서 우리는 다음 장에 나오는 예수님의 기도를 기억해야 합니다. "아버지께서 내게 하라고 주신 일을 내가 이루어 아버지를 이 세상에서 영화롭게 하였사오니"(요 17:4). 예수님은 이 세상에서 아버지께서 명하신 일을 남김없이 순종함으로 아버지를 영화롭게 하셨습니다. 마찬가지로 성령은 그리스도가 증거하라고 하신 모든 것을 남김없이 증거함으로 그리스도를 영화롭게 하십니다. 그리스도가 아버지께 충성스러운 증인이었듯이 성령도 그리스도의 충성스러운 증인이 되십니다.

본문 말씀에 '다' 혹은 '모든'이라는 단어가 여러 번 등장합니다. ②
본문 첫 절에서 예수님은 제자들에게 하실 말씀이 참 많다고 하셨습니다. 그들이 감당할 수 없을 정도로 많았습니다. 예수님이 그들에게 주신 가르침은 모두 다 귀한 하나님의 말씀입니다. 그런데 성령은 예수님의 가르침을 온전히 제자들에게 알려 주십니다. 그들을 모든 진리 안으로(가운데로) 인도하십니다. 들은 것을 다 말씀하십니다. 아버지의 것을 다 알리십니다. 성령은 모든 진리를 가르치지 진리의 일부만을 가르치지 않으십니다.

성령은 이와 같이 사역함으로써 그리스도를 영화롭게 하십니다. 하나님께서 아담과 하와를 자신의 형상으로 창조하셨습니다. 그런데 그들은 하나님의 명령에 순종하지 않아 그분의 영광을 드러내지 못했습니다. 그런데 예수 그리스도는 하나님의 모든 명령에 온전히 순종함으로 그분의 영광을 드러내셨습니다. 우리 인간도 그렇지 않습니까? 자녀가 부모의 말에 순종하지 않을 때, 부모는 속상하고 화가 납니다. 부모의 권위가 훼손되었다고 보는 것이지요. 누군가를 영광되게 한다는 것은 그가 원하는 대로 다 순종하는 것입니다. 마찬가지로 성령은 그리스도가 계시하신 모든 것을 자신의 백성들에게 남김없이 가르치십니다.

본문에서 예수님은 성령의 오심에 대해 예언하셨습니다. 그 예언은 두 달도 되지 않아 오순절에 성취되었습니다. 우리는 성령이 오실 것을 기다릴 필요없이 이미 우리 안에 내주하시는 성령을 믿으면 됩니다. 성령은 무엇보다도 생명의 주로서 진리의 영이십니다. 하나님께서 우리에게 유일한 아들을 보내 주셨습니다. 우리를 사랑하시기 때문이고, 우리에게 영생을 주시기 위해서입니다. 그 아들은 우리에게 유일한 성령을 보내 주셨습니다. 아들은 다시 아버지께로 돌아가셨지만, 성령은 우리에게 오셔서 영원히 내주하십니다.

③ 우리는 무엇보다 진리의 소중함을 알아야 합니다. 진리란 죽고 사는 문제입니다. 진리의 소중함을 알아야 진리의 영이신 성령을 사모하게 됩니다. 이 진리는 우리 힘으로는 알 수 없습니다. 겸손하게 성령을 의지하는 사람만이 믿음으로 생명의 진리를 소유하게 될 것입

니다. 진리에 속한 자, 진리를 사랑하는 자, 진리를 소중하게 여기는 자만이 진리를 소유하게 됩니다.

세상은 기본적으로 거짓을 사랑합니다. 진리이신 예수 그리스도를 대적합니다. 복음의 진리를 우습게 봅니다. 오늘날 한국 교회도 성령의 역사를 위해서는 기도를 많이 하지만, 정작 성령이 진리의 영이시며 우리를 진리 안으로 인도하시는 것은 별로 기대하지 않는 듯합니다. 그러나 본문 말씀에서 배웠듯이, 우리가 성령을 사모해야 하는 이유는 진리 안에서 살기 위해서입니다. 그 일은 우리 스스로 할 수 없습니다. 오직 말씀과 더불어 역사하는 성령이 하실 수 있는 일입니다. 성령이 우리 안에 거할 때, 우리는 더 이상 어둠 속에 머물지 않고 빛의 자녀로서 이 세상에서 빛과 소금으로 살아가게 될 것입니다.

#진리의 영과 삼위일체 하나님의 사역: "무릇 아버지께 있는 것은 다 내 것이라. 그러므로 내가 말하기를 그가 내 것을 가지고 너희에게 알리시리라 하였노라"(15절). 고별강화의 결론 부분에 해당하는 본문에서 삼위 하나님의 관계와 일하심이 잘 드러나고 있다.

1. "진리의 성령이 오시면 그가 너희를 모든 진리 가운데로 인도하시리니"(13절)라는 말씀의 정확한 의미는 무엇입니까? 그 일은 구체적으로 어떻게 이루어집니까?(230-231쪽)
2. '성령이 그리스도를 영화롭게 하신다'(14절)는 말씀은 정확히 무슨 의미입니까? 그 일은 어떻게 일어납니까?(233-234쪽)
3. 우리는 왜 진리의 영이신 성령을 사모해야 합니까? 이것은 우리에게 어떤 결과로 나타납니까?(234-235쪽)

19

예수님의 중보기도 "그들을 위하여 비옵나니"

요한복음 17:1-26

예수님은 기도의 사람이었습니다. 세례를 받고 성령이 임할 때 그분은 기도하고 계셨습니다(눅 3:21). 누가복음 22장 39절에 보면 예수님은 습관적으로 감람산에서 기도하셨습니다. 주기도문을 통해서는 제자들에게 기도를 어떻게 해야 하는지 보여 주셨습니다. 겟세마네 동산에서는 땀이 핏방울같이 되기까지 깊은 고통 속에서 기도하셨습니다. 예수님이 기도하시는 모습을 보면 이런 궁금증이 생길 수 있습니다. "도대체 무엇을 위해 기도하셨을까?"

예수님이 실제로 기도하신 내용을 본문에서 볼 수 있습니다. 예수님은 기도하실 필요가 있었을까요? 예수님은 기도할 필요없이 원하기만 하면 모든 것을 다 하실 수 있는 분이 아니신가요? 예수님이 기도하셨다는 사실은 그분이 우리와 완전히 동일한 참된 인간임을 분명하게 보여 줍니다. 예수님이 신성으로만 계셨다면 기도할 필요가 전혀 없었을 테지요. 예수님은 하나님에게서 원하는 모든 것을 다 받으셨는데, 그냥 자동으로 받은 게 아니라 기도를 통해 받으셨습니다. 이 점이 예수님의 기도를 이해하는 데 대단히 중요합니다.

예수님이 기도하셨다는 사실은 우리 신자들에게 큰 격려가 됩니다. 예수님 같은 분도 기도하셨는데 죄 중에 있는 우리는 더욱 기도해야 하지 않을까요? 예수님이 드리신 기도는 반드시 성취됩니다. 우리도 그 기도를 동일하게 드리면 하나님께서 반드시 응답하실 것입니다. 예수님은 궁극적으로 우리를 위해 기도하셨습니다. 자신을 위한 기도도 있었지만 그조차 우리를 위한 것이었습니다. 우리도 예수님이 구하신 것을 성부 하나님께 구한다면 반드시 응답받을 것입니다. 기도 응답의 확신은 우리의 열심이나 정성이 아니라 하나님의 말씀에 있음을 늘 기억해야 합니다.

이 장의 주제는 기도입니다. 평소에 기도를 얼마나 하십니까? 현대의 삶이 너무 바쁘다 보니 조용히 기도할 시간을 갖기가 힘든 게 사실입니다. 많은 그리스도인들이 기도 없이 살아갑니다. 기도하지 않고 살아도 큰 문제가 없는 것 같습니다. 진짜 문제는 기도 없는 삶에 익숙해 버렸다는 사실 자체에 있습니다. 그런 상태에서 다시 기도의 자리로 나오기란 정말 쉽지 않습니다. 본문에 드러난 하나님의 말씀을 통해 기도의 능력을 다시 한번 회복하기를 소망합니다.

예수님 자신의 영광을 위한 기도

요한복음 17장은 예수님의 기도를 담고 있습니다. 예수님의 기도 중에서 내용이 가장 깁니다. 이 기도를 보통 '대제사장적 기도'라고 부릅니다. 그런데 이 기도를 이해할 때 조금 주의할 점이 있습니다. 이 기도는 우리가 있는 그대로 따라해야 할 모범이 아니라는 것입니다. 모범적 요소가 없는 것은 아니지만 몇 가지 특별한 내용이 있습니다. 이 기도는 예수님이 십자가에 달리기 직전에 하셨고, 기도 내용 중 일부는 이미 성취된 것도 있습니다. 이런 것을 잘 구분하여 본문에 나온 예수님의 기도를 이해해야 합니다.

예수님의 기도는 크게 세 부분으로 나눌 수 있습니다. 첫째는 예수님 자신을 위한 기도(1-5절), 둘째는 그 당시 제자들을 위한 기도(6-19절), 셋째는 미래의 신자들을 위한 기도입니다(20-26절). 이와 같은 구분을 잘 인식하지 않으면 예수님의 기도를 엉뚱하게 적용할 위험이 있습니다. 분량으로 보면 그 당시 제자들을 위한 기도가 가장 많지만, 실제로 오늘날 우리에게 적용할 수 있는 기도는 마지막 부분입니다.

우선 예수님이 이 기도를 하신 시점에 유념하는 것이 좋겠습니다. 이 기도는 특별한 기도이고 평상시에 했던 기도가 아닙니다. 이 점을 1절에서 알 수 있습니다. "때가 이르렀사오니." 이때가 정확히 언제인지는 학자들마다 논란이 있을 수 있으나 곧 있게 될 십자가의 죽음이나 부활을 의미하는 것이 분명합니다. 이제 예수님은 제자들을 떠나 아버지께로 갈 때가 되었습니다. 이와 같은 상황에서 예수님은 어떤 기도를 하셨을까요?

첫 번째로 예수님은 자신과 아버지의 영화(glorification)를 위해 기도하십니다. 요한복음에서 중요한 단어 중 하나인 "영광"이 17장에서 가장 빈번하게 나타납니다. 예수님의 이 기도는 주기도문을 연상시킵니다. 주기도문에서 첫 번째 간구가 무엇입니까? 하늘에 계신 아버지의 이름이 거룩히 여김을 받는 것입니다. 제자들에게 가르쳐 주신 바대로 이제 예수님이 직접 스스로 아버지와 자신의 영광을 위해 기도합니다.

① 여기서 주목할 것은 아버지의 영광과 아들의 영광이 직결되어 있다는 점입니다. 우리는 성부에게만 영광을 돌릴 수 없습니다. 성부는 무엇보다 아들 성자의 아버지시기 때문입니다. 하나님은 우리의 아버지시기 전에 성자의 아버지십니다. 성부께서 영화롭게 되는 길은 성부로부터 보내심을 받은 아들이 성부께서 하라고 하신 일을 다 수행하는 것입니다. 그 일은 아들에게 주신 모든 백성들에게 영생을 주는 것입니다. 이 일은 오직 십자가와 부활을 통해서만 이루

어집니다. 결국 자신을 영화롭게 해달라는 의미는 바로 성부께서 명하신 일을 끝까지 순종하게 해달라는 의미입니다.

예수님은 그 일을 다 성취하고 하늘에 오르셨습니다. 모든 영광을 아버지로부터 다 받으셨습니다. 그렇다면 우리는 무엇을 위해 기도해야 할까요? 어떻게 해야 하늘에 오르신 예수님을 영화롭게 하는 걸까요? 물론 최후의 날, 산 자와 죽은 자를 심판하러 오실 때 성자 예수님은 한없는 영광을 누리실 것입니다. 그러나 하늘에 오르신 예수님은 지금도 예배 시간에 말씀으로 우리에게 오십니다. 말씀이 전파되고 이루어질 때 성자 예수님이 영광을 받으십니다. 따라서 우리도 오늘날 계속해서 그리스도의 영화를 위해 기도해야 합니다. 교회에서 순수한 복음이 선포되고, 그 선포에 성도들이 복종하여 택하신 모든 백성이 영생의 선물을 누리도록 기도해야 합니다.

제자들의 하나 됨과 거룩함을 위한 기도

성부와 성자의 영광을 위한 기도를 마친 후 예수님은 제자들을 위해 기도하십니다. 여기서 제자들이란 일반적인 제자들, 즉 예수님을 믿는 신자들이 아니라 예수님과 함께한 제자들을 의미합니다. 이제 예수님이 영광을 받고 아버지께로 가시면 그들은 홀로 남게 됩니다. 그때 이들에게 가장 필요한 것은 무엇일까요? 바로 하나 됨입니다.

"나는 세상에 더 있지 아니하오나 그들은 세상에 있사옵고 나는 아버지께로 가옵나니 거룩하신 아버지여 내게 주신 아버지의 이름으로 그들을 보전하사 우리와 같이 그들도 하나가 되게 하옵소서"(11절). 이 땅에 계실 때 예수님은 아버지의 이름으로 그들(제자들)을 보전하고 지키셨습니다. 그들에게 필요한 것을 모두 제공하셨습니다. 제자들은 예수님을 따르기만 하면 되었습니다. 그런데 예수님이 떠난다면 그들은 어떻게 살아야 할까요?

여기서 제자들의 보전과 하나 됨이 긴밀하게 연결되어 있음을 보게 됩니다. 제자들은 세상 속에서 살아갑니다. 세상은 제자들에게 적대적이고(14절, "세상이 그들을 미워하였사오니") 세상 속에서 그들은 소수에 불과합니다. 이들이 살아남을 수 있는 방법은 무엇일까요? 그것은 바로 하나 됨입니다. 하나가 되어도 살아남기가 쉽지 않은데 수도 적은 그들이 서로 싸운다면 어떻게 세상 속에서 살아남겠습니까? 예수님이 승천하신 후 성령이 임하시고 교회가 설립되었는데, 그 교회가 살아남은 이유는 바로 그들이 하나 됨을 유지했기 때문입니다.

② 이것은 어떤 하나 됨입니까? 예수님은 "우리와 같이" 그들도 하나가 되기를 기도하셨습니다. 성부와 성자의 하나 됨은 제자들이 서로 어떻게 하나가 되어야 할지 보여 주는 모델입니다. 본문은 성부와 성자의 하나 됨이 어떤 것인지 정확하게 설명하지 않습니다. 그러나 우

리는 이것이 거룩한 삼위일체 안에서의 하나 됨이라는 것을 압니다. 이것은 세상에서 경험할 수 없는 가장 친밀한 하나 됨입니다. 제자들은 특히 복음을 전하는 일에 하나가 되었습니다. 그들은 서로 달랐지만 그리스도의 복음을 전하는 일에서는 전혀 다르지 않았습니다. 덕분에 주님의 교회는 보존될 수 있었습니다.

주님은 또한 제자들의 거룩함을 위해 간절히 기도하셨습니다. 그들이 거룩해야 하는 이유는 세상으로 파송되기 때문입니다. 아버지께 세상으로 파송받은 주님은 이제 제자들을 세상으로 파송하십니다. 그들은 앞으로 세상 속에서 살지만 세상에 속하지 않은 자로 살아가야 합니다(14절). 예수님은 이렇게 기도하십니다. "내가 세상에 속하지 아니함같이 그들도 세상에 속하지 아니하였사옵나이다"(16절). 세상은 악으로 가득 차 있고 제자들을 미워하겠지만 제자들은 거룩함을 지켜야 합니다.

예수님은 파송하는 제자들을 위해 치유의 능력이나 특별한 은사가 그들에게 임하도록 기도하지 않으셨습니다. 대부흥을 위해 기도하지도 않으셨습니다. 예수님은 그들이 악에 빠지지 않도록 기도하셨습니다. 이것은 주기도문에서 가장 마지막에 나오는 간구입니다. 교회가 이 세상에 파송되어 이 세상에서 살며 존재하는 목적은 거대함이 아니라 거룩함에 있습니다. 그런 점에서 우리는 니케아 신경에서 밝히고 있는 교회의 첫 두 속성이 '하나 됨'과 '거룩함'임을 기억해야 합니다. 이것을 망각할 때 교회는 기업이나 동호회 같은 모임으로 전락하고 말 것입니다.

미래의 신자들을 위한 기도: 하나 됨을 통한 선교

예수님은 마지막으로 미래의 신자들을 위해 기도합니다. 이 기도야말로 우리를 위한 직접적인 기도라고 할 수 있습니다. 그런데 이 신자들은 어떤 사람들입니까? "그들의 말로 말미암아 나를 믿는 사람들"(20절)입니다. 예수님의 제자들이 하나 되고 거룩해져서 해야 할 일은 예수님을 말로 증거하는 것입니다. 제자들이 복음을 말로 선포할 때 성령이 역사하시면 듣는 이들에게 믿음이 생깁니다. 이 믿음을 통해 공동체(교회)가 형성되는데, 교회에 가장 필요한 것이 하나 됨입니다.

③ 교회가 하나 되어야 하는 목적은 무엇일까요? 본문에서는 두 가지를 이야기하고 있습니다. 하나는 세상 사람으로 하여금 예수님을 믿게 하는 것이고, 다른 하나는 하나님의 사랑을 알게 하는 것입니다. 주님은 놀랍게도 기도를 통해 우리가 세상 사람들을 어떻게 전도해야 하는지를 가르쳐 주셨습니다.

먼저, 예수님은 이렇게 기도하십니다. "그들도 다 하나가 되어 우리 안에 있게 하사 세상으로 아버지께서 나를 보내신 것을 믿게 하옵소서"(21절). 신자들은 제자들이 선포한 복음을 듣고 믿게 됩니다. 말씀을 통해 믿음을 갖게 된 공동체는 하나가 되어야 합니다. 이 하 ③
나 됨은 세상 공동체의 하나 됨과 다릅니다. 삼위 하나님 안에 있는 하나 됨이기 때문입니다. 신자들이 삼위일체적인 하나 됨을 이루는 모습을 보면서 세상 사람들은 예수 그리스도를 하나님께서 보내신 자로 믿게 됩니다. 삼위 하나님의 하나 됨이 제자들에게서 먼저 실현되고, 제자들의 하나 됨은 신자들의 하나 됨으로 실현되며, 신자들의 하나 됨은 세상 사람들로 하여금 그리스도를 믿게 합니다.

예수님은 신자들이 하나 되어야 하는 또 하나의 목적이 사랑의 공동체를 이루는 데 있음을 밝히십니다. "내가 그들 안에 있고 아버지께서 내 안에 계시어 그들로 온전함을 이루어 하나가 되게 하려 함은 아버지께서 나를 보내신 것과 또 나를 사랑하심같이 그들도 사랑하신 것을 세상으로 알게 하려 함이로소이다"(23절). 신자들이 하나 됨을 이루면 세상 사람들은 하나님께서 아들 예수를 보내셨을 뿐 아니라 그들도 사랑하신다는 사실을 알게 됩니다. 하나님의 사랑을 어떻게 아느냐고요? 놀랍게도 신자들이 하나 된 공동체를 형성할 때 알게 됩니다.

우리 주님이 가르쳐 주신 전도 방법은 신자들이 삼위일체 하나님 안에 거하며 그 하나 됨을 드러내는 것입니다. 오늘날 복음의 능력이 사라지고 있는 이유가 무엇입니까? 교회가 사도들의 교훈을 전하지 않고, 신자들이 서로 하나 되지 못하기 때문입니다. 예수님의 기도는 교회가 어떻게 이 세상에서 선교 사명을 감당해야 하는지를 정확하게 보여 줍니다. 먼저 신자들이 말씀 속에서 선포되는 사도들의 교훈을 믿어야 합니다. 이 믿음은 단지 믿는 데서 끝나지 않고 삼위 하나님의 하나 됨으로 나아가야 합니다. 세상 사람들이 신자 공동체 속에서 하나 됨을 볼 때 예수님이 하나님께서 보내신 자임을 믿고, 하나님께서 그들도 사랑하신다는 것을 알게 됩니다.

기도에 대한 설교를 많이 듣는 것보다 기도를 직접 하는 것이 중요합니다. 기도를 많이 하는 것보다 더 중요한 것은 말씀대로 기도하는 것입니다. 우리는 죄인이어서 무엇을 어떻게 기도해야 할지를 모릅니다. 그래서 가르침이 필요합니다. 그런 점에서 예수님은 모범을 보여 주셨습니다. 예수님은 우리를 대신하여 이 기도를 이제는 하늘에서 하십니다. 그러므로 우리가 예수님의 기도를 하면 반드시 응답받을 것입니다.

무엇보다 우리는 그리스도의 영화를 위해 기도해야 합니다. 교회의 존재 목적은 머리 되신 그리스도의 영광을 드러내는 것입니다. 우리 주님은 자신에게 맡겨진 것을 수행함으로 하나님의 영광을 드러냈고, 우리는 그리스도가 우리에게 맡기신 것을 수행함으로 그분의 영광을 드러낼 수 있습니다. 그리스도가 십자가와 부활을 통해 이룩하신 것을 끊임없이 선포하고 그 복음에 순종할 때, 하늘에 계신 그리스도께서 영광을 받으십니다.

교회는 하나 됨과 거룩함을 위해 기도해야 합니다. 교회가 이 두 가지 속성을 잃으면 더 이상 교회라고 할 수 없습니다. 교회라는 이름만 가졌다고 해서 교회가 되는 것이 아닙니다. 예수님의 기도와는 정반대로 오늘날 교회는 거룩함보다는 거대함을, 하나 됨보다는 특별함을 추구하고 있습니다. 하나님의 영광을 나타내기보다는 교회 자체의 능력과 위대함을 드러내려 하고 있습니다. 하나 됨과 거룩함은 교회의 존재 이유라는 것을 늘 기억해야 합니다.

교회의 설립 목적은 선교임을 기억하고 이것을 위해서도 기도해야 합니다. 가장 좋은 선교 방법은 삼위 하나님을 본받아 거룩한 하나의 공동체를 형성하는 것입니다. 그럴 때 세상 사람들이 예수님을 믿고 하나님의 사랑을 알게 됩니다. 교회는 하나님을 모르는 세상 사람들이 하나님의 영광을 볼 수 있는 유일한 방편입니다. 이와 같은 영광을 드러내기 위해서는 주님이 하신 기도를 우리도 늘 해야 합니다. 성실하게 기도하는 성도들에게 삼위 하나님의 사랑과 은혜가 늘 함께하기를 바랍니다.

#대제사장적 중보기도: 요한복음에는 예수님의 겟세마네 기도(마 26:36-46, 막 14:32-42, 눅 22:40-46)가 빠져 있다. 대신에 본문의 대제사장적 중보기도가 소개된다. 이 기도는 다음과 같이 전개된다.

첫째, 예수님 자신을 위한 기도(1-5절): 십자가의 영광을 천명하고, 영생의 본질을 표현하며, 성부와 영광을 나눈 것을 기뻐하신다.

둘째, 그 당시 제자들을 위한 기도(6-19절): 제자들의 이해와 견인, 기쁨, 성화, 사명을 위해 간구하신다.

셋째, 미래의 신자들을 위한 기도(20-26절): 교회의 하나 됨과 함께할 사역을 위해 서로 사랑할 수 있기를 간구하신다.

1. 예수님은 기도하실 때, 가장 먼저 자신과 아버지의 영화를 위해 기도하십니다. 기도 이후에 닥칠 일을 고려할 때, 이것은 무엇을 의미합니까?(240-241쪽)
2. 예수님이 이 땅에 남겨질 제자들을 위해 기도하신 두 가지 제목은 무엇입니까?(242-243쪽)
3. 교회가 하나 되어야 하는 목적은 무엇입니까? 우리는 어떻게 그리스도의 영광을 나타낼 수 있습니까?(244, 245쪽)

고난과 부활, 파송

요한복음 18:1-21:25

20

결박당하신 우리 왕 "내가 그니라"

요한복음 18:1-14

우리는 사도신경을 낭송하며 주님의 전 생애가 고난의 삶이었음을 고백합니다. 탄생에서부터 십자가에 못 박히시기 직전까지 30여 년의 삶이 "본디오 빌라도에게 고난을 당하셨다"라는 한 문장으로 요약되고 있습니다. 그분의 탄생 자체가 고난이었고, 이 고난은 장사되고 음부에 내려가심으로 극치를 이루었습니다. 복음서의 상당 부분이 주님이 받으신 고난에 대해 서술하고 있습니다. 주님이 우리를 위해 정말로 고난받으셨음을 믿지 않거나 대충 믿는 사람은 참된 신자라고 할 수 없습니다.

이 장에서는 그리스도의 고난 중에서도 '묶이심'에 대해 생각해 보겠습니다. 사복음서 모두가 주님의 묶이심을 비교적 상세하게 다루고 있습니다. 그만큼 묶이심은 그리스도의 고난을 이해하는 데 상당히 중요합니다. 그리스도는 붙잡히고 나서 본격적으로 모든 고난, 즉 수모와 고통을 겪으십니다. 겨우 하룻밤 사이에 여러 차례 재판을 받았고, 재판 중간에는 군인들에게 채찍질을 당했으며, 십자가형을 언도받고, 마침내 죽임을 당하셨습니다.

그리스도의 모든 사역이 그렇지만 그분의 묶이심도 우리를 위한 것입니다. 묶이심은 그리스도가 받은 고난 중 하나입니다. 그분이 우리 죄를 대신하여 묶이셨기 때문에 우리가 죄의 굴레에서 해방될 수 있었습니다. 본문을 통해 그리스도가 어떻게 묶이셨고, 그 묶이심이 우리의 구원에 어떤 영적 유익을 주는지 살펴보겠습니다.

일이 벌어진 상황

그리스도의 묶이심을 이해하기 위해 먼저 이 일이 벌어진 상황을 살펴보겠습니다. 그리스도의 묶이심은 겟세마네 동산의 기도와 안나스의 재판 사이에 위치합니다. 모든 복음서가 이 순서를 따르고 있습니다. 예수님은 기도하고 나서 바로 잡히셨습니다. 그런 다음 쉴 틈 없이 여러 사람들에게 졸속으로 재판을 받으셨습니다. 이런 일련의 과정을 보면서 우리는 당혹스러워집니다. 기도하면 좋은 일이 일어날 것이라고 대부분의 신자들이 기대합니다. 열심히 기도하고 나서 감옥에 가게 되리라고 생각하는 사람은 없을 것입니다. 그런 점에서 예수님의 묶이심은 기도가 무엇인가에 대해 다시 한번 진지하게 생각하게 합니다.

예수님이 겟세마네 동산에서 어떻게 기도하셨는지 우리는 압니다. 하나님의 진노의 잔을 마셔야 한다는 부담감 때문에 그분은 땀이 핏방울같이 될 정도로 하나님께 간절히, 홀로 기도하셨습니다. 할 수 있다면 그 잔을 옮겨 달라고 세 번이나 간구하셨습니다. 그러나 마지막에는 자기 원대로 하지 않고 아버지의 뜻이 이루어지기를 바라며 기도를 마치셨습니다. 기도를 마치면서 예수님은 아버지의 뜻이 그 잔을 마시는 것임을 알았습니다. 그리고 그 길을 당당하게 걸어가십니다. 주님의 묶이심은 기도의 응답이라고 할 수 있습니다.

바로 앞 장인 17장에도 예수님의 긴 기도가 나옵니다. 그것을 보통 예수님의 '대제사장적 기도'라고 부르는데, 대제사장처럼 자신의 제자들을 위해 하나님 아버지께 간절히 중보기도하시기 때문입니다. 요약하면 제자들을 지켜 주시고 그들을 거룩하게 해달라는 내용입니다. 이제 예수님은 체포됩니다. 그렇다면 누가 제자들을 지켜 줄 수 있을까요? 예수님은 그 일을 성부 하나님께 부탁하셨습니다.

예수님은 기도만 하신 게 아닙니다. 실제로 자기 양인 제자들을 지키기 위해 노력하셨습니다. 8절을 보십시오. "나를 찾거든 이 사람들이 가는 것은 용납하라"고 명령하십니다. 그 이유를 "아버지께서 내게 주신 자 중에서 하나도 잃지 아니하였사옵나이다"(요 6:39)를 응하게 하기 위해서라고 밝히십니다. 예수님은 체포되면서도 전혀 비굴하지 않고 아주 당당하게 할 일을 남김없이 수행하십니다. 우리는 기도의 힘을 바로 여기서 찾아야 합니다. 기도의 목적은 고난을 면하는 것이 아니라 견뎌 내는 데 있습니다.

비열한 체포

본문은 주님의 묶이심이 얼마나 비열하게 진행되었는지를 강조합니다. 먼저 체포가 일어난 시간은 밤이었습니다. 예수님은 한 번도 도망다니신 적이 없습니다. 예수님이 뭔가 잘못한 것이 있다면 얼마든지 낮에 체포할 수 있었습니다. 예수님은 날마다 성전에서 공개적으로 가르치셨습니다. 그분의 가르침이 거짓이었다면 바로 그때 잡으면 되었습니다. 그러나 모든 무리가 예수님의 가르침을 옳다고 생각했기 때문에 그분을 떳떳하게 낮에 체포하지 못하고 밤에 체포했습니다.

예수님은 체포의 비열함을 지적하면서 "이제는 너희 때요 어둠의 권세로다"(눅 22:53)라고 말씀하셨습니다. 예수님은 이 체포가 거대한 어둠의 세력에 의해 이루어지고 있음을 아셨습니다. 그 세력은 예수님을 잡기 위해 모든 수단을 동원했습니다. 하지만 예수님은 피하지 않으셨습니다. 피할 수 있었지만 그렇게 하지 않으셨습니다. 그랬다면 생명을 유지하셨겠지만 우리는 영원히 어둠의 권세에 종이 되었을 것입니다.

주님의 묶이심에서 우리가 눈여겨볼 사람은 가룟 유다입니다. 예수님을 실제로 묶은 사람은 대제사장과 장로들이 보낸 부하들이었지만, 이 일에 유다가 결정적인 역할을 하고 있습니다. 그는 예수님의 제자로서 예수님과 제자들이 자주 모이는 장소를 잘 알고 있었습니다(2절). 마태복음과 누가복음에 따르면, 유다는 미리 부하들과 작전을 짜고 예수님을 만나면 입을 맞추어 예수님의 얼굴을 전혀 모르는 그들에게 알려 주기로 했습니다. 겉으로는 안부 인사를 나누면서 속으로는 스승을 팔아넘기는 유다에게서 우리는 사탄의 비열함을 그대로 목격합니다.

예수님은 유다의 배신이 가장 가슴 아프셨을 것입니다. 실제로 그 당시 복음을 몰랐던 헬라인들은 어떻게 자기 제자도 설득하지 못하고 배신당한 사람이 우리를 설득하려 하느냐며 반문하기도 했습니다. 실제로 이런 질문에 합리적으로 답하기란 쉽지 않습니다. 사탄은 가장 야비한 수법을 사용해 예수님을 체포하고 있습니다.

하지만 이 역시 성경 말씀을 이루시는 하나님의 섭리입니다. 시편 41편 9절에서 다윗은 다음과 같이 탄식합니다. "내가 신뢰하여 내 떡을 나눠 먹던 나의 가까운 친구도 나를 대적하여 그의 발꿈치를 들었나이다." '발꿈치를 들다'라는 표현은 배반을 비유적으로 표현한 관용구입니다. 이 구절은 메시아 시편으로 유다의 배신을 예고하고 있습니다. 유다는 실제로 예수님과 마지막 식사를 나누었습니다. 식사 후에 다른 제자들은 예수님을 따라갔지만 유다는 곧장 유대인에게 가서 음모를 꾸몄습니다. 스승이 기도하는 동안 제자는 스승을 잡을 음모를 꾸몄습니다. 사탄이 얼마나 비열한지 실감나지 않습니까?

"I Am"이신 예수님

어둠의 세력이 이렇게 비열한데도 예수님은 처음부터 끝까지 의연함을 지키십니다. 본문에 따르면, 예수님은 이미 무슨 일을 당할지 다 알고 계셨습니다. 어떻게 하면 몰래 잡을지 궁리하는 유대인들과 모든 일들을 훤히 내다보며 의연하게 대처하시는 주님이 본문에서 대조를 이룹니다. "누구를 찾느냐?"라고 물으니 "나사렛 예수"라고 그들이 답했습니다. 그들이 원한 것은 '나사렛 예수'였습니다.

이제 예수님은 '나사렛 예수'가 누구인지를 밝히셔야 했습니다. 그들의 질문에 대한 답변은 "내로라"(개역한글)입니다. 이 말에는 이중적인 의미가 있습니다. 피상적으로 읽으면 "내가 그 사람이다"라는 뜻입니다. 하지만 예수님은 의도적으로 "내로라"라고 답하셨는데,

이것은 모세가 하나님께 그 이름을 물었을 때 하나님께서 답변하신 이름 "I Am"이라는 표현과 같습니다. 한글성경에는 "스스로 있는 자"라고 번역되어 있는데, "내로라"가 여기에 해당하는 헬라어 번역입니다. "내로라"는 한편으로는 "내가 그 사람이다"라는 뜻도 되지만 하나님의 이름을 가리키기도 합니다.

예수님이 "내로라"라고 말씀하신 적이 한 번 더 있었습니다. 요한복음 6장에 보면 예수님이 오병이어의 기적을 일으킨 직후 폭풍우 가운데 있는 제자들을 향해 물위로 걸어오십니다. 그때 예수님이 "내니 두려워하지 말라"고 말씀하셨습니다. 이때 사용했던 표현이 "I Am"입니다. 그 말씀을 듣고 제자들이 기뻐하면서 예수님을 배 안으로 영접했고 배는 곧 가려던 장소에 도착했습니다. 예수님은 전능하신 하나님의 능력을 나타내셨을 뿐 아니라 자신이 곧 하나님임을 "I Am"이라는 표현으로 드러내셨습니다.

① 모든 것을 알고 계신 예수님은 의도적으로 그렇게 답하셨습니다. 당시 그 말씀을 들은 사람들은 그것이 무슨 뜻인지 잘 알았습니다. "나사렛 예수가 누구인가"에 대한 답은 바로 '여호와 하나님'입니다. 예수님은 자신이 어떤 존재인지 분명하게 드러내셨습니다. 예수님이 이 말씀을 하실 때 사람들이 물러가서 땅에 엎드렸습니다. 그 상황을 정확하게 알 수는 없지만 "내로라"라는 권세 있는 답변이 그들에게 대단한 공포심을 일으킨 것이 분명합니다. 그들이 잡아야 할 사

람이 여호와 하나님이라고 한번 생각해 보십시오.

예수님은 능력의 말씀을 통해 그들이 자신을 잡을 수 없는 존재임을 확실히 보여 주셨습니다. 그들은 "내로라"라는 한마디에 나가떨어지는 연약한 자들이었습니다. 예수님이 다시 "누구를 찾느냐?"라고 물으셨고, 그들은 역시 "나사렛 예수"라고 답했습니다. 아마 공포에 떨면서 답했을 것입니다. 이런 상황에서 예수님이 또 "내로라"고 답하셨으면 어떤 일이 벌어졌을까요? 그러나 예수님은 그렇게 하지 않고 "내가 그니라 하였으니 나를 찾거든 이 사람들이 가는 것은 용납하라"(8절)고 말씀하셨습니다.

여기서 우리는 주님이 묶이신 이유를 알 수 있습니다. 주님은 묶 ②
이신 것이 아니라 묶여 주셨습니다. 묶이시기 전에 자신은 묶일 수
없으며 묶어서는 안 되는 존재임을 분명히 보여 주셨습니다. 그러고
나서 스스로 묶이기를 원하셨습니다. 제자들은 보내라고 명하셨습
니다. 이것은 또한 주님이 왜 자발적으로 묶이셨는지를 증거합니다.
그분이 묶이셔야 우리가 죄의 속박에서 풀려나기 때문입니다.

잡아가도 좋다는 예수님의 말을 듣고 군인들이 예수님을 묶으려고 했습니다. 이때 베드로가 등장합니다. 베드로와 제자들은 처음에는 겁이 났으나 군인들이 예수님의 한마디에 나자빠지는 것을 보고 힘

을 얻었던 것 같습니다. 그래서 가지고 있던 검으로 대제사장 종의 오른쪽 귀를 베어 버렸습니다. 종의 이름은 말고였는데, 이 사람은 분명히 나중에 예수님을 믿고 교회 지도자가 되었을 것입니다. 그렇지 않았다면 우리가 종의 이름을 알 수 없었을뿐더러 알았다고 해도 여기에 구체적으로 기록될 이유가 없기 때문입니다.

베드로는 조금 전까지만 해도 죽더라도 예수님을 부인하지 않겠다고 맹세했던 사람입니다. 그는 칼을 차고 있었고 언제든지 예수님을 보호할 준비가 되어 있었습니다. 이것이야말로 사탄의 교묘한 술수였습니다. 베드로를 그대로 두었다면 예수님의 속죄 사역은 시작도 하기 전에 좌초되었을 것입니다. 예수님은 베드로의 이런 행동을 용납하지 않으셨습니다. "칼을 칼집에 꽂으라"고 명령하면서 "아버지께서 주신 잔을 내가 마시지 아니하겠느냐"라고 물으셨습니다. 예수님은 이 잔을 옮겨 달라고 기도했으나, 그것이 아버지의 뜻이 아님을 확신하셨다는 것을 알 수 있습니다. 그분의 묶이심은 진노의 잔을 마시기 위한 첫 걸음이었습니다. 베드로의 경우에서 보듯이, 때로는 우리의 열심이 그리스도의 구속 사역을 훼방할 수도 있다는 사실을 명심해야 합니다.

예수님은 자기를 잡으러 왔던 말고의 귀를 붙여 고쳐 주셨습니다. 그것을 본 군인들이 예수님을 어떻게 생각했을까요? 그야말로 하나님의 아들이라고 생각했을 것입니다. 방금 전에 "내로라"고 말씀하셨을 때보다 더 놀랐을 것입니다. 예수님이 베드로를 제어하고 말고의 귀를 고쳐 주고 나서야 군인들은 실제로 예수님을 묶기 시작했을 것입니다. 아마 크게 두려워하며 묶었을 것입니다. 그분을 묶으면서도 결코 함부로 대하지 않았을 것입니다.

그리스도의 묶이심으로 우리가 죄에서 해방되었습니다. 그리스도 ③
인의 자유는 방종을 의미하지 않습니다. 우리가 얻은 자유로 이제 그리스도를 섬겨야 합니다. 진정한 자유는 그리스도의 종이 되는 것입니다. 이것은 그리스도가 우리를 풀어 주기 위해 묶이셨음을 확실히 믿는 자들만이 누릴 수 있는 자유입니다.

그리스도의 묶이심은 우리에게 귀한 모범이 됩니다. 사도 바울은 갈라디아 교인들에게 다음과 같이 편지합니다. "너희가 자유를 위하여 부르심을 입었으나 그러나 그 자유로 육체의 기회를 삼지 말고 오직 사랑으로 서로 종 노릇 하라"(갈 5:13). 누가 이 일을 할 수 있을까요? 오직 그리스도의 복음을 확신하는 자들입니다. 이 확신이 우리 가운데 충만하기를 바랍니다.

#예수님이 잡히시기 전후의 사건들

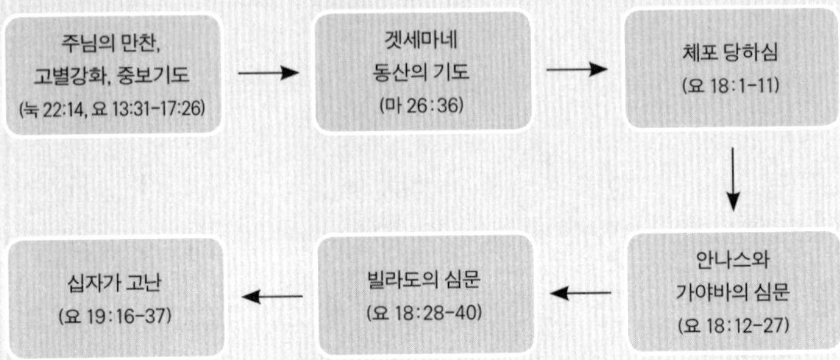

1. 한밤중에 체포하러 온 군인들이 나사렛 예수를 찾자 예수님은 뭐라고 대답하십니까? 예수님의 대답에 군인들이 두려워한 이유는 무엇입니까?(256-257쪽)
2. 예수님이 묶이시고 고난당하신 이유는 무엇입니까?(257쪽)
3. 그리스도의 묶이심으로 인해 죄에서 해방된 우리는 어떻게 진정한 자유를 누릴 수 있습니까?(259쪽)

21

그리스도의 목마름
"내가 목마르다"

요한복음 19:28-30

"내가 목마르다"는 주님이 십자가에서 하신 일곱 개의 말씀(가상칠언) 중 하나입니다. 이 말씀을 통해 우리는 십자가에서 돌아가신 주님이 어떤 분인지를 알게 됩니다. 그분은 목마른 자로 돌아가셨습니다. 예수님이 이 말씀을 하지 않으셨다면 우리는 주님의 목마름에 대해 깊게 생각하지 못했을지도 모릅니다. 십자가 고난 중에서 목마름이 갖는 의미도 잘 몰랐을 것입니다.

미치도록 목말랐던 적이 있습니까? 아마 대부분은 운동을 격렬하게 한 다음에 갈증을 심하게 느껴 보았을 것입니다. 군대에서 행군하면서 타는 목마름을 경험한 분도 있을 테고요. 그런 분은 행군 중에 수통의 물이 떨어졌다는 것이 무얼 의미하는지 잘 알 것입니다. 너무 목이 말라 논물을 그냥 마신 사람도 있다고 합니다. 사실 우리나라에서는 목마름을 혹독하게 경험할 기회가 별로 없습니다. 하지만 물이 없는 곳에서 목마름은 그 자체가 고통이요 죽음이라고 할 수 있습니다. 사막이 그렇습니다.

우리가 사도신경을 통해 고백하듯이 주님의 삶은 고난의 연속이었습니다. 그분은 본디오 빌라도 아래서 고난을 받으셨습니다. 그 고난에는 목마름도 포함됩니다. 예수님은 배고픔과 목마름으로 공생애를 시작하셨습니다. 세례를 받고 하늘의 음성으로 모든 사람들에게 하나님의 아들로 선포된 후 광야로 가신 주님은 40일 동안 먹지도 마시지도 않으셨습니다. 그런 배고픔과 목마름 속에서 주님은 사탄에게 시험을 받으셨습니다. 마찬가지로 주님은 십자가에 매달려 타는 목마름 속에서도 하나님의 아들인지 아닌지 알아보는 시험을 강도들과 대제사장에게 받으셨습니다. 주님의 목마름은 공생애의 시작뿐 아니라 마지막까지 이어졌습니다.

주님은 십자가에서 삶을 마치셨습니다. 십자가는 그리스도의 죽음을 상징합니다. 그리스도의 죽으심은 복음의 핵심입니다. 그렇다면 그분이 십자가에서 어떻게 돌아가셨는지 우리는 잘 알아야 합니다. 복음서는 주님이 십자가에서 어떻게 돌아가셨는지 아주 자세하게 기록하고 있습니다. 그럼에도 불구하고 많은 신자들이 주님의 죽으심에 대해 의외로 잘 알지 못합니다. 알더라도 피상적으로 아는 경우가 많습니다. 그러다 보니 주님의 죽으심에 대한 말씀이 신자의 삶에 별 힘이 되지 못하고 있습니다. 본문을 통해 주님의 목마름이 우리에게 주는 영적 교훈을 배우고자 합니다.

예수님이 처하신 상황

주님은 아주 처절하게 "내가 목마르다"라고 말씀하셨습니다. 이 말씀을 읽을 때 어떤 느낌이 듭니까? 아마 대부분이 "얼마나 목이 마르면 저런 소리를 하실까?" "내가 옆에 있었다면 물 한 그릇이라도 떠다 드렸을 텐데" 하며 동정심이 들겠지요. 그러나 물 한 그릇이 주님께 얼마나 도움이 될까요? 어차피 주님은 잠시 후에 돌아가시게 될 것입니다.

주님의 외침 속에서 확실하게 알 수 있는 것은 그분이 목마른 고 ①
통을 몸소 경험하셨다는 것입니다. 그분은 십자가에서 물과 피를 다 쏟으셨습니다. 몸에서 피가 다 빠져 나갔으니 갈증을 느끼지 않을 수 없습니다. 그 갈증은 그야말로 지옥의 고통입니다. 부자와 나사로의 이야기에서 부자가 지옥에서 아브라함에게 물 한 방울을 달라고 부르짖는 장면이 있습니다. 우리 주님도 지금 십자가에서 목이 말라 지옥의 고통을 경험하고 있습니다. 주님이 십자가에서 겪으신 지옥의 고통을 사도신경은 "음부에 내려가셨다"는 말로 요약합니다.

하이델베르크 요리문답은 사도신경의 이 조항을 "그분은 그의 모든 고난을 통해 특히 십자가에서 말할 수 없는 두려움과 아픔과 공포와 지옥의 고통을 친히 당함으로써 나의 구원을 이루셨습니다"라고 설명합니다.

그와 같은 고통 속에서 무얼 어떻게 할 수 있을까요? 이 점에서 부자와 예수님을 비교할 필요가 있습니다. 부자는 지옥에서도 자기 고통만 생각합니다. 고통이 부당하다고 생각하고 고통에서 벗어날 길만 찾습니다. 그러면서 하나님을 원망하고, 아브라함에게 나사로를 보내어 물 한 방울을 전해 달라고 합니다. 그는 생전에 나사로에게 빵 한 조각 준 적이 없는 사람입니다. 게다가 그는 아브라함에게 물을 달라고 하지 않고 나사로를 보내라고 합니다. 그 이유가 무엇입니까? 나사로가 아브라함의 품에 안겨 있는 모습을 도저히 두고 보지 못하기 때문입니다. 나사로가 품에 안겨 있다는 것은 그가 아브라함의 아들이라는 것을 단적으로 의미합니다. 자신이 있어야 할 자리에 거지가 앉아 있는 꼴을 못 보는 것입니다.

예수님도 십자가에서 같은 고통을 겪으셨습니다. 고통의 정도는 부자와 예수님 간에 차이가 없을 것입니다. 그런데 고통 속에서 예수님은 무얼 하십니까? "내가 목마르다"라고 고통을 표현하십니다. 이 말씀이 없었더라면 우리는 주님이 당하신 목마름의 고통을 구체적으로 이해하지 못했을 것입니다. 심지어 영지주의자 같은 이들은 예수님이 실제로는 고통을 당하지 않으셨다고 생각합니다. 우리 인간과 다른 존재이니 고통이 덜 하셨을 것이라고 생각하기도 합니다.

이와 같은 고통 속에서 예수님이 하실 수 있는 일이 무엇이었을까요? 부자처럼 주님을 원망할 수도 있었을 테지요. 실제로 예수님은 하나님께 원망할 자격이 있었습니다. 그분은 하나님의 뜻을 한 번도 거스른 적이 없었습니다. 정말이지 충성스러운 아들로서 하나님의 명령을 다 지켰습니다. 그런데 그 보상이 저주의 십자가와 지옥의 목마름이라니요. 하지만 예수님은 십자가에서도 하나님을 전혀 원망하지 않았습니다.

신자가 고통 속에 있을 때 무엇을 해야 할까요? 아마 대부분이 기도라고 답할 것입니다. 그렇다면 우리는 예수님의 말씀을 기도로 이해해 볼 수 있습니다. 실제로 예수님은 십자가에서 여러 번 기도를 하셨습니다. "아버지 저들을 사하여 주옵소서"(눅 23:34). "아버지 내 영혼을 아버지 손에 부탁하나이다"(눅 23:46). 그렇다면 "내가 목마르다" 대신 "아버지, 물 좀 주십시오"라고 기도할 수 있지 않으셨을까요? 하나님께서 다른 기도를 다 들어주셨는데 물 좀 달라는 기도는 안 들어주셨을까요? 그러나 주님은 한 번도 자기 유익을 위해 하나님께 기도한 적이 없습니다. 딱 한 번 있기는 합니다. 겟세마네 동산에서 "이 잔을 내게서 옮기시옵소서"라고 기도한 적이 있습니다. 그러나 그때에도 "내 원대로 마시옵고 아버지의 원대로 되기를 원하나이다"라고 기도하셨습니다(눅 22:42).

사실 예수님은 기도하실 필요도 없었습니다. 하나님께서 주신 능력으로 물을 얼마든지 마실 수 있었을 테니까요. 그분은 광야에서 보리떡 두 개와 물고기 다섯 마리로 5천 명을 먹이신 분입니다. 가나 혼인잔치에서는 엄청난 양의 물을 포도주로 만드셨습니다. 물로 포도주를 만드신 분이 피로 물을 만들지 못할까요? 어찌 보면 가장 능력 발휘를 해야 할 때 예수님은 자신의 능력을 전혀 사용하지 않으셨습니다.

성경을 이루고자 하심

주님의 말씀을 잘 이해하기 위해 요한이 복음서를 어떤 관점에서 기술하고 있는지 잘 봐야 합니다. 요한은 예수님의 죽음을 철저하게 구약성경의 성취로 이해하고 있습니다. 특히 이점에서 예수님과 군인들이 대비를 이룹니다. 바로 앞장의 본문에서 군인들이 무얼 하고 있습니까? 그들은 예수님을 십자가에 못 박기 전에 옷을 벗기고 그 옷을 제비뽑아 나누었습니다. 그 옷은 통으로 짠 옷감이어서 어느 정도 가치가 있었을 것입니다. 그것마저 예수님은 빼앗기고 말았습니다. 그런데 요한은 그 장면을 시편 22편 18절이 성취된 것으로 보고 있습니다. 원수들이 "내 겉옷을 나누며 속옷을 제비뽑나이다."

우리 주님은 속옷까지 원수들에게 모조리 강탈당하셨습니다.

"내가 목마르다"고 하신 예수님의 말씀도 시편 69편 21절을 성취하고 있습니다. "그들이 쓸개를 나의 음식물로 주며 목마를 때에는 초를 마시게 하였사오니." 실제로 본문은 이렇게 기록합니다. "예수께서 모든 일이 이미 이루어진 줄 아시고 성경을 응하게 하려 하사"(28절). 예수님은 그냥 고통스러워 목마르다고 말씀하신 것이 아닙니다. 구약 말씀을 성취하기 위해 의도적으로 그렇게 말씀하셨습니다.

구약 말씀을 성취하는 일에는 군인들과 예수님이 동일하게 참여했습니다. 그러나 군인들은 자신의 욕심에 따라 하나님의 뜻과 전혀 상관없이 행동하고 있습니다. 반면에 예수님은 자신의 욕심을 버리고 하나님의 뜻을 정확하게 알고 순종하기 위해 말씀하십니다. 어쩌면 예수님은 극한 고통 속에서 그냥 조용히 죽기를 원하셨는지도 모릅니다. 그러나 극심한 고통 속에서도 하나님의 뜻이 이루어지는 데 관심이 있었기에 그렇게 말씀하셨습니다.

이렇게 말씀에 순종하면 어떤 보상이 주어질까요? 성경의 예언을 ②
이루기 위해 "내가 목마르다"라고 외치면 어떤 일이 벌어질 것이라고 예수님은 생각하셨을까요? 군인들이 물 한 그릇을 가져다줄 것이라고 기대했을까요? 전혀 그렇지 않습니다. 앞서 말했듯이 예수님이 이렇게 말씀하신 것은 시편의 말씀을 이루기 위해서입니다.

시편 69편의 주요 주제는 신자들이 당하는 조롱과 비방입니다. 7절에서 시인은 "내가 주를 위하여 비방을 받았사오니 수치가 나의 얼굴에 덮였나이다"라고 탄식합니다. 21절에는 그 비방과 조롱이 구체적으로 어떻게 나타나고 있는지 하나님께 호소합니다. "그들이 쓸개를 나의 음식물로 주며 목마를 때에는 초를 마시게 하였사오니." 하나님의 백성이 정말로 배 고프고 목말랐을 때, 원수들이 그들에게 쓸개와 구정물을 먹이고 마시게 했다는 것입니다. 주님은 시편 69편의 내용을 정확히 아시는 가운데 "내가 목마르다"라고 말씀하신 것입니다. 누군가가 생수를 줄 것이라고 기대하면서 말씀하신 게 아니라 신 포도주를 먹게 할 것임을 알고 말씀하셨습니다.

당시 가장 힘없고 약한 상황에서 주님은 아주 당당하게 아버지의 뜻을 하나도 남김없이 이루려 하십니다. 지금 사도 요한이 보여주려고 하는 주님의 모습이 바로 이것입니다. 십자가에서 우리 주님은 성경이 자신에 대해 말한 것을 모두 이루기 위해 온힘을 쏟고 있습니다. 그럼으로써 원수들이 자신에게 하는 모든 악행을 하나님께 고발하면서 그분의 의로운 심판을 호소하고 있습니다. 이것이 시편 69편의 주요 내용입니다. 이 말씀을 하실 때 주님은 원수들에게 조롱당할 것을 아셨지만, 또한 하나님께서 그들을 심판하고 자신을 건져 주실 것을 믿었습니다. 예수님의 죽음을 기억한다는 것은 그분이 십자가에서 얼마나 고통스럽게 죽으셨는지를 기억하는 것이 아니라,

고통 속에서도 하나님에 대한 굳은 믿음을 가지고 돌아가셨음을 기억하는 것입니다.

"목마르다"는 주님의 외침에 실제로 군인들이 신 포도주를 가져다주었습니다. 당시 상황은 아마 이렇게 진행되었을 테지요. "내가 목마르다"는 예수님의 외침을 군인 책임자가 듣고 부하에게 말합니다. "야, 뭐해. 유대인의 왕께서 목마르시대잖아." 부하는 그 말이 무슨 뜻인지 알아차렸습니다. 그는 "네, 알겠습니다. 곧 시행하겠습니다"라고 말하고, 주님에게 물이 아니라 신 포도주를 해융에 머금게 해서 먹이려 했습니다. 예수님은 신 포도주를 받으시고 (즉 그들의 조롱을 기꺼이 받으시고) "다 이루었다"라고 말씀하며 죽음을 맞으셨습니다. "다 이루었다"는 것은 예수님이 우리 죄를 위해 십자가에서 제물이 되셨음을 의미합니다. 그분의 죽음이 희생제물이 되어 구약의 모든 말씀이 성취되었습니다. 주님의 순종을 통해 우리는 죄에서 건짐을 받았습니다.

생수의 약속

목마름 속에서 돌아가신 그리스도를 보며 우리는 생전에 그분이 하신 약속이 떠오르며 궁금해집니다. 살아 생전에 그분은 생수에 대해 여러 번 말씀하셨습니다. 특별히 요한복음이 이를 강조하고 있습니다. 예수님은 사마리아 여자에게 "내가 주는 물을 마시는 자는 영원히 목마르지 아니하리니 내가 주는 물은 그 속에서 영생하도록 솟아나는 샘물이 되리라"(4:14)고 말씀하셨습니다. 7장 37-38절에서도 유사한 말씀을 하셨습니다. "누구든지 목마르거든 내게로 와서 마시라. 나를 믿는 자는 성경에 이름과 같이 그 배에서 생수의 강이 흘러나오리라."

간단히 말해 예수님이 누구십니까? 요한복음에 따르면 영생의 물을 주시는 분입니다. 바울 사도도 이와 비슷한 말을 했습니다. "[그들이] 다 같은 신령한 음료를 마셨으니 이는 그들을 따르는 신령한 반석으로부터 마셨으매 그 반석은 곧 그리스도시라"(고전 10:4).

③ 이 약속은 어떻게 성취되었을까요? 믿는 자에게 생수를 주겠다고 해놓고 정작 자신은 목말라하시다니요? 자기 갈증도 풀 수 없는 사람이 어떻게 남에게 물을 줄 수 있을까요? 여기서 물이란 한번 먹으면 다시 갈증나지 않는 신령한 물로서 앞으로 교회에 주어질 성령을 말합니다. 그리스도가 끝까지 순종하셨기 때문에 하나님은 그분에게 성령을 선물로 주셨습니다. 그리스도는 그 선물을 자신을 위해 사용하지 않고 하나님께서 택하신 백성에게 주십니다. 성령을 선물로 받은 우리는 더 이상 목마름의 고통을 느끼지 않게 되었습니다.

사도 요한은 그의 또 다른 책인 계시록에서 생수를 주시는 예수님을 생생하게 묘사하고 있습니다. 22장 1-2절에 보면 어린 양의 보좌에서 생명수가 나와 강이 되고, 생명나무가 강가에서 열두 가지 열매를 달마다 맺습니다. 예수님이 생수의 근원이 되신 것입니다. 주님이 목마른 고통을 다 당하셨기 때문에 이제 우리에게 더 이상 목마름의 고통이 없게 되었습니다. 오순절에 오신 성령이 우리 안에 들어와 영원히 우리와 함께 거하시기 때문입니다.

십자가에서 예수님이 느끼셨던 목마름을 우리는 깊이 묵상할 필요가 있습니다. 그분은 정말로 목이 말랐고, 그것을 표현하셨습니다. 십자가 하면 고통이 떠오르지만, 정작 복음서는 예수님의 고통을 그리 자세히 표현하지 않습니다. 특히 예수님이 십자가에서 못 박힐 때 느끼셨을 고통에 침묵합니다. "내가 목마르다"는 예수님이 자신의 육체적 고통을 유일하게 표현하신 말씀입니다. 이 말씀이 성경에 기록되지 않았더라면 우리는 십자가의 고통을 제대로 이해하지 못했을 것입니다. 예수님이 "내가 목마르다"라는 말씀을 어떤 식으로 표현하셨을까요? 결코 우아하게 하지 않으셨을 것입니다. 그것은 신음 섞인 처절한 외침이었을 것입니다.

예수님은 능력자시니 고통도 얼마든지 참으셨을 것이라고 오해해서는 안 됩니다. 그러면 주님의 고난이 우리에게 아무 유익이 될 수 없습니다. 주님은 우리와 똑같은 인간으로서 극심한 고통을 견디며 끝까지 순종의 길을 걸어가셨습니다. 그 길은 조롱의 길이었습니다. "목마르다"는 외침에 돌아온 것은 시원한 물이 아니라 신 포도주였습니다. 주님은 신 포도주를 받으셨습니다. 하나님의 아들이자 이스라엘의 왕이 그분의 백성들에게 그런 취급을 받으셨습니다. 그러나 주님이 그 길을 걸어가셨기에 생명의 물이신 성령을 성부로부터 받아 우리 모두에게 나눠 주실 수 있었습니다. 그리하여 우리는 영적 목마름에서 영원토록 해갈될 수 있었습니다. 이 해갈의 은혜가 승천하신 주님이 주시는 성령으로 말미암아 이 말씀을 듣는 모든 이들에게 있기를 바랍니다.

#예수님이 십자가에서 남기신 일곱 말씀

아버지 저들을 사하여 주옵소서. 자기들이 하는 것을 알지 못함이니이다	눅 23:34
내가 진실로 네게 이르노니 오늘 네가 나와 함께 낙원에 있으리라	눅 23:43
여자여 보소서. 아들이니이다…보라 네 어머니라	요 18:26-27
엘리 엘리 라마 사박다니	마 27:46
내가 목마르다	마 27:46
다 이루었다	요 19:30
아버지 내 영혼을 아버지 손에 부탁하나이다	눅 23:46

1. 주님은 십자가에서 "내가 목마르다"라고 외치셨습니다. 주님의 처절한 외침에서 우리는 무엇을 확실하게 알 수 있습니까?(263쪽)
2. 예수님은 구약의 말씀을 성취하고자 친히 고난을 당하셨습니다. 특별히 시편 69편 21절의 말씀은 어떻게 성취되었습니까?(267-268쪽)
3. 십자가에서 목마르셨던 예수님은 우리에게 생수의 근원이 되어 주십니다(요 4:14, 7:37-38, 계 22:1-2). 이 일은 어떻게 이루어집니까?(270쪽)

22

장사되신 그리스도
"그 뼈가 하나도 꺾이지 아니하리라"

요한복음 19:31-42

우리는 매주일 예배 시간에 사도신경을 통해 예수님이 장사되셨다는 것을 신앙으로 고백합니다. 오늘날 많은 성도들이 무심하게 사도신경을 암송하지만, 그중에서도 간과하는 내용이 그리스도의 장사가 아닐까요? 그리스도의 장사에 관심을 가져 본 적이 있습니까? 저 역시 하이델베르크 요리문답에 따라 사도신경에 대해 강해 설교를 하면서 잠시 언급한 것 말고는 이 주제로 깊이 있게 설교한 적이 없습니다.

그리스도의 장사가 사도신경에 명시된 신앙 조항임에도 불구하고 신자들이 이 교리에 별 관심이 없는 이유가 무엇일까요? 몇 가지 이유가 있겠지만, 무엇보다 성경에서 그리스도의 장사에 대해 별로 언급하지 않기 때문입니다. 많은 성도들이 그리스도의 죽음과 장사가 크게 다르지 않으므로 그리스도의 죽으심만 고백해도 충분하다고 생각합니다. 그나마 사도신경이 없었다면 그리스도의 장사와 우리의 신앙을 연결지어 생각해 볼 여지가 더 없었을 것입니다.

대부분의 신자들은 어려서부터 사도신경을 많이 듣고 암송합니다. 그래서 잘 안다고 생각합니다. 정말 그럴까요? 사도신경을 잘 이해하기 위해서는 신앙고백서나 요리문답 같은 도구가 필요합니다. 그런데 이런 교리 문서들조차 다른 교리들에 비해 '그리스도의 장사'를 간단히 다룹니다. 예를 들어 웨스트민스터 대요리문답은 그리스도의 사역 중 네 단계(출생, 삶, 죽음, 죽음 이후) 비하, 즉 낮아지심을 설명하는 가운데 그리스도의 장사를 언급할 뿐입니다. 대요리문답에 따르면 장사는 죽음 이후에 처하신 첫 번째 비하입니다. 그리스도는 장사된 다음에 죽은 자들과 함께 거하시고 죽음의 권세 아래에 놓이게 되었습니다. 아쉽게도 장사가 의미하는 바에 대해 웨스트민스터 표준문서는 설명하고 있지 않습니다.

한편 하이델베르크 요리문답은 장사에 대해 짧지만 분명한 신학적 의미를 제공합니다. 41문에서 "그리스도는 왜 장사되셨습니까?"라고 질문하고, "그리스도의 장사되심은 그가 진정으로 죽으셨음을 확증합니다"라고 답합니다. 여기서 우리는 중요한 교리를 배울 수 있습니다. 장사는 그리스도가 죽으셨다는 확실한 증거라는 것입니다. ①

사람이 죽으면 누구나 장례 의식을 치릅니다. 우리나라에서는 입관, 발인, 하관식을 하는데 하관식까지 따라가는 사람들은 가장 가까운 친족들입니다. 입관과 발인만으로도 충분하니 하관은 알아서 하라고 인부들에게만 맡기지 않습니다. 유족은 하관하는 모습을 보고 나서야 고인의 죽음을 실감합니다. 그런 점에서 장례는 죽음에 대한 가장 확실한 증거라고 할 수 있습니다.

정말로 죽으셨다

그리스도의 장사에 대한 웨스트민스터 대요리문답과 하이델베르크 요리문답의 설명은 과연 성경이 가르치는 교훈과 일치할까요? 본문에서 한번 살펴보겠습니다. 본문은 성경에서 그리스도의 장사를 가장 상세하게 기록하고 있습니다. 놀랍게도 요한복음은 그리스도의 장사를 요리문답의 관점과 정확히 동일하게 서술하고 있습니다. 사실 다른 복음서들도 그리스도의 장사를 기록하면서 "그리스도가 정말로 죽으셨다"는 점을 강조하고 있습니다.

이것은 그리스도의 부활을 '합리적'으로 설명하려는 모든 시도를 차단합니다. 이미 교회가 시작할 때부터 그리스도는 실제로 죽은 게 아니라고 주장하는 이단이 생기기 시작했습니다. 대표적인 견해가 이른바 기절설입니다. 그리스도가 십자가에서 기절했다가 서늘한

동굴 무덤에 누워 있다 보니 정신이 들어 일어났다는 설명입니다. 이와 유사하게 그리스도가 육체로 오심을 부인하는 이들은, 예수님이 실제로 죽은 것이 아니라 죽은 것처럼 보였을 뿐이라고 주장했습니다.

예수님의 죽음은 제자들도 믿기 어려운 일이었습니다. 베드로의 유명한 신앙고백을 잘 아실 것입니다. 그는 예수님을 "그리스도시요 살아계신 하나님의 아들"이라고 고백했습니다. 그 고백 자체는 틀림이 없었습니다. 예수님은 베드로에게 복이 있다고 선언하셨습니다. 그러나 베드로의 마음속 의도까지 옳은 것은 아니었습니다. 베드로의 고백을 듣고 나서 예수님은 자신의 죽음과 부활에 대해 가르치기 시작하셨습니다. 베드로는 그 말씀을 듣고 예수님을 책망하면서 절대로 그런 일이 일어나지 않게 하겠다고 나섰습니다. 그때 예수님이 베드로에게 말씀하십니다. "사탄아, 내 뒤로 물러나라." 베드로는 메시아이자 하나님의 아들은 결코 죽을 수 없다고 생각했습니다. 베드로뿐 아니라 다른 제자들도 모두 그렇게 생각했을 것입니다. 이런 제자들에게 사도 요한은 하나님의 아들이 정말로 죽으셨음을 확증하고 있습니다.

심지어 예수님이 실제로 죽으셨다고 믿는 신자들도 그리스도의 죽음을 제대로 이해하지 못한 경우가 많습니다. 대표적인 예로 '십자가에서 내려지는 그리스도'라는 그림을 비교해 보면 금세 이해할 수

페테르 파울 루벤스, '십자가에서 내려지는 예수', 1611-1614년, 벨기에 안트베르펜 성모대성당

렘브란트 반 레인, '십자가에서 내려지는 예수', 1634년, 상트 페테르부르크 에르미타주 미술관

있습니다. 가톨릭 신자인 루벤스의 그림을 보면 예수님이 죽었는지 의심이 들 정도로 그분의 몸이 아름답게 그려져 있습니다. 그림 자체가 화려합니다. 예수님의 근육도 여전히 힘이 있고 전혀 상한 몸이 아닙니다. 반면에 개신교 신자인 렘브란트의 그림은 똑같은 장면을 그렸는데도 분위기가 전혀 다릅니다. 일단 화면 전체가 어둡습니다. 십자가에서 내려지는 주님은 한 마리 죽은 양처럼 축 처져 있습니다. 누가 보아도 정말로 죽었다는 인상을 줍니다.

사실 여부를 떠나서 어느 것이 복음을 제대로 설명하고 있습니까? 루벤스의 그림에서 아름다움이란 예수님의 몸 그 자체지만, 렘브란트의 그림에서 아름다움은 그리스도의 죽음이라고 할 수 있습니다. 루벤스의 그림에서 아름다움을 느낄 수 있을지 모르지만 복음의 메시지는 전달되지 않습니다. 반면에 렘브란트는 그림을 통해 복음의 정수를 전달하고 있습니다. "예수님이 정말로 죽으셨다."

"예수님이 정말로 죽으셨다"는 복음은 요한복음에 훨씬 더 분명하게 나타나 있습니다. 예수님은 안식일 준비일, 즉 안식일 전날에 돌아가셨습니다. 본문에는 "큰 날"이라고 되어 있는데, 단순히 일주일에 한 번 돌아오는 정규적인 안식일이 아니라 특별한 안식일을 의미합니다. 구약성경에 따르면 안식일에는 두 종류가 있습니다. 이날에 시신이 십자가에 걸려 있는 것을 방지하기 위해 유대인들은 빌라도에게 다리를 꺾어 미리 치워 달라고 합니다. 죄수에 따라 십자가에서 죽는 데 걸리는 시간이 달라서 오랫동안 숨이 붙어 있으면 죄수의 다리를 꺾어 사형을 보다 신속하게 집행했습니다.

그러나 예수님의 다리는 꺾을 필요가 없었습니다. 이미 숨을 거두셨기 때문입니다. 이를 확인하고 군인 중 한 명이 창으로 예수님의 옆구리를 찌르자 시신에서 물과 피가 흘러나왔습니다. 예수님의 죽음은 일반인들보다 빨랐던 것 같습니다. 마가복음 15장에 보면 아리마대 요셉이 빌라도에게 예수님의 시신을 담대하게 요구하는 장면이 나옵니다. 그는 예수님의 제자였고 산헤드린 공의회 회원으로 매우 높은 지위에 있었습니다. 요셉의 요구를 듣고 빌라도는 "벌써 죽었는가?"라고 물었습니다. 백부장으로부터 죽었다는 보고를 듣고 나서야 빌라도는 요셉에게 시신을 건네 주었습니다. 예수님의 죽음을 백부장이 공식 확인한 것입니다.

이 모든 것의 증인은 요한입니다. 그는 그리스도의 죽음이 확실한 것을 이렇게 증언하고 있습니다. "이를 본 자가 증거하였으니 그 증거가 참이라. 그가…너희로 믿게 하려 함이니라"(35절). 베드로의 예에서 보듯이 예수님의 죽으심은 많은 제자들에게 큰 걸림돌이었습니다. 그런 제자들에게 사도 요한은 자신이 이 모든 일의 증인이라는 점을 강조하면서 제자들에게 주님의 죽으심이 확실하다고 증언했습니다.

죽으심의 의미

주님의 장사가 그분의 죽음을 확증한다는 것은 교리문답뿐 아니라 성경이 가르치고 있는 바임을 확실히 배웠습니다. 이제 그리스도의 장사가 주는 의미에 대해 생각해 보겠습니다. 주님이 정말로 죽으셨다는 것도 중요하지만, 그 죽음이 어떤 죽음이었는지가 더 중요합니다. 본문에서 강조하듯이 사도 요한이 그리스도의 죽음을 증언한 이유는 독자로 하여금 "믿게 하려 함"입니다. 그리스도의 죽음을 하나의 역사적 사실로만 인식하는 게 아니라, 그 죽음이 우리를 위한 것이었음을 분명히 믿게 하기 위해 요한은 증언했습니다.

요한복음 19장은 철저하게 그리스도의 죽음이 구약에 약속된 메 ②
시아의 죽음이라는 관점에서 서술하고 있습니다. 24절에 보면 로마 군인들이 예수님의 옷을 제비뽑아 나누는 장면이 나옵니다. 이것은 시편 22편 18절이 그리스도에게 그대로 성취된 것을 보여 줍니다. 28절에서도 예수님이 "내가 목마르다"고 말씀하셨는데 이 역시 시편 69편 21절의 말씀이 성취된 것입니다. 두 시편은 메시아가 원수들에게 당하는 육체적 고통뿐 아니라 수치와 조롱을 구체적으로 보여 주고 있습니다.

36절 말씀 역시 그리스도의 죽음이 성경(당연히 구약성경)에 응하는 것임을 강조하고 있습니다. 이는 예수님의 뼈가 꺾이지 않은 것이 우연이 아님을 보여 줍니다. 십자가의 두 강도는 그때까지 모두 살아 있었기 때문에 다리뼈를 꺾을 수밖에 없었습니다. 예수님도 그렇게 죽으실 뻔했습니다. 그러나 하나님께서 막으셨는데, 이는 예수님이 유월절 어린 양으로 돌아가셨기 때문입니다. 출애굽기 12장 46절과 민수기 9장 12절에 따르면 유월절의 어린 양은 뼈를 꺾어서는 안 됩니다. 비록 예수님의 몸은 가시에 찔리고 채찍에 뜯기고 손과 발에 못이 박히고 죽고 나서도 창에 찔렸지만, 그분의 뼈는 온전하게 보호되었습니다.

이 모든 것을 종합해 볼 때, 그리스도의 죽음은 구약에 약속된 메시아의 죽음이며 유월절 어린 양의 죽음, 즉 자기 백성을 위한 대속의 죽음임을 알 수 있습니다. 이것을 가장 확실하게 보여 준 것이 그리스도의 찔리심입니다. 예수님이 죽으셨음에도 불구하고 창에 찔렸을 때 요한은 스가랴 12장 10절의 말씀을 기억했을 것입니다. "그들이 그 찌른 바 그를 바라보고 그를 위하여 애통하기를 독자를 위하여 애통하듯 하며 그를 위하여 통곡하기를 장자를 위하여 통곡하듯 하리로다."

이 구절은 스가랴서에서 매우 중요한 말씀입니다. 이 구절에서 여호와 하나님은 다윗의 집과 예루살렘 거민들에게 은혜와 간구의 영(성령)을 부어 주실 것이라는 놀라운 약속을 하십니다. 그와 동시에 자기 백성들이 찌른 자를 보게 될 것이고, 그것 때문에 크게 슬퍼할 것도 예언하고 있습니다. 놀랍게도 구약성경은 찔림을 당한 자가 바로 여호와 하나님이심을 선포합니다. 이것은 메시아의 죽음이 곧 여호와 하나님의 죽음과 같음을 보여 줍니다. 그 결과는 어떠했습니까? 13장 1절에 답이 나와 있습니다. "그날에 죄와 더러움을 씻는 샘이 다윗의 족속과 예루살렘 거민을 위하여 열리리라." 그리스도의 죽음으로 말미암아 하나님의 백성들이 죄사함의 은혜를 누리게 됩니다.

마지막으로, 요한복음은 그리스도의 죽음이 흠없는 죽음이었음을 증거하고 있습니다. 이 일에 결정적인 역할을 한 사람이 아리마대 요셉입니다. 그는 산헤드린 공의회 회원으로서 구약성경을 아주 잘 알고 있었습니다. 그는 하나님 나라를 기다리는 자였고, 산헤드린 공의회가 예수님의 사형을 선고했을 때 찬성하지 않았습니다(눅 23:51). 사람들이 모두 예수님의 유죄를 주장했을 때에도 그는 무죄를 확신했습니다. 이 확신은 예수님이 죽으신 후에도 변하지 않았습니다.

아리마대 요셉이 아무 조치를 하지 않았더라면 예수님은 아마
십자가에 달린 두 죄수와 함께 같은 무덤에 장사되었을 것입니다.
그곳은 당연히 죄수들이 묻히는 곳이었을 테지요. 아리마대 요셉은
그렇게 되어서는 안 된다고 확신했습니다. 그는 유대인의 최고 랍비 ②
로서 이사야 53장의 내용을 아주 잘 알고 있었을 것입니다. 여기에
고난받는 종에 관한 예언이 나오는데 9절은 다음과 같이 노래하고
있습니다. "그는 강포를 행하지 아니하였고 그의 입에 거짓이 없었으
나 그의 무덤이 악인들과 함께 있었으며 그가 죽은 후에 부자와 함
께 있었도다." 요셉이 빌라도에게 예수님의 시신을 담대하게 요구하
고, 그 시신을 새 무덤에 안치한 것은 그리스도의 무죄를 확신했기
때문일 뿐 아니라, 그리스도의 죽음이 이사야 53장의 예언대로 자
기 백성을 위한 대속의 죽음이라는 것을 확신했기 때문입니다. 비록
인간은 예수님을 죄인으로 선고하고 악인들과 함께 장사하려 했지

만, 하나님은 요셉을 통해 그 일을 막고 부자들의 무덤에 장사하게 하여 그리스도의 의로움을 드러내셨습니다.

③ 그리스도의 장사는 오늘날 우리와 무슨 상관이 있을까요? 이에 대해 로마서 6장 4절이 가장 분명하게 답하고 있습니다. "그러므로 우리가 그의 죽으심과 합하여 세례를 받음으로 그와 함께 장사되었나니 이는 아버지의 영광으로 말미암아 그리스도를 죽은 자 가운데서 살리심과 같이 우리로 또한 새 생명 가운데서 행하게 하려 함이라." 구원이 무엇인지를 다시 한번 생각하게 하는 말씀입니다. 구원이란 그리스도와 하나 되는 것입니다. 그분이 장사되셨다는 것은 우리도 장사되었음을 의미합니다. 이것은 우리의 옛 본성이 확실하게 죽었다는 말입니다. 그것을 어떻게 알 수 있을까요? 바로 세례로 알 수 있습니다. 세례야말로 우리의 옛 본성이 죽고 우리가 새 사람으로 다시 살아났음을 가장 확실하게 보여 주는 증표입니다.

장사 그 자체는 중요하지 않습니다. 장사됨의 목적은 부활에 있습니다. 우리의 죄된 옛 본성이 죽어야 하는 이유는, 그래야 우리가 새 생명을 얻고 그 가운데서 행할 수 있기 때문입니다. 복음은 부활만을 이야기하지 않습니다. 부활 자체가 죽음을 전제합니다. 죽지 않은 자가 어떻게 부활할 수 있습니까? 그리스도의 대속 죽음으로 죄사함의 은혜가 마련되었습니다. 모든 믿는 자들은 이 죽음의 은혜를 지나 아버지의 영광을 통해 새 생명을 누리게 될 것입니다. 이 복음을 믿는 모든 이들에게 삼위 하나님의 복이 넘치기를 바랍니다.

IIIIIIIIIIIIIIIIIIIIIIII

#그리스도의 비하(낮아지심): 웨스터민스터 대요리 문답 46-50번은 그리스도의 비하에 대한 내용을 담고 있다.

#구약성경의 성취: 요한복음 19장은 철저하게 그리스도의 죽음이 구약에 약속된 메시아의 죽음이라는 관점에서 서술되고 있다.

IIIIIIIIIIIIIIIIIIIIIIII

1. 하이델베르크 요리문답 41문 "그리스도는 왜 장사되셨습니까?"라는 질문과 그에 대한 답에서 우리가 배울 수 있는 교훈은 무엇입니까?(275쪽)
2. 그리스도의 죽으심은 철저하게 구약의 말씀을 응하는 것이었습니다. 시편 22:18, 69:21, 출애굽기 12:46, 민수기 9:12, 스가랴 12:10, 이사야 53:9의 말씀이 어떻게 성취되었는지 본문 구절과 연결지어 보십시오(281-282, 283쪽).
3. 그리스도가 장사되셨다는 것은 우리도 장사되었음을 의미합니다. 이것은 우리의 옛 본성이 확실하게 죽었다는 말이기도 합니다. 오늘날 교회의 두 성례 중 이를 확실히 보여 주는 의식은 무엇입니까?(284쪽)

23

성령을 주고 파송하시다
"나도 너희를 보내노라"

요한복음 20:19-25

본문은 예수님이 부활하신 첫날이 지나기 전에 일어난 일을 기록하고 있습니다. 유대인의 방식으로 계산하면 이미 하루가 지났지만, 복음서 기자는 이 사건이 일어난 때가 안식 후 첫날 저녁임을 강조합니다. 부활의 첫날 저녁에 주님은 제자들에게 나타나 꼭 필요한 일을 하셨습니다. 본문의 말씀을 이해하려면 부활하신 그날 어떤 일들이 실제로 벌어졌는지 정확히 살펴볼 필요가 있습니다.

부활의 아침이 되었습니다. 제자들 중 누구도 예수님이 다시 살아나실 거라고 생각하지 못했습니다. 하지만 예수님은 부활하셨고, 큰 지진이 일어났고, 천사는 돌을 굴려 냈으며, 군인들은 도망갔습니다. 막달라 마리아를 비롯한 여자들 몇 명만이 새벽 일찍 예수님의 무덤에 갔습니다. 자다가 큰 지진에 놀라서 무슨 일이 있나 확인하려고 이른 새벽에 무덤을 찾아갔는지도 모릅니다. 그들은 그곳에서 열린 무덤을 보았고 천사를 만났습니다. 천사는 그들에게 예수님이 부활하셨음을 알리고, "갈릴리로 가서 주님을 만나라"는 메시지를 제자들에게 전하라고 일렀습니다. 여자들은 돌아가는 중에 실제로 부활하신 주님을 만났습니다. 예수님도 동일한 말씀을 하셨습니다. "가서 내 형제들에게 갈릴리로 가라 하라"(마 28:10).

예수님을 목격한 여자들은 크게 기뻐하면서 돌아갔습니다. 그러나 막상 제자들이 있는 곳으로 가면서는 걱정이 들었습니다. "누가 우리의 말을 믿어 줄까?" 베드로와 요한에게 갔을 때, 여자들은 주님의 메시지를 제대로 전하지 못했습니다. "사람들이 주님을 무덤에서 가져다가 어디 두었는지 우리가 알지 못하겠다"(20:2)라고만 말했습니다. 여자의 말을 듣고 베드로와 요한은 막달라 마리아와 함께 무덤에 갔습니다. 처음부터 "예수님이 살아났다"는 식으로 말했다면 그들은 관심을 갖지 않았을지도 모릅니다. 그들이 가서 보니 예수님의 시신은 없고 머리를 쌌던 수건은 세마포와 함께 놓여 있지 않고 딴곳에 개켜 있었습니다. 그제서야 그들은 예수님의 부활을 믿기 시작했습니다. 그러나 의리 없게 마리아를 그대로 두고 자기 집으로 돌아갔습니다. 마리아는 무덤 밖에 그대로 서 있었습니다.

그녀가 슬퍼서 울고 있을 때, 예수님이 그녀에게 다시 나타나셨습니다. 예수님은 그녀에게 "내가 곧 아버지께로 올라간다"고 전하라고 말씀하셨습니다. 마리아는 제자들에게 가서 예수님을 보았다며 그분의 메시지를 전했습니다. 하지만 제자들은 그녀의 말을 믿지 않았습니다. 두 제자는 그 말을 듣고도 엠마오로 길을 나섰습니다. 그 와중에 예수님은 베드로에게만 한 번 나타나셨습니다(눅 24:34, 고전 15:5).* 엠마오로 가는 두 제자에게도 나타나셨습니다. 처음에 그들은 예수님을 몰라보다가 예수님이 그들과 함께 음식을 드실 때 떡을 가지고 축사한 후 떼어 주시자 비로소 알아보았습니다. 그러나 예수님은 그들에게 보이지 않으셨습니다(눅 24:13-31).

이상이 예수님이 부활하신 바로 그날 보여 주신 모습입니다. 어떻습니까? 주님은 부활 후 아주 바쁜 하루를 보내셨던 것 같습니다. 매우 특이한 점은 처음부터 모든 제자들에게 바로 나타나지 않으셨다는 것입니다. 처음부터 제자들에게 모습을 보이셨다면 얼마나 좋았을까요? 물론 예수님은 그렇게 하실 수 있었습니다. 예수님도 제자들이 얼마나 보고 싶으셨을까요? 하지만 예수님은 그렇게 하지 않으셨습니다. 제자들이 예수님을 직접 목격하지 않고도 여자들의 증언을 통해 그분의 부활을 믿기 원하셨기 때문입니다. 그러나 제자들은 그런 믿음을 보여 주지 못했습니다.

---

* 이에 대해서는 성경이 더 이상 설명하지 않는다.

제자들은 예수님이 생전에 하셨던 부활의 약속을 까맣게 잊고 있었습니다. 예수님이 자신의 죽음과 부활을 여러 번 약속하셨음에도 불구하고, 그들은 그 말씀을 전혀 이해하지 못했습니다. 이것은 대제사장이나 종교 지도자들과 비교되는 모습입니다. 그들은 예수님이 부활에 대해 뭐라고 말씀하셨는지 잘 알고 있었습니다. 그 말씀을 믿고 순종하기 위해서가 아니라 어떻게든 꼬투리를 잡아 죽이기 위해서였지요. 그들은 예수님이 평소에 자신의 부활에 대해 언급한 사실을 알기에 군인들을 풀어 큰 돌을 막고 무덤을 지키게 했습니다. 제자들이 예수님의 시신을 빼돌린 후 부활했다고 선전할 수 있다고 판단했기 때문입니다. 정작 제자들은 부활에 대해 생각조차 하지 않았는데 말입니다.

그날 밤 예수님의 제자들이 한자리에 모였습니다. 엠마오로 가던 두 제자도 왔습니다. 그날 도마는 그 자리에 없었습니다. 분위기가 뒤숭숭했을 것입니다. 본문에 따르면 그들은 예수님의 부활 소식을 듣고도 두려워했습니다. 특히 유대인들을 무서워했습니다. 그들은 문이란 문은 다 걸어 잠갔습니다. 그들은 예수님의 부활 소식을 들었지만, 그 일이 정말 일어났는지, 앞으로 어떤 의미를 갖게 될지 전혀 알지 못했습니다. 예수님이 처음으로 두려워하는 제자들 앞에 나타나 "평강이 있을지어다"(19절)라고 말씀하셨습니다.

누가복음에 따르면, 제자들은 놀라고 무서워하여 그들 앞에 선 이가 영이라고 생각했습니다. 어찌 보면 잘 이해되지 않는 장면입니다. 그들 중 적어도 두 명은 엠마오로 가다가 예수님을 보지 않았습니까? 베드로는 홀로 직접 목격했고요. 요한은 직접 보지는 못했지만 빈 무덤을 목격하고 예수님의 부활을 믿었습니다. 예수님은 이런 그들에게 자신의 손과 발을 보여 주고 만져 보게 하면서 몸의 부활을 증거하셨습니다. 그들은 몹시 기뻤지만 이것이 사실인지 믿기지 않았습니다. 예수님은 자신이 정말 부활하셨음을 증명하기 위해 생선 한 토막을 잡수셨습니다(눅 24:42).

성령을 주고 세상으로 파송하심

두려워하는 제자들에게 예수님은 무엇보다 자신의 부활을 확신시켜 주셨습니다. 여러 방식으로 그렇게 하셨습니다. 본문에는 손과
옆구리를 보여 주셨다고 기록하고 있습니다. 그런 다음 예수님은 제 ①
자들을 세상으로 파송하십니다. 제자들이 예수님의 부활을 확신하자 "아버지께서 나를 보내신 것같이 나도 너희를 보내노라"(21절)고 말씀하셨습니다. 우리는 이것을 평범한 일상의 말씀이 아니라 공식적인 말씀으로 이해해야 합니다. 이것은 예수님이 제자들을 사도로

임명하여 세상으로 보내는 파송식과 같습니다. 부활하신 주님이 제자들에게 가장 먼저 하신 일이 바로 이것입니다.

아버지께서 예수님을 세상에 보내셨습니다. 예수님에게 위탁하신 일을 하게 하기 위해서입니다. 예수님은 그 일을 다 하셨습니다. 이제 그 일을 마치고 다시 아버지께로 돌아가야 합니다. 아버지께로 돌아가기 전에 남은 일 하나는, 제자들을 세상에 보내는 것입니다. 예수님이 이 세상에 오셔서 아버지를 증거하신 것같이, 제자들도 세상에 파송되어 예수 그리스도를 증거해야 합니다. 특히 그리스도의 죽음과 부활을 증거해야 합니다.

제자들이 세상에 파송되어 예수님의 부활을 증거하려면 무엇이 필요할까요? 하나님도 예수님을 세상에 보낼 때 그냥 보내지 않으셨습니다. 여기서 우리는 예수님이 성령으로 잉태되었다는 사실을 기억해야 합니다. 예수님은 나면서부터 성령 충만한 분으로 이 세상에서 사셨습니다. 그분이 세례를 받으실 때에도 성령이 비둘기처럼 임하셨습니다. 광야에서 시험을 받으실 때에도 성령이 함께하셨습니다. 그분은 귀신을 쫓아낼 때에도 성령의 힘으로 하셨습니다. 즉 그분의 삶 전체가 성령으로 충만했습니다.

① 이것은 제자들에게도 동일하게 적용됩니다. 제자들이 받은 사명을 감당하려면 성령 하나님의 도우심이 필요합니다. 그렇기 때문에 예수님은 세상에 파송되는 제자들에게 숨을 내쉬며 성령을 받으라

고 말씀하셨습니다. 다소 낯설 수 있는 이 장면을 보며 우리는 창세기 2장에 나오는 하나님의 인간 창조를 떠올리게 됩니다. 하나님께서 흙으로 사람을 만들고 그 코에 생기를 불어 넣어 살아있는 생명체가 되게 하셨습니다. 구약성경에서 바람과 성령은 같은 단어로 사용됩니다. 숨은 생명을 말하고, 성령은 모든 생명의 근원이 되십니다.

하나님은 인간을 창조하실 때, 숨을 불어 넣었고 세상에 파송하여 세상을 다스리게 하셨습니다. 그러나 인간의 죄 때문에 하나님의 계획은 잠시 중지되었습니다. 이제 부활하신 주님이 제자들에게 성령을 불어 넣고 그들을 세상에 파송하십니다. 어찌 보면 제자들은 죽은 자와 다름없었습니다. 소망이 없었고 두려움에 떨었습니다. 예수님은 그들에게 성령을 불어 넣어 새로운 사람이 되게 하십니다. 간단히 말해, 부활하신 주님이 제자들에게 오셔서 먼저 자신이 가지고 있는 성령을 선물로 주어 부활의 생명을 함께 소유하도록 하신 것입니다.

죄사함의 권세를 주심

다음으로 눈여겨볼 점은, 예수님이 사도들에게 죄사함의 권세를 주 ①
신 것입니다. "너희가 누구의 죄든지 사하면 사하여질 것이요 누구의 죄든지 그대로 두면 그대로 있으리라"(23절). 이 말씀을 듣자 그대로 보면 이해하기가 쉽지 않습니다. 사실 로마 가톨릭교회는 이 구절에 근거해 여러 가지 이상한 교리들을 만들었습니다. 로마 가톨릭교회에서 사제들은 그야말로 죄사함의 권세를 행사합니다. 고해성사가 대표적인 예입니다. 교황이 발행하는 면죄부(혹은 면벌부)도 크게 보면 이 성경 구절에 근거합니다. 로마 가톨릭교회에서 주교와 사제는 사도들의 후계자들입니다. 따라서 그들은 자신들이 사도의 후계자로서 죄사함의 권세를 행사한다고 봅니다. 즉 그들은 사도의 직분 자체를 강조합니다.

② 그러나 누가 보더라도 죄사함은 오직 하나님만 갖고 계신 권세입니다. 하나님은 이 권세를 인간에게 양도하지 않으셨습니다. 사도들이 이 권세를 행사하는 것은, 이 권세를 소유해서가 아니라 그들이 맡은 일을 하기 위해서입니다. 엄밀히 말해, 그들은 죄를 사할 수 없습니다. 오직 하나님만이 죄를 사하십니다. 그들은 하나님께서 이미 죄를 사하셨음을 선언하는 일만 할 수 있습니다. 그런데 죄사함은 복음 증거와 분리될 수 없습니다. 죄사함은 복음의 본질이요 핵심이기 때문입니다. 복음이 증거되는 곳에 죄사함이 있고, 복음이 거절되는 곳에 심판이 있을 뿐입니다. 예수님은 제자들을 세상에 보내어 복음을 선포하게 하셨습니다. 그 복음을 받아들이는 사람은 죄사함의 은혜를 받고, 받아들이지 않는 사람은 심판을 받게 될 것입니다. 그런 점에서 사도들은 대단한 권세를 가졌습니다.

이것은 오늘날 교회에도 마찬가지로 적용됩니다. 물론 사도와 오늘날의 목사를 같게 볼 수는 없습니다. 두 직분 사이에는 큰 간격이 있습니다. 그렇다고 유사성이 전혀 없는 것도 아닙니다. 아주 중요한 유사성은, 목사가 사도와 마찬가지로 복음을 맡았다는 것입니다. 오늘날 목사들이 복음보다는 인간의 말을 전하는 경우가 하도 많아 직분 자체가 무시당하는 형편이기는 합니다.

그렇다고 참된 말씀 봉사자의 권위를 무시해서는 안 됩니다. 목사는 말씀, 즉 복음을 맡은 자입니다. 복음을 받아들이는 사람들은 죄 사함의 은혜, 구원의 은혜를 받습니다. 목사를 통해 교회에서 주님의 살과 피가 분배되는데, 이것을 믿음과 순종으로 받아들이는 사람은 죄사함의 은혜를 누리게 됩니다. 반면에 이것을 제대로 분별하지 못하고 먹고 마실 때 우리는 자신의 죄를 먹고 마시게 됩니다.

주일의 의미

본문에서 우리는 최초의 주일예배를 볼 수 있습니다. 이것은 오늘날
모든 교회에 하나의 모범이 됩니다. 예수님의 제자들이 안식 후 첫 ③
날에 모였듯이, 오늘날 우리도 안식일이 아니라 안식 후 첫날에 모임을 갖습니다. 이날에 우리는 무엇을 해야 할까요? 무엇보다 그리스도의 부활을 체험하고 확신해야 합니다. 제자들과 달리 우리는

주님을 직접 보지 못합니다. 그러나 말씀과 성례 속에서 주님의 부활을 확신하고 체험할 수 있습니다. 부활을 확신하는 가운데 우리 또한 세상으로 파송됩니다. 우리는 기본적으로 세상을 향한 존재들입니다. 그들에게 그리스도의 복음을 전해야 합니다. 그 일은 쉽지 않습니다. 세상 사람들 모두가 복음을 조롱하기 때문입니다.

이 복음을 증거하기 위해서는 능력을 받아야 합니다. 성령이 충만해야 합니다. 그래서 예수님은 제자들에게 숨을 내쉬면서 성령을 수여하셨습니다. 우리가 주일에 교회에 모이는 것도 하나님의 성령을 받기 위해서입니다. 성령을 받아 우리 영혼이 소생하여 주님이 우리를 향해 품으신 뜻을 세상 속에서 실천해야 합니다. 이것이 우리가 이 세상에서 교회로 존재하며 살아가는 이유입니다.

요한복음에 기록된 부활 후 예수님의 나타나심

막달라 마리아를 비롯한 여자들에게 나타나심	20:11-18
도마를 제외한 제자들에게 나타나심	20:19-24
도마를 포함해 제자들에게 나타나심	20:26-29
갈릴리 바닷가에 나타나심	21:1-24

1. 제자들이 예수님의 부활을 확신하게 된 후, 예수님은 제자들에게 무슨 일을 하십니까? 그들에게 주신 두 가지는 무엇입니까?(291-292, 293쪽)
2. 죄사함의 권세는 오직 하나님께만 있습니다. 제자들에게 죄사함의 권세를 주셨다는 말은 정확히 어떤 의미입니까?(294쪽)
3. 오늘날의 교회는 안식 후 첫날, 즉 일요일을 주일로 보냅니다. 이는 어떤 의미가 있습니까? 우리가 주일에 특별히 기억해야 할 점은 무엇입니까?(295-296쪽)

24

양떼를 맡기시다 "네가 나를 사랑하느냐"

요한복음 21:1-23

예수님은 부활하신 후 제자들에게 여러 번 나타나 자신의 부활을 확신시켜 주셨습니다. 특히 베드로에게 가장 많이 나타나셨습니다. 그런데 부활하신 예수님은 이전과 다른 점이 있었습니다. 예수님은 부활하신 후에는 제자들과 항상 함께 계시지는 않았습니다. 한번 나타났다가 사라지곤 하셨습니다. 본문은 복음서 중에서 부활 이후 제자들의 영적 상황을 잘 보여 주는 매우 중요한 구절입니다. 마태복음, 마가복음, 누가복음은 예수님이 부활하신 당일의 기사는 잘 묘사하고 있지만, 이후로 승천하시기 전까지 40일 기간에는 침묵하고 있습니다. 그 기간에 일어난 일에 대해서는 본문이 성경에서 유일하게 증거하고 있습니다.

제자들은 부활하신 주님을 보았지만 부활을 확신하지 못했을뿐더러 그 의미를 이해하지도 못했습니다. 부활을 목격해 놓고서도 그들은 일상의 삶으로 돌아갑니다. 예수님은 부활하신 후 제자들에게 갈릴리로 가라고 말씀하셨습니다. 갈릴리로 간 제자들 중 일곱 명은 원래 생업이던 고기잡이 일을 다시 시작했습니다. 수제자라고 할 수 있는 베드로가 먼저 나섰습니다. 베드로가 "나는 고기 잡으러 가겠다"고 하니 다른 제자들도 우르르 따라갔습니다. 그들은 전혀 망설이지 않았습니다. 사도의 직분은 완전히 망각한 것처럼 보입니다.

그들은 사도로서 예수님을 따랐던 수많은 양들을 책임져야 하는 막중한 사명이 있었습니다. 그 양들은 예수님이 부활하셨는지도 모르고 슬픔에 잠겨 있었습니다. 제자들은 그들에게 주님의 부활을 알려야 했습니다. 예수님이 그들에게 직접 나타나시면 되지 않겠느냐고요? 그러나 부활 이후에 예수님은 직접 양들을 돌보시는 게 아니라 사도들로 하여금 돌보게 하십니다. 부활의 구속 사건 이후로 사역 방식이 완전히 바뀌었습니다. 이제 좀 더 있으면 주님은 승천하여 더 이상 지상에 계시지 않게 됩니다. 따라서 그 전에 교회를 돌볼 말씀 사역자들을 준비시켜야 했습니다. 안타깝게도 제자들은 아직 그런 일을 맡을 준비가 전혀 되어 있지 않았습니다.

베드로는 예수님에게 "주는 그리스도시요 살아계신 하나님의 아들이시니이다"라는 유명한 신앙고백을 한 사람입니다. 오병이어 사건 이후 예수님이 그 참된 의미에 대해 설명하자 이해하기 어렵다며 많은 사람들이 주님을 떠날 때에도, 그는 "영생의 말씀이 주께 있사오니 우리가 누구에게로 가오리이까"(요 6:68)라고 고백했습니다. 예수님이 베드로에게 세 번 자신을 부인할 것이라고 예언하셨을 때, 그는 주와 함께 죽을지언정 예수님을 부인하지 않겠다고 장담한 인물이기도 합니다(마 26:35). 그러나 결국 베드로는 예수님을 공식적으로 부인했습니다. 그것도 군인이나 고문 앞에서가 아니라 힘없는 여종들 앞에서 부인했습니다. 세 번이나 부인했을 뿐 아니라 예수님을 저주하면서까지 부인했습니다.

이런 사람이 다시 사도가 될 수 있을까요? 예수님의 양을 칠 자격이 있을까요? 예수님이 베드로를 부르신 목적은 '사람을 낚는 어부'가 되게 하기 위해서였습니다. 이 부르심이 베드로의 배교로 좌절될 수 있을까요? 본문은 그럴 수 없음을 보여 줍니다. 하나님께서 그분의 백성을 부르신 데는 이유와 목적이 있으며, 인간의 결함이나 잘못으로 인해 그 결정이 바뀔 수 없습니다. 하나님은 어떤 경우에도 작정하신 계획이나 목적을 끝까지 이루시는 분입니다.

문제는 자격을 완전히 상실한 자가 어떻게 다시 공식 직분, 즉 양을 치는 목자로 복귀할 수 있는가입니다. 이러한 회복은 원한다고 되는 일이 아닙니다. 무엇보다 베드로는 이 일에 문제의식이나 의지가 없었습니다. 예수님이 먼저 찾아와 그를 변화시키는 것이 유일한 길입니다. 요한복음 마지막 장에서 예수님이 베드로에게 먼저 찾아오셨다는 사실을 기억하십시오.

제자들의 무능력을 깨닫게 하심

베드로가 물고기를 잡으러 간 것은 생계 때문이었습니다. 먹고사는 문제는 그 당시나 오늘이나 매우 중요한 문제입니다. 제자들은 이 문제를 해결하기 위해 자기 힘에 의지했습니다. 물고기 잡는 데 일가견 있는 그들이었지만, 그날은 밤새 수고해도 아무것도 잡지 못했습니다.

양을 치는 목자가 되기 위해 알아야 할 첫째 조건은, 예수님을 떠나서는 아무것도 할 수 없다는 것입니다. 주님은 포도나무 비유를 통해 이 점을 분명히 가르치셨습니다. "나를 떠나서는 너희가 아무것도 할 수 없음이라"(요 15:5). 예수님 안에 있을 때 우리는 먹고사는 문제가 그렇게 중요하지 않음을 알게 됩니다. 먹고사는 문제를 초월하는 것이 참된 목자이며 신앙인입니다.

무능력 뒤에 기쁨을 주심

제자들은 밤새 수고했지만 아무것도 건지지 못했습니다. 밤이 지나 아침이 되었을 때, 예수님이 나타나 그들에게 물고기를 잡게 하셨습니다. 그들의 좌절과 낙망은 기쁨으로 바뀌었습니다. 물고기를 잡는 데 그들이 기여한 바는 전혀 없었습니다. 그들의 믿음이 위대해서 물고기를 153마리나 잡은 것이 아닙니다. 그들은 그물을 배 오른편에 던지라고 말한 이가 누군지도 몰랐습니다. 그냥 멀리서 누군가 외치는 음성을 듣고 헛일하는 셈 치고 시키는 대로 했을 뿐입니다. 그들은 이미 부활하신 예수님을 두 번이나 만났음에도 불구하고, 그분을 다시 만나게 되거나 그분이 직접 찾아오리라고 전혀 기대하지 못했습니다. 요한이 예수님을 알아본 것은 물고기를 잡고 나서였습니다.

식사를 통해 교제를 회복하심

① 예수님은 사랑하는 제자들이 밤새 수고할 것을 아셨습니다. 예수님은 그들을 위해 떡과 물고기로 식사를 준비하셨습니다. 이전에 물고기 두 마리와 보리떡 다섯 개로 5천 명을 먹이신 주님은 부활 후에는 친히 제자들을 먹이셨습니다. 이 일을 통해 앞으로 제자들이 어

떤 사역을 할 것인지를 미리 보여 주셨습니다. 바로 양떼를 먹이는 것입니다.

이 장면에서 예수님은 종처럼 섬기는 모습입니다. 예수님은 아침 일찍부터 떡과 물고기와 숯불을 준비하셨습니다(그날 아침식사는 숯불요리였던 것입니다). 허기진 제자들에게 꿀맛 같은 식사였을 테지요. 베드로는 벌건 숯불을 보고 찔끔했는지도 모릅니다. 불과 며칠 전 예수님이 잡히시던 날 밤, 추워서 숯불 근처에 갔다가 사람들 앞에서 예수님을 모른다고 잡아뗐기 때문입니다. 차이가 있다면 그때는 밤이고 지금은 이른 아침이라는 것입니다.

예수님은 제자들에게 일일이 음식을 나눠 주셨습니다(13절). 어머니가 자녀들에게 식사를 챙겨 주는 것처럼 말입니다. 예수님은 마지막 만찬 때에도 떡과 포도주를 제자들에게 직접 나눠 주셨습니다. 스승으로 대접받기보다는 종처럼 제자들을 섬기는 모습입니다. 성경에서 식사는 매우 중요한 주제입니다. 식사는 단순히 밥을 먹는다기보다 교제를 의미합니다. 이 경우에는 서먹했던 교제가 다시 회복됨을 의미합니다.

똑같은 세 번의 질문

식사를 마친 후 예수님은 베드로에게 질문하십니다. 예수님은 베드로의 미래를 아셨습니다. 예수님은 베드로에게 두 가지 목적이 있었습니다. 첫째, 베드로는 예수님의 양을 먹여야 합니다. 둘째, 베드로는 죽음을 통해 하나님께 영광을 돌려야 합니다. 앞으로 그는 자기 마음대로 살 수 없게 될 것입니다.

베드로는 죽어도 예수님을 부인하지 않겠다고 장담했지만 실패했습니다. 순교는 자기 힘으로 할 수 없는 일입니다. 그러나 이제야말로 순교할 때가 올 텐데 그러자면 필요한 것이 있습니다. 바로 사랑입니다. 예수님을 정말 사랑해야 그 일을 할 수 있습니다. 양떼를 맡은 자에게 가장 중요한 것이 사랑입니다. 양떼 돌보기가 보통 힘든 일이 아닙니다. 주님을 정말 사랑하는 마음이 없으면 제대로 감당할 수 없습니다.

② "네가 이 사람들보다 나를 더 사랑하느냐"(15절). 이 구절에서 '이 사람들'은 '이것들'로 번역할 수 있습니다. 이것들은 주위에 있는 것들, 배나 그물 같은 것을 지칭합니다. 그 어느 것이 되어도 상관없습니다. 예수님이 질문하신 의도는 분명합니다. "다른 무엇보다 나를 사랑할 수 있느냐?" 여기서 예수님은 하나님 자신을 가리킨다고 보아야 합니다. 성경의 가르침을 요약하면 이렇습니다. "네 마음을 다하고 목숨을 다하고 뜻을 다하고 힘을 다하여 주 너의 하나님을 사랑하라"(마 22:37, 막 12:30). 이제 이 명령을 예수님께 적용해야 할 때입니다.

본문에는 '사랑'이라는 단어가 다른 헬라어로 사용되고 있습니다. 하나는 '아가페'이고, 다른 하나는 '필레오'입니다. 두 단어는 별 차이 없이 교차 사용되고 있는 것 같습니다. 하지만 베드로와 예수님의 대화를 들어보면, 두 단어는 분명한 차이가 있습니다. 적어도 아가페가 필레오보다 더 깊고 높은 단계의 사랑을 이야기하는 것이 분명합니다.

15절: "네가 이 사람들(이것들)보다 나를 더 사랑(아가페)하느냐?"
"주님, 그러하나이다. 내가 주님을 사랑(필레오)하는 줄 주님께서 아시나이다."
"내 어린 양을 먹이라."
16절: "네가 나를 사랑(아가페)하느냐?"
"주님, 그러하나이다. 내가 주님을 사랑(필레오)하는 줄 주님께서 아시나이다."
"내 양을 치라."
17절: "네가 나를 사랑(필레오)하느냐?"
"주님, 모든 것을 아시오매 내가 주님을 사랑(필레오)하는 줄을 주님께서 아시나이다."

"내 양을 먹이라."

예수님의 첫 번째 질문에 베드로는 다른 말로 대답했습니다. '아가페'하느냐는 질문에 '필레오'한다고 대답했습니다. 그러자 예수님은 단도직입적으로 다시 물으셨습니다. "네가 나를 아가페하느냐?" 베드로는 역시 '필레오'한다고 대답했습니다. 세 번째로 예수님은 "[그러면] 네가 나를 필레오하느냐?"라고 물으셨습니다. 두 번이나 '필레오'한다고 대답했는데, "필레오하느냐"는 질문을 듣자 베드로는 큰 슬픔에 잠겨 '필레오'한다고 대답했습니다. 그리고 주님이 모든 것을 아신다는 고백을 덧붙입니다. 자신의 고백이 참이라는 것입니다.

② 여기서 주목할 것은, 베드로가 예수님을 아가페하든 필레오하든 어찌 보면 중요하지 않다는 것입니다. 둘 중 어떤 경우이든 그가 해야 할 일은 똑같습니다. "내 양을 먹이라." 예수님은 베드로에게 자신의 양이 있음을 알리셨습니다. 베드로가 해야 할 일은 그 양을 먹이는 것입니다. 그 양을 먹이기 위해서는 베드로가 적어도 예수님을 필레오해야 했습니다. 이제 그 고백에 걸맞게 행동하는 것이 중요합니다.

예수님의 양을 치기 위해 필요한 것은 지식이나 힘이나 재능이 아닙니다. 목양에 필요한 것은 양에 대한 사랑도 아닙니다. 그 양은 자기 양이 아니니까요. 자기 양이 아닌 양을 어떻게 목양할 수 있을까요? 그 양들을 먹인다고 해서 돈이 나오는 것도, 무슨 이익이 생기는 것도 아닙니다. 심지어 그 양들을 위해 목숨을 잃을 수도 있습니다. 누가 이 일을 할 수 있을까요? 그것은 결국 그 양의 주인을 사랑해야 가능한 일입니다.

주님만 따라야 함

주님을 사랑한다는 고백을 들은 예수님은 베드로에게 그의 미래를 말씀하셨습니다. 젊었을 때는 마음대로 살았지만, 앞으로는 다른 사람이 그를 끌고 갈 것이라고 예언하셨습니다. 이것은 베드로가 순교로 하나님께 영광 돌리게 될 것임을 의미합니다. 양을 돌보는 것은 죽음을 각오한 길입니다. 베드로는 이 말씀을 듣고도 예수님을 따라갔습니다. 가다가 무슨 생각이었는지 뒤를 돌아보았습니다. 뒤에는 사랑하는 제자 요한이 따라오고 있었습니다. 베드로는 문득 요한이 앞으로 어떻게 될 것인지 궁금했습니다. 그래서 "이 사람은 어떻게 되겠사옵나이까"(21절)라고 물었습니다. 하지만 예수님은 "내가 올 때까지 그를 머물게 하고자 할지라도 네게 무슨 상관이냐. 너는 나를 따르라"(22절)고 말씀하셨습니다.

제자들은 이 말씀을 전해 듣고는 요한은 죽지 않을 것이라고 해석했습니다. 그러나 예수님은 요한이 죽는가 사는가에 대해 말씀하신 것이 아니라, 내가 그를 어찌하든 너와 아무 상관이 없다고 말씀하신 것입니다. 이 말씀을 유추해 볼 때, 요한복음을 쓸 당시 교회 내에 요한의 앞날에 대해 말이 많았음을 알 수 있습니다. 적어도 많은 사람들이 요한은 죽지 않을 것이라고 생각했던 것 같습니다. 요한복음이 기록된 당시 베드로는 아마 예수님의 예언대로 순교했을 것입니다. 요한도 교회에서 아주 중요한 인물이었는데, 그가 죽지 않는다는 말씀이 교회 공동체에 큰 힘이 되었을 수 있습니다.

그러나 중요한 것은 요한의 생사 여부가 아닙니다. 더구나 요한이 죽지 않을 것이라고 단정하는 것은 말씀의 범위를 벗어납니다. 이른바 긍정의 신앙을 근거없는 신앙과 혼동해서는 안 됩니다. 우리의 신앙이 의미가 있으려면 정확한 말씀에 근거해야 합니다. 요한이 죽지 않는다는 것이 교회에 큰 힘이 될 수 있겠으나, 중요한 것은 '내가' 주님을 따르는가 그렇지 않은가입니다. 그렇다고 주위 형제를 돌아보지 말라는 말이 아닙니다. 예수님을 따르는 자는 불필요한 생각이나 고민을 할 필요가 없다는 뜻입니다.

부활하신 예수님은 베드로를 먼저 찾아오셨습니다. 오셔서 그에게 기쁨을 주시고, 그를 먹이시고, 교제를 회복시켜 주시고, 양떼를 맡기셨습니다. 그 직분을 잘 감당하기 위해서는 주님을 따라야 합니다. 베드로는 예수님이 부활하신 후에도 그분을 따라야 한다는 생각을 잊었습니다. 부활의 의미를 완전히 잊은 것입니다. 하지만 결국 주님에 대한 사랑을 회복했고, 주님의 양떼를 돌보는 일에 헌신합니다. 이 일을 위해 부활하신 주님을 따라가고자 합니다. 본문 말씀을 보았을 때, 예수님이 말씀 사역자들에게 양떼를 맡기신 것이 분명합니다. 사역자들에게 요구되는 것이 무엇인지도 분명히 드러났습니다. 그것은 성도 전체를 향한 하나님의 말씀이기도 합니다.

오늘날 말씀 사역자들에게 필요한 것이 무엇입니까? 물론 능력도 ③
있어야 합니다. 성실함과 부지런함도 갖춰야 합니다. 양들에 대한 사랑도 있어야 합니다. 더 중요하게는, 예수님을 진정으로 사랑해야 합니다. 예수님은 베드로에게 단 하나를 요구하셨습니다. 교회는 주님의 교회이고, 성도도 주님의 양들입니다. 그들을 돌보기란 쉽지 않습니다. 주님을 진정으로 사랑하는 자만이 그 일을 끝까지 수행할 수 있습니다. 주님이 오셔서 그 사랑을 회복시켜 주셨고, 그 때문에 베드로는 순교하기까지 맡은 임무를 완수할 수 있었습니다. 우리 마음속에 주님에 대한 사랑이 가득 차기를 진심으로 축원합니다.

IIIIIIIIIIIIIIIIIIIIIII

#디베랴 호수(1절): 갈릴리 바다의 다른 이름으로 요한복음에만 나온다.

#육지에서 거리가 불과 한 오십 칸쯤 되므로(8절): 여기서 오십 칸은 200규빗, 즉 바닷가에서 90미터 정도 떨어진 지점이다.

IIIIIIIIIIIIIIIIIIIIIII

1. 예수님은 밤새 고기잡이를 하느라 수고한 제자들을 위해 무엇을 준비하십니까? 그 이유는 무엇입니까?(302-303쪽)
2. 식사를 마친 후 예수님은 베드로에게 무슨 질문을 하십니까? 그렇게 질문하신 이유는 무엇입니까?(304, 306쪽)
3. 예수님과 베드로의 대화를 보면, 예수님이 오늘날 성도들, 특히 말씀 사역자에게 가장 요구하시는 덕목은 무엇인지 생각해 봅시다(309쪽).

요한복음, 복음으로 읽기

초판 1쇄 인쇄 2020년 8월 12일
초판 1쇄 발행 2020년 8월 22일

지은이 이성호
펴낸이 신은철
펴낸곳 좋은씨앗
출판등록 제4-385호(1999. 12. 21)
주소 (06753) 서울시 서초구 바우뫼로 156(양재동, 엠제이빌딩) 402호
주문전화 (02) 2057-3041 주문팩스 (02) 2057-3042
페이스북 www.facebook.com/goodseedbook
이메일 good-seed21@hanmail.net

ISBN 978-89-5874-340-8 03230